调查与审思

——媒体融合背景下的湖北传媒大观

主 编　廖声武

副主编　向正鹏

　　　　胡　蕾

武汉大学出版社

WUHAN UNIVERSITY PRESS

图书在版编目(CIP)数据

调查与审思:媒体整合背景下的湖北传媒大观/廖声武主编.—武汉:武汉大学出版社,2023.10

ISBN 978-7-307-23648-6

Ⅰ.调… Ⅱ.廖… Ⅲ.新闻—传播媒介—湖北—文集 Ⅳ.G219.276.3-53

中国国家版本馆 CIP 数据核字(2023)第 053670 号

责任编辑:胡国民　　　责任校对:汪欣怡　　　版式设计:马　佳

出版发行:**武汉大学出版社**　　(430072　武昌　珞珈山)

（电子邮箱：cbs22@ whu.edu.cn　网址：www.wdp.com.cn）

印刷:武汉邮科印务有限公司

开本:720×1000　1/16　印张:17.75　字数:262 千字　插页:1

版次:2023 年 10 月第 1 版　　2023 年 10 月第 1 次印刷

ISBN 978-7-307-23648-6　　定价:66 .00 元

目　　录

湖北省新闻媒体文化传播报告①

一、纸质媒体的文化传播

湖北省的纸质媒体众多，影响卓著。作为传播主流文化的主渠道之一，纸质媒体发挥了重要的作用。本文选择《湖北日报》《楚天都市报》《楚天金报》《长江日报》《武汉晚报》《武汉晨报》《长江商报》《襄阳日报》《恩施日报》等报纸作为分析对象，考察湖北省域内纸质媒体在文化传播中的具体状况。

(一) 湖北日报传媒集团主要报纸的文化传播

1. 探寻发展之路，传播主流文化

2013 年，《湖北日报》在一版报道中，指出要强化正面报道版面，确保正面报道占据主导地位，为湖北科学发展积极营造积极的舆论氛围。

湖北日报传媒集团根据新闻媒体和新闻工作者中的实际情况，针对新闻宣传工作"为了谁""依靠谁""我是谁"等问题，发起了"我是建设者"大讨论活动，引起了传媒界广泛共鸣，中央媒体《人民日报》、新华社、中央电视台、《光明日报》等均给予集中报道，在社会上产生了极大反响。

---

① 本文曾发表于《湖北文化发展报告（2015）》（社会科学出版社 2016 年 10 月出版），有改动。

2013 年《湖北日报》密切关注社会热点、焦点问题，为引导舆论，发出党报权威声音，开设时评专版，许多评论刊出后被其他媒体转载，取得了很好的传播效果。

在 2012 年大规模策划报道的基础上，湖北日报传媒集团 2013 年再度推出"中三角"第二季报道"逐梦第四极"，成功将"中三角"构想推升为国家战略。《湖北日报》派出 10 多名记者，开展"激越长江 黄金水道"大型系列报道；《楚天都市报》10 名骨干记者奔赴长江、莱茵河、伏尔加河、密西西比河全球四大江河流域采访，推出"对话全球四大江河，探寻经济转型密码"报道，在传播经济信息的同时，传递开放的文化理念。

2014 年，《湖北日报》深度挖掘荆楚文化热点，花大气力做好大型文艺文化活动报道，为推动湖北省乃至全国的文艺发展提供了支持，尽到了一份党报所担当的社会责任。2014 年 10 月 29 日，中国歌剧界的最高艺术盛会之一——第二届中国歌剧节在武汉琴台大剧院开幕。《湖北日报》开辟"楚天放歌"专版，从 10 月 30 日到 11 月 14 日，连续 16 天，用 16 个专版进行了全方位的报道。

2014 年，《楚天都市报》也做了很多优秀的大型文化系列报道，如《湖北剧目闪耀中国歌剧节》《踏访全球十五城　解读文化复兴路》等。

《湖北日报》长年开设有"文化征程"，以及文学文艺副刊"东湖""气象万千"等版面，这些版面作为一种阵地提供了优秀的传统文化传播平台。

2013 年，湖北日报传媒集团不断创新呈现方式，通过打造"湖北作家写作家""艺术家写艺术家""走读荆楚人文地理""荆楚根脉——湖北非遗文化踏访""湖北新锐作家展评"等品牌栏目，精心做好"文化春播·走进院团""秋之韵·东湖音乐会"等大型文化活动报道，并对文化热点进行深度挖掘，弘扬中华优秀传统文化。

《楚天都市报》还精心筹办了一系列文化活动：首届楚天大学生艺术节，在两个多月的时间里，充分展示了湖北地区高校大学生奋发向上的精神风貌；第 13 届楚天少儿诗词朗诵大赛，激发了少年儿童学习传统文化的浓烈兴趣。

《楚天金报》针对网络时代的碎片化阅读、浅阅读等现象，推出系列报道"捧读经典·荆楚书香"，唤起人们对传统名著阅读的关注。2014 年，《湖北日报》将"读书"从一个专栏变为一个专版，主要刊登读者的书评和读者来信。

荆楚网与湖北省网络文化协会联合推出"湖北文化精品地图"，为富有荆楚特色的湖北文化进行数字化、网络化传播做了有益实践。

2014 年，《楚天都市报》主办了 20 多场"楚天大讲堂"，邀请来自全国各领域的专家教授以及新闻界名编辑、名记者开展讲座，培养年轻编辑记者的政治意识、大局意识和社会责任感。

2. 树立道德模范，传递社会正能量

发掘和宣传"草根"典型，是宣传社会主义核心价值观的重要抓手。《湖北日报》常年开设"湖北好人""学雷锋，做好人，树新风""筑梦先锋"等专栏；《楚天都市报》辟有"今日人物"专版，推出了《寻找最后的债主》《武汉女军医"携子援疆"》等一系列典型人物报道；《楚天金报》策划系列报道《一个人的坚守》等，通过聚焦普通人、身边人的感人事迹，弘扬核心价值观，传递正能量。此外，湖北日报传媒集团旗下各媒体还通过开展"最美村官""最美乡村教师""最美医生、护士"等行业典型报道，营造学习先进典型的良好氛围，使社会主义核心价值观深入人心。

2013 年年底，《湖北日报》推出"聚焦良心药"系列，报道武汉一家药厂 57 年亏本生产救命药的故事，随后联合《山西日报》探访幸存的阶级兄弟，在全国产生了广泛影响，弘扬了社会主义核心价值观。

《楚天都市报》记者蹲点采访 6 个多月，于 2013 年 5 月推出《助残"犟妈"坚守良心》的报道，讲述武汉东方红食品厂女老板易勤，坚持八年如一日，为 10 名智障人员提供工作，为了支撑企业运转，不惜卖掉房子的故事，在全国产生强烈反响。中央和湖北省的多位领导批示，向助残"犟妈"学习。中央电视台"新闻联播""新闻直播间""朝闻天下"等节目随后密集聚焦，给予了大篇幅的报道。

除此之外，《楚天都市报》还重磅推出的"摩的司机还钱领赏"报道，在全国范围引起了关注。报纸积极引导人心向善，维护社会公序良俗，受到广泛好评。

2013年夏，湖北部分地区遭遇50年一遇的旱情，安陆市植保站原站长周小贺坚守农业抗旱防虫一线，最终以身殉职，《湖北日报》连续报道周小贺的事迹后，引起强烈反响，周小贺也被誉为"最美农技员"。

经过《湖北日报》《楚天都市报》《楚天金报》、荆楚网等媒体报道的典型人物还有：为救落水群众牺牲的武警战士吕俊峰、生前尽职死后捐献器官挽救5人生命的武汉"大义运钞哥"陈刚、推迟婚礼捐髓救人的鹤峰"最美新娘"向雪敏、几十年扎根社区的孝感"最美"片警吴和平、拿到全美四所大学全奖博士录取通知书的听障女硕士刘轶、抗癌数年愿捐出遗体的咸宁离休干部唐光友等，在全省乃至全国产生了广泛影响。

2014年又有一批先进模范人物的报道在全国受到关注。舍小家、顾大局，为南水北调无私奉献的"移民书记"赵久富，被评为央视2014年度"感动中国人物"；一心为民、两袖清风的村支书刘伦堂，获评中宣部"时代楷模"；英勇挺身换人质的王林华和秦开美，入选中宣部"最美人物"；追捕凶顽、身中七刀殉职的宜都民警胡钦春，荣登"中国好人榜"，等等。

2014年，《楚天都市报》退出"孝老爱亲·传承美德——践行社会主义核心价值观"专版发表了一系列关于"孝老爱亲"的典型人物报道。

(二) 长江日报报业集团主要报纸的文化传播

《长江日报》《武汉晚报》《武汉晨报》作为武汉地区的城市报纸，拥有高端读者群，这一特点让其传播主流文化有了更大的优势，更容易为读者接受。这几家报纸在文化传播方面做了诸多尝试，弘扬主流文化作出了贡献，具体有以下几点。

1. 抓住典型报道，弘扬社会主义核心价值观

2013年年初，《武汉晚报》推出《余友珍两个身份一种本色》，报道千

万富婆扫大街的事迹。余友珍身家千万元,但她却富贵不移,劳动本色不变,做了一名月薪只有千余元的环卫工,为的是要给子女们做个榜样。报道刊发后,被新华网、人民网等多个知名网站转载,当天就有数千名读者、网友通过微博、电话、短信等方式,称赞余友珍。

2014年,《武汉晚报》刊发《昨天,两位武汉人"感动中国"》,介绍隐姓埋名30年的"中国核潜艇之父"黄旭华和一个用28年的人生诠释了"见义勇为"精神的方俊明的事迹。

针对中国旅客出游不讲文明的现象,《武汉晚报》推出系列报道《旅游"奖文明"》,《武汉晚报》联合武汉的旅行社,推出国内首份"奖文明"旅游协议。协议提出,游客在全程旅游中没有乱写"到此一游"等8类不文明行为,就能获得现金奖励。报道推出的当天,中央人民广播电台、人民网、新华网、光明网、凤凰网、中国旅游新闻网等上百家网站给予关注,产生了强烈反响。

2014年,《武汉晚报》又连续刊登《国内首家"文明旅行银行"昨开张》《"文明旅行银行"吹响"集结号"》《"文明旅游银行欧洲首发团"晒出成绩单》,予以追踪报道。

2014年,《武汉晚报》还开办"文明创建在行动"专栏,专题报道城市文明创建活动。

2013年,《长江日报》推出《霍计武的出彩人生——从北大硕士到移民村村官》的报道,讲述北京大学硕士霍计武离开首都北京,到武汉远城区一个偏远的移民村当村官的故事。霍计武在基层广阔舞台上,将个人梦想与社会需要结合起来,在服务群众过程中,成就人生梦想的感人故事,体现了青年知识分子身上所具有的把党和人民的事业看得高于一切的优秀品格。报道推出后被广泛传播。

2014年,《长江日报》推出"大爱之城 培育和践行社会主义核心价值观"专题,《文明在行动》专版,报道武汉道德模范和武汉"感动中国人物"的事迹,解读和弘扬武汉城市精神,打造大武汉文明城市形象。《长江日报》推出《武汉解放65周年特刊》,追溯武汉城市的历史记忆和历史发展轨迹，多角度、多行业地总结武汉 65 年来的变迁和发展成就。

《武汉晨报》在 2013 年年中推出报道《85 后兄弟三度割皮接力救父》，讲述刘洋刘培兄弟二人接力割皮救父，谱写中华民族孝老爱亲的新篇章的事迹。兄弟两人的故事感人至深，报道迅速被中央电视台、人民日报社、新华社等中央媒体跟进，在网络上广泛传播。刘洋刘培兄弟也被提名为第四届全国道德模范人物。

2014 年，《武汉晨报》推出《留守厂长苦寻失散 19 年职工来领钱》，网友盛赞留守厂长徐家尧为"中国最有良心厂长"，《人民日报（海外版）》头版头条赞扬徐家尧的事迹，认为这位武汉"良心厂长"生动诠释了社会主义核心价值观。

2. 专注文化传播，构建城市文化品牌

《长江日报》在专注文化传播、构建城市文化品牌方面有其自觉而独到的做法：

（1）"文化新闻"专版。《长江日报》"文化新闻"专版在细水长流中做着文化传播的本职工作。"文化新闻"专版具有显著的湖北文化传播的特色，做得生动而具体，是系统传播湖北文化的重要平台。《长江日报》对湖北文化的挖掘与传播之用心，从这个版面的一次次报道可见一斑。比如，2013年 1 月 15 日专版报道的《"三百六十行"大型雕塑武汉造》，16 日推出《汉派剪纸大师 400 幅遗作华丽亮相》，17 日推出《武汉再添 4 位国家级非遗传承人——他们来自汉剧、楚剧、湖北小曲》，18 日推出《湖北艺术家入围"艺术奥斯卡"》，每一天都是新的文化内容。

（2）"读+周刊"专版。"读+周刊"专版是传播文化的主力军，它第一次出现在 2012 年 2 月 28 日，此后每周二都会有 4 个版面，其定位是"品质阅读、深度阅读"，为广大受众提供了丰富的文化大餐。

3. 挖掘武汉城市本土文化

《武汉晚报》在利用副刊挖掘和构建武汉城市本土文化方面做了许多工

作。2013 年,《武汉晚报》每周五的"城市声色"副刊,以"武汉再发现"为主题,对武汉曾经或现在存在却被人们遗忘的物质遗产和人文历史进行发现和挖掘。主题从武汉的老味道、古桥、古寨到老电影等,角度多元、视角独特,充满文化底蕴却又不失生活趣味。除此以外,还有关于武汉老行当、老字号、老剧场等一系列主题。通过记者们在武汉的大街小巷的深入走访,以及历史文化专家的详细解读,该副刊栏目向读者呈现了一个充满人文和历史感的武汉,还原了一个具有自己鲜明文化特色的武汉。2014 年,《长江日报》的《走进博物馆·馆长访问》系列之《文化地标,确定全球高度》等报道让武汉城市文化具有了实实在在的厚重感。

(三)《长江商报》的文化传播

2014 年 9 月 6 日,《长江商报》在成立 7 周年之际,进行了版面改革。2013 年《长江商报》的文化类报道达 1028 篇,报道篇数多。该报文化类报道具有以下特点:

1. 追踪文化活动进行报道

2013 年,《长江商报》对湖北省尤其是武汉市内举行的美术展、摄影展、戏剧表演、舞台剧、歌剧等文化活动进行了大量报道。如《去省美术馆体验抽象雕塑的"张力"》《青年作家王希翀将签售〈挥霍年代〉》《毕飞宇、吴义勤将来汉讲学两周》《〈水墨中华·雅〉献舞江城》《易中天省图开讲:"有些问题我们永远回答不了"》等,这些文化活动报道展示了湖北各城市的文化活力。

考古活动也是文化发现,《长江商报》较为注重考古发现的报道,例如:《甘肃发现我国最早小麦标本》《敦煌石窟逾万平方米壁画实现"数字化"》《河北出土明代大龟甲　专家鉴定逾千年龟龄》等。7 月,随州叶家山发现西周墓葬群,《长江商报》随即跟进,报道了墓葬群考古的新动态,对考古这一较为生僻的文化领域进行了重点关注。

2014 年,《长江商报》继续在文化板块定期提前预告武汉本地的艺术展、话剧、讲座等文化活动以及优秀图书介绍。在"文化·人物"专栏,介绍武汉本土的各行各业的平凡人物,展现武汉人的生活状态,展现了普通人的梦想与现实。

2. 文化报道贴近百姓生活

武汉地区的纪录片素享盛名,张以庆、陈为军、范立欣等有影响的纪录片导演都是武汉人或从武汉走出去的。著名纪录片制片人梁为超发起推广本土纪录片的"星宇放映"计划,免费放映最新、最有影响的纪录片,并且将导演请到现场与观众作交流。从 2013 年 4 月 7 日起,《长江商报》对每一期的"星宇放映"纪录片都进行了追踪报道。《武汉每月第一个周六免费放映重量级纪录片》《任何个体都不应被集体遮蔽》《在垃圾问题上,任何国家都是失败者》等,都是对"星宇放映"进行的追踪报道,丰富了文化传播的形式,并进一步关注纪录片所反映文化和社会问题,体现了报纸的人文关怀。

2014 年,《长江商报》推出《我来自江湖》特刊,记录一群来自江湖的人,他们之中有科学家、志愿者,也有世代生活在河湖岸边的普通人,他们在爱湖、护湖、治湖过程中经历悲苦哀乐,如《环境法专家高利红:通过立法突破"九龙治水"瓶颈》《生物学家袁传宓:长江鱼儿洄游的时候我一定要走》等。

《长江地理》专刊推出《100 多年前的庭院生活样本》专题报道,试图还原一座清末老宅的主人原有的生活面貌;《被忽略的一场持久战》则探寻湖北宜昌市的一座古镇,重现湖北革命历史遗迹。

(四)省内其他纸质媒体的文化传播

1.《襄阳日报》

《襄阳日报》是中共襄阳市委机关报。2013 年和 2014 年度《襄阳日报》对文化的传播主要体现在以下几点:

（1）打造文化古城，提升城市形象。《襄阳日报》以强烈的自觉意识，着力在文化建设与文化发展方面进行报道。2013年6月8日刊登《以强烈的文化意识指导城市建设》，7月27日刊登《以强烈的文化意识指导城市建管》，8月3日刊登《文化馨香飘古城》，8月19日刊登《凝聚文化共识提升城市形象 改善人居环境》，9月28日刊登《文化脉动古城》，10月8日刊登《挖掘文化内涵 打造滨水古城》，等等。2014年1月9日，刊登《挖掘与营销"一城两文化"》，提出以古城为核心，彰显"三国文化"与"汉水文化"的"一城两文化"理念，这些报道产生了广泛的影响。《人民日报》和《光明日报》随后也加入襄阳"一城两文化"的城市形象推介系列报道中。

（2）助力文化产业，以产业经济带动城市发展。2013年2月9日刊登《文化旅游唱响襄城转型主旋律》、5月1日刊登《文化为旅游插上腾飞的翅膀》，5月21日刊登《枣阳挖掘文化资源做强旅游产业》7月27日刊登《襄阳打造文化产业示范区》，8月7日刊登《投资22亿打造文化科技基地》；2014年2月19日刊登的《襄城公共文化建设惠民》，3月25日刊登《枣阳打造汉文化旅游目的地》10月11日刊登《"中国襄阳·汉水文化论坛"近日在京举行》，等等，《襄阳日报》通过旅游和文化事业等彰显文化传播的力量，提升城市文化品位。

在报道中，《襄阳日报》始终站在城市发展和经济建设的高度，着重从文化精神层面宣传和解读襄阳精神，提升城市文化品位。

2.《恩施日报》

《恩施日报》栏目众多，对文化的传播主要体现在以下几点。

（1）《文化旅游周刊》专注传播民族风情。《文化旅游周刊》专版注重传播恩施特色的民族文化，恩施独特的旅游文化等。恩施是一个以土家族和苗族为主体的少数民族自治州，青山秀水，风光旖旎，有丰富的民族文化和自然风光，具有很好的传播价值。《文化旅游周刊》便是一个重要的平台，其文化传播的特色主要体现在新闻报道和图片摄影作品上，比如2013

年 7 月 18 日，《文化旅游周刊》第一版报道《气候宜人 美景留人》中包含了精美的摄影图片，第二版是"文化旅游周刊·文化"，第三版是"文化旅游周刊·清江"，第四版是"文化旅游周刊·行游"，刊有很多摄影作品和散文等文学作品。2014 年推出的报道《酉水流韵(一)——酉水流域民族文化写真》，向受众介绍了酉水河两岸的来凤土家人的民族特色以及生活状态；在《非物质文化遗产(三)》中，介绍了恩施土家族"还神坛"、利川灯歌以及恩施扬琴；在《非物质文化遗产(四)》中，介绍了恩施土家族苗族自治州少数民族祭祀活动。报纸的许多报道被《中国旅游报》《湖北日报》《湖北旅游》《大众摄影》《民族文学》《长江文艺》等媒体转载。

(2)"文体博览"文化格调高雅。《恩施日报》的"文体博览"专版是其众多版面中内容较活泼的一个版面，大多数是采用通讯社的报道，但从选择中可看出编排者对文化传播的重视。如 2013 年 10 月 23 日的"文体博览"专版，篇幅最大的报道是《汉字听写大会——让国人重审汉字的魅力》，其次还有《〈女书〉在上海国际艺术节首演》《开封成为"八朝古都"》等。2013 年 11 月 11 日的"文体博览"专版，除了其他类型的报道外，《华文作家在新加坡分享心得》和《北宋刻本〈礼部韵略〉在厦门展出》两篇文化韵味浓厚的报道，图文并茂，生动形象。2014 年 3 月 17 日，"文体博览"专版重点报道的是《埃里克森打造强队进行时》和《宜兴将举办徐悲鸿艺术节》。可以说《恩施日报》的"文体博览"专版专注于采撷文化英华，格调高雅。

(五)存在的不足及其改进建议

湖北地区纸质媒体在文化传播中起到了中坚作用，作出了特殊的贡献，这是广大新闻传播工作者的辛勤努力的结果。但纸质媒体的文化传播也存在一些问题，主要表现在：低级庸俗的报道仍然存在，特别在法制、体育、娱乐报道中较为常见；虚假新闻报道也时有发生；在报道一些社会问题时，一些标签性的词汇如"宝马男""奔驰司机"等的使用，容易引发社会群体的敏感反应，造成不同文化群体间的隔阂。

建议：一是加强媒体责任意识，坚守新闻专业主义精神，不让低级趣味的报道进入文化传播。二是坚持走基层，转作风，接地气，发现具有传播价值的事件和人物，切实改文风，遵循新闻真实性原则，做好文化传播工作。

二、广播电视的文化传播

湖北地区广播电视事业发达，仅湖北广播电视台旗下就拥有湖北卫视等 11 个电视频道、湖北之声等 10 个广播频率及网络、杂志等机构。2013年，湖北卫视在全国省级卫视中排名第九，楚天交通广播获"中国传媒年度影响力省级电台"称号。2014 年 7 月，"全国最具综合实力省级广播频率"选出 16 个，湖北占 3 个；全国共评出"最具影响力省级广播栏目"7 个，在全国省级广播中，湖北广电上榜总数名列第一。

武汉广播电视台也实力不凡。常设的文化栏目有《开卷有益》《问津国学》《长江写艺》《文化绿洲》等。湖北地区众多的广播电视台为传播主流文化作出了自己的贡献。

(一) 宣传改革创新，营造开放发展的文化氛围

2013 年，湖北广播电视台开展马克思主义新闻观教育和"我是建设者"大讨论，加深了采编播人员对"为了谁、依靠谁、我是谁"的认识，确保了舆论导向的正确，宣传质量不断提高。2013—2014 年，湖北广播电视台共组织 100 多场重大宣传和主题报道，这些报道放眼全球，聚焦湖北，收到了较好的传播效果。

2013 年全国"两会"期间，《长江新闻号》推出《世界难题·中国解答》系列报道，就医改、脱贫等议题突出宣传中国的艰辛探索和伟大成就，获得国家新闻出版广电总局的充分肯定。电视新闻专栏《不负总书记的嘱托》《一切为了群众》等用群众语言、群众视角，讲好湖北故事，弘扬主旋律，受到中宣部"新闻阅评"的肯定。

2013 年，湖北广播电视台围绕省委、省政府中心工作，为改革发展营

造了良好舆论氛围。湖北之声联合湖南、江西、安徽三省新闻广播组成"中三角"报道团，形成《中三角进行时》15篇系列报道，在四省播出，产生了强烈集束效应。2014年全国"两会"期间，湖北之声联合11家长江沿线广播媒体和腾讯网，强力推出特别节目《对话长江》，展示沿线城市改革发展的新经验、新风貌，反响热烈。这是继2013年湖北广播电视台交通广播与长江沿线9个城市的交通广播电台联合举办"中国梦·长江行"系列报道之后的又一次集中行动。

2013年，湖北卫视推出《改革新征程》专栏，着力宣传湖北加快"建成支点、走在前列"的系列改革新举措。电视新闻中心策划的《中国梦·出彩人生》《光谷的力量》《城镇化·家园梦》《伏尔加河牵手长江》等专栏选题角度新、文化品位高，给人以启迪。湖北综合频道《创业圆梦　赢在湖北》通过展示创业先进典型的经历与经验、梦想和追求，让追梦者受到鼓舞。

(二)励志节目和典型报道传播核心价值观

湖北广播电视台注重新闻宣传的创新，将社会主义核心价值观的宣传融入广播电视内容创意和生产。2013年，湖北卫视综艺节目《我爱我的祖国》，从内容选择到呈现形式，从专家话语到节目视野，自觉体现社会责任和国家意识，获国家新闻出版广电总局全国创新创优节目奖。大型音乐励志真人秀节目《我的中国星》同时段收视率位居全国前三名，节目被韩国、新加坡、美国、澳大利亚等12个国家和地区的电视台购买，实现了"中国梦想、世界分享"。访谈节目《大王小王》旨在展示普通人的情怀，传递真诚与温暖，弘扬美好的道德风尚，受到中宣部《新闻阅评》赞扬，荣获国家新闻出版广电总局创新创优节目奖。

新闻专栏《践行核心价值观》《万朵鲜花献雷锋》等报道，为构建社会主义核心价值体系积聚正能量。"孝义兄弟"接力割皮救父，聋哑舞蹈教师杨小玲在无声世界里播撒欢乐，草根书记黄春香扎根社区几十年为民服务等报道，生动鲜活，真切感人。湖北经视举办湖北省道德模范评选、湖北好人年度人物评选活动，彰显了榜样的光辉。

武汉广播电视台《百步亭有个"楼栋帮扶基金"》，表现了构建适应现代社会的新型邻里关系的主题；《土地上的追梦人——访北大硕士村官霍计武》，将霍计武的事迹进行了形象展示；荆州人民广播电台《寻找最后一位债主》，报道了又一个讲诚信的故事，弘扬了社会正能量。

荆州电视台的《荆州骄傲》专栏，介绍一批从荆州走出去的各领域的翘楚，表现他们在平凡的岗位上，创造了不平凡的成绩，成为荆州的骄傲。

专栏节目《今夜不寂寞》主持人简然于 2013 年发起了"用我的声音做你的眼睛"活动，2014 年坚持为民宗旨，突出公益特色，发起暑期支教大行动，得到高校教师和学生的广泛支持，惠及多个偏远山区的儿童。

(三)打造一流的文化产品

新闻、综艺、戏曲、影视剧、专题、纪录片等类型丰富的广播电视节目是湖北广播电视的主要内容，更是人民群众的精神文化需求。高举旗帜，成风化人。湖北广播电视台始终坚持用体现社会主义核心价值观的文化艺术作品，服务受众，教育和引导受众。

1. 精心制作电视剧、广播剧，打造文化精品

2012 年，湖北电视台拍摄的电影《我的渡口》，以湖北道德模范万其珍为原型，刻画了一群朴实、善良的"湖北好人"。真人真事的感人制作，在 2013 年蒙特利尔电影节和 2014 年朝鲜平壤国际电影节上接连获奖。2013 年湖北广播电视台制作的电视连续剧《血誓》，旨在挖掘鄂西民族文化和历史风情，讲述 20 世纪初期的革命故事，成为 2013 年热播的战争题材电视剧。

湖北广播电视台在传播主流文化时清楚地认识到，在社会上一些人热衷于去思想化、去价值化、去历史化、去主流化的背景下，应该牢记弘扬中华优秀文化的历史使命，倾心打造文化名片，彰显荆楚人文力量。2013 年湖北广播电视台进行了一系列高品质的文化制作：站在国家的高度、弘

扬社会主义核心价值观的《铁血红安》，表现中国民族军工业复杂历史的《汉阳造》，传承和弘扬民族文化的《楚国八百年》，等等。其中《楚国八百年》荣获 2014 年度"五个一工程奖"、国际国内电视节纪录片奖等多项大奖。

阐扬中华文明辉煌历史的纪录片《汉江》于 2014 年开拍。2014 年 2 月，电视剧《东方战场》开拍，这是一部反映中国 14 年抗战历史的恢宏巨制，它以史诗般的笔触、全景式的表现手法，真实再现了中华民族不畏强敌、英勇抗战的伟大精神。

2. 综艺节目：谱写积极向上的主旋律

文化艺术作品，要在娱乐中启迪民智、激励民众、陶冶性情。

为此，湖北广播电视台制作了一批有格调、有情调的情感节目。湖北卫视社交帮助类真人秀节目《爱情学院》，明星带领学员探讨恋爱话题，树立正确恋爱观，并在现实生活中帮助"学院优等生"完成恋爱梦想。人文关怀类节目《大王小王》中 90%的嘉宾是生活中的普通人，通过与主持人拉家常、话烦恼，展开温情互动，给普通民众提供一个情感交流的平台。家庭代际沟通节目《谁是我家人》，在竞猜中分享各色家庭故事，在欢乐中见最美真情。《转角遇到爱》《桃花朵朵开》用电视搭建起追寻真爱的空间。借才艺抒发情怀的《挑战女人帮》，通过展现参赛选手才艺，挖掘背后故事，完成温暖智慧的情感抚慰。

3. 特色节目，从服务入手引导文化品位提升

积极健康、格调高雅的节目，既有一流的丰富内容，更有主流媒体的责任担当，具有提升文化传播的影响力的作用。湖北广播电视台推出了一批有特色有实效的服务节目：《包公来了》以娱乐方式说法律；《调解面对面》关心普通百姓，和谐家庭社会；《好吃佬》通过广播、电视联手行动，让美食文化通过节目香飘万家。

武汉广播电视台《开卷有益》栏目，是武汉建设读书之城的电视品牌，报道武汉市读书活动进展、书刊出版信息，反映武汉读书生活，引导读者，服务读者，服务武汉文化建设，提升城市文化品位。栏目富有时尚而雅致的风格特色。

4. 纪录片：做实区域文化的传播

唱荆楚歌，打科教文化牌，是湖北广播电视台文化传播的特色和优势。纪录片栏目《中国 No.1》于 2012 年 1 月 1 日开播，2013 年，节目继续用探索发现的眼光，展现中国元素中的湖北第一，展示堪称全国之最的荆楚文化；《长江文化潮》正如其名字一样，是一档文化专题栏目，旨在构建人文精神、文化现象和文化成果的传播平台，打造高品位的文化高地。其选题以文化活动、文化成果、大家名作和民间文艺等为主要内容。2014年，涉及楚文化、巴蜀文化、秦陇文化的纪录片《汉江》上映；之前，第一次以电视影像全方位表现文化为人屈原的思想、文化和人格的纪录片《屈原》已经与观众见面。两部纪录片均获得各方面的好评。2014 年，纪录片《汉江》和《屈原》均被国家档案馆收藏。

武汉广播电视台专题节目《昙华林，寻找武汉的记忆》《从码头文化到文化码头》等，让观众在接受知识的同时，从中获取更多的文化养分。

(四) 做好广播电视文化传播的建议

广播电视是受众欢迎的传播媒介，具有广大的受众群，但在文化传播方面还显得内容过于单薄，分量不足，形式上也略显老套单调。因此，应在内容的提供上，为受众呈现更多的作品；在形式上，要加大创新力度，创作更多的受众喜闻乐见的节目。

三、网络媒体的文化传播

湖北省网络媒体众多，本文选取荆楚网、腾讯·大楚网和长江网作为考察对象。

(一) 荆楚网

1. 文化频道构筑文化传播平台

荆楚网由中共湖北省委宣传部、湖北省人民政府新闻办公室主管，湖北日报传媒集团主办，是经国务院新闻办公室批准的湖北省重点新闻网站。据 Alexa 实时统计，荆楚网访问量全球综合排名第 3584 位，中文排名第 286 位(2016 年 2 月 2 日访问数据)。

荆楚网是湖北省新闻网站中唯一开通了文化频道的网站，从荆楚网文化频道的版面设计就可以看出其传播主流文化的积极态度。其"一起"系列板块，以具有号召意义的词语"一起"打头，彰显出荆楚网在文化传播上竭力扮演着传的主动者角色的努力，为湖北主流文化的网络传播展现了独具魅力的窗口。

荆楚网的文化频道由五个"一起"系列的大版块组成(见表 1)。

"一起来"包括两个部分：公益和网络文化节展示，吸引网友参与文学分享和讨论、参与公益、参与网络文化节。特设的"公益"号召大家一起投身公益；而网络文化节展示不仅集纳和呈现了湖北历年网络文化节的优秀作品，也展现了全省各地的优秀文化活动。

"一起秀"主推绝活、达人，突出展示湖北民间群艺达人的优秀作品，关注民间群艺团体。该栏目中的"湖北文化精品地图"集中展现了近年来湖北优秀传统文化、现当代文化精品、各类非物质文化遗产等内容的数字化成果。

"一起写"则给网络写手提供了一个作品展示平台，包括"荆楚文坛"和"高校文学联盟"两个部分。"荆楚文坛"按发帖内容分为"文坛笔会""文坛快讯""文坛茶馆""文坛鄂军"和"书刊推介"五个部分。热爱文学的网友们可以在湖北文坛的对应板块中发布自己的文学作品和文学信息，与其他网友分享、讨论。"高校文学联盟"板块则为湖北高校的文学创作社团提供了交流的平台。

"一起拍"致力于组建摄友圈子，开展线下采风摄影活动，集中展示湖北优美的自然风光。

"一起听"是包括湖北省文化厅活动中心、省网络文化协会和长江杯小说大赛的官方微博，是文化频道打造的连接官方与网民的桥梁，网民能够通过官方微博发布的文化资讯了解当前省内的各项文化活动情况。

另外，网络文化频道还专设了威客版"湖北网络文化创意平台"，网民不仅可以在平台上发布任务和接受任务，也可以在平台上展示或交易自己的优秀作品。

这几个板块以"做""听""写""拍"等记录文化的方式向网友开启了了解湖北文化的窗口，自然也获得了网民们的青睐。

表 1　荆楚网文化频道相关版块及其文化活动信息

	相关文化板块	相关文化活动(形式)	活动主旨	活动影响
"一起来"	公益	"2014 湖北孝星榜"	展现凡人善举，弘扬传统美德，传递社会正能量，推动贯彻和践行社会主义核心价值观	2014 年 5—12 月，共推举 64 条孝星事迹，通过网友投票，16 人获得"孝星"称号
	网络文化节展示	"网络文化节"	弘扬社会主义核心价值观，共同传递网络正能量	2013 年，第五届网络文化节共举办"青年心中国梦"等 31 场网络文化活动
"一起写"	荆楚文坛	论坛	省内网络文学爱好者集散地，创办《网络文学》杂志	2013 年，18 名版主和资深网友当选为湖北省作家协会会员
	高校文学联盟	高校文学社联盟网	打造高校文学社团第一门户网站	

续表

	相关文化板块	相关文化活动(形式)	活动主旨	活动影响
"一起秀"	文化地图	省直文化精品展示、"湖北文化电子书"	湖北文化精品地图	湖北省文联、新闻出版总局等10个省直单位宣传片;"荆楚风俗""楚天名人"等10个主题电子书
"一起拍"	"我拍湖北"	"青年心·中国梦"摄影暨微电影创作大赛	"青春视界·美丽湖北""中国梦·我的梦""身边的好人小事"	2013年6月启动,共收到微电影作品100余部,评选由网上公开投票

荆楚网在与受众的沟通上也是颇为用心:官方微博、网络投票、网络发帖、微信扫一扫等热门的新媒体互动方式融合运用,将文化的传播扩展到更广阔的空间。

2. 主流文化的记载与传播

荆楚网对中国社会主流价值观的传播,除了发布《湖北日报》及其旗下各报纸对湖北地区新闻事件、新闻人物的报道之外,在思想、文化的传播上更直观、更成体系、更聚焦,主要体现在三个方面:一是以专题、文化节活动等形式系统全面地记录湖北地区主流价值观的各种体现与表达;二是以组织比赛、网络评选等方式邀请网民亲身参与主流文化的传播;三是提供微博、社区等网络平台链接,鼓励网民发表自己对中国主流文化的观点。

(1)主流文化活动专题。2013年,荆楚网总共梳理发布了123条新闻专题,涉及国内外政治、经济、文化、生活等各个方面。其中湖北地区主要文化类专题详述如下：

一是"中国梦"专题。2013年，荆楚网整理的关于"中国梦"的相关内容，主要从网络文化活动、新闻报道和征文比赛三种不同的表达形式全面阐述"中国梦"。

二是"湖北好人"专题。2013年，荆楚网推出"湖北好人，爱耀荆楚"和"寻找湖北好人，弘扬荆楚大爱"两个系列专题。

"湖北好人，爱耀荆楚"专题，对"感动中国"人物徐本禹、全国道德模范王争艳、支教团长胡益波、"孝感托举哥"周冲、"马路孝子"刘普林、"江城铁女"陈春芳、敬老的哥张国贤、"热血家庭"代表刘源8位"湖北好人"的事迹进行了详细的报道，以此倡导道德文化建设。

"寻找湖北好人，弘扬荆楚大爱"则在全省范围内进行了六类"最美"系列人物评选活动，包括最美农民工、最美环卫工人、最美的哥（的姐）、最美护士、最美乡村邮递员、最美警察的评选。荆楚网在此专题中，对评选活动进行了细致的报道，将最美人物的事迹广泛传播。

三是道德模范专题。荆楚网在第四届全国道德模范评选专题中，对"慈善之星"甘金华，"大爱夫妻"黄宏林、严玉芹夫妇，"热血哨兵"吕俊峰，"梅花奶奶"柯梅花，"百年义渡传人"万其珍，"信义孝子"李元成，"鼓舞妈妈"杨小玲，"雷锋式驾驶员"张兵，"拥军慈母"罗长姐，"休学侍母孝子"程威十位候选人的事迹进行了报道。通过网络的形式，大力宣传弘扬道德模范的感人事迹和崇高精神。

对当选全国道德模范的"孝义兄弟"刘培、刘洋，也开辟了专门的"孝子兄弟割皮救父"专题，用图片、视频和文字全方位地对兄弟俩的事迹进行报道，向社会传达中华民族优良的传统与美德。

2014年，荆楚网联合共青团湖北省委、省慈善总会等单位举办湖北"微善行动"年度评选，活动于2014年10月启动，得到公益团队、个人的积极响应和推荐，网民纷纷点赞支持。同年12月，荆楚网推出网络投票专题，共有63个个人、团队、项目参评，380余万网民参与投票，相关微博话题阅读量超过125万。

（2）以比赛、评选活动等形式践行主流价值观。专题报道中的文章、报道只是文化信息的整合，而文化、价值观的传播重在实践。2013 年荆楚网举办和承办了各种比赛、活动，邀请网民积极参与，使社会的主流文化价值观广泛地渗透进湖北地区网民的心中（见表 2）。

表 2　荆楚网举办和承办的各类比赛、评选活动

活动名称	活动主题	活动类型	活动影响
湖北青年摄影暨微电影创作大赛	"青年心·中国梦"	创作比赛	大赛共收到参赛作品 5000 余幅（部），百万人次参与讨论
老干部革命故事网络征集活动	知革命历史	征文活动	共收到老干部征文 1300 多篇
湖北省年度"微善行动"评选	"微爱""微善"传递"大爱""大善"	公益活动评选	吸引了数十万网民关注参与
"党在我心中，青春正能量"红色微博评选	传播和谐正能量	红色微博评选	原创红色微博 1400 余条，转播 1.6 万余次，阅读量突破 72 万次

2014 年 4 月初，由湖北省委宣传部等单位主办、荆楚网承办的"湖北孝星榜"评选活动举行。活动旨在展现凡人善举、弘扬传统美德。5 月，荆楚网联合湖北水利部门启动"水润荆楚 走进水利风景区"大型摄影活动，展示湖北水利生态文明建设成果，宣传水利设施的公益功能。6 月至 12 月底，荆楚网以"发现湖北 今晚九点"为主题，主办大型新闻图片有奖征集展示活动，反映湖北在"建成支点，走在前列"进程中的显著成就，展示区域社会和谐发展的大众生活。

每次网络主题活动都得到了大批网民的积极参与支持，从活动影响程度可以看出网络文化传播取得了良好的成效，这也是网络媒体传播文化方

面相对于传统媒体的优势所在。

（3）微博、微信、论坛助力文化传播。2013年，荆楚网的文化传播注重借助微博、论坛等平台的支持。微博和论坛在这些活动中既是网民讨论和分享文化的平台，也是网民评选自己心目中主流价值观代表人物的工具和渠道。如2013"微·善行动"评选活动，利用@荆楚网官方微博或微信扫一扫进入微信公众号推荐相关事迹和人物，并参与评选。活动于3月份启动，12月底截止，网络投票数达370余万人次，发掘了以"武汉犟妈"为代表的一批道德模范。

2014年7月9日，荆楚网推出"湖北好人地图"，将来自湖北各地的"最美的哥的姐""最美乡村邮递员""最美护士""最美农民工""最美警察"等众多"湖北好人"，用地图区域划分，用图片、文字、视频、微博等多媒体报道形式，全方位、多层面地予以展现。这是全国首次借助全媒体平台，以"网络地图"的形式宣传道德模范。

(二)腾讯·大楚网

腾讯·大楚网具有2700万QQ用户群，为湖北最大的区域信息及服务综合平台。腾讯·大楚网成立以来，积极参与湖北文化建设，为湖北文化建设贡献力量。

1. 发挥平台优势，打造文化城市

腾讯·大楚网作为湖北最大的网络媒体，覆盖全省2000多万用户并和全国以及本地多家电视台、报纸等传统媒体有深度合作。盘活QQ用户资源，积极发挥平台优势，及时转载有关全国先进文化的报道，转载推荐本地富有特色的文化新闻报道、文化建设成果，聚焦湖北文化大发展、大繁荣的时代面貌。

围绕"文化城市"这一主题，2013年武汉市"两会"期间，腾讯·大楚网还邀约两会代表、委员做客《两会微访谈》就"建设美丽武汉"与网友互动交流，同时推出《我要的幸福》专题策划报道，为武汉"文化城市"建设摇

旗呐喊。

《文化名家》栏目传递人文知识，引领时代精神。2014 年，腾讯·大楚网《文化名家》栏目邀请王先霈、周国平等名家进行访谈，传播文化知识，提升网民人文素养。

2. 整合社会资源，创建原创品牌栏目

腾讯·大楚网不仅借助平台优势通过强势渠道推广先进文化，还主动策划推广，利用网络媒体整合社会资源的优势，积极推动具有时代意义的线上线下活动和原创品牌栏目，以启迪网友智慧、丰富网友的精神世界。

"文化湖北"是湖北省"五个湖北"建设的重点，腾讯·大楚网以此为纽带重点关注了本地文化演艺事业发展，例如采访了楚剧院院长，拍摄汉剧当家花旦《楚美人》专辑，推荐具有本地特色的系列话剧和作家名人。与此同时，腾讯·大楚网还通过举行本地文化名人系列访谈、本地优秀作品网上联展、大家名家的经典剧目欣赏、网络微段子评选、湖北楹联大赛等线上活动，主动策划推广，形成了一批原创品牌栏目，将湖北本地优秀的文化推向全国。

在大楚网文化板块，《本地展览》《本地讲座》《网上展馆》的开设，为网友们搜罗了武汉市各大美术馆、博物馆的精彩会展，一场场文化盛宴得以汇集。2014 年，腾讯·大楚网文化频道又开通了《美术》《文学》《收藏》等栏目，还策划了"纪念黄埔军校建校 90 周年"专题，推出《武汉黄埔女兵》报道，勾连武汉与黄埔历史，用独特视角挖掘武汉的文化精神内涵。

湖北是教育重镇，拥有一大批有思想的学者。腾讯·大楚网文化频道《思想》栏目，在对一次次的学术讲座的报道中，展示了鄂籍学者的学术成果，利用其渊博的思想来启迪民众的智慧。

湖北也是文学大省，2014 年 6 月 16 日，腾讯·大楚网开通《文学》栏目，传播湖北省文学界的主要活动，描绘了湖北省"文学鄂军"的壮大图景。

3. 强化产品融合，实现多渠道推广

腾讯·大楚网是全国最大的微博互动平台——腾讯微博的湖北运营方，近几年来，网站充分利用微博这种具有传播广、速度快、互动效果强的媒体工具，传递文化正能量，通过开展湖北人文艺术随手拍、湖北名歌大家唱等互动活动，宣传湖北优秀文化成果，传递正能量。此外，微信、腾讯新闻 App 等移动互联网产品都是弘扬湖北优秀文化的好渠道。

通过微信和腾讯新闻 App 的推送功能，腾讯·大楚网以最便捷的方法、最精准的定位，不定期推送报道湖北文化成就和发展趋势，展现湖北文化艺术的最新成果，让全国网友能快速了解到最新最全的湖北优秀文化成果，感受文化湖北建设带来的新风尚。

(三) 长江网

"长江互动传媒网"(简称"长江网")由湖北省政府新闻办申报，国务院新闻办批准的武汉地区综合性新闻网站，成立于 2001 年，是湖北省内访问量第二大的网站。根据 Alexa 实时统计，长江网全球综合排名 7649 位，中文排名 712 位(2016 年 2 月 2 日访问数据)。

2012 年 2 月，武汉市委市政府出台了《关于打造"文化五城"建设文化强市的意见》。该意见提出，武汉市将用 5 年时间建设"文化五城"：读书之城、博物馆之城、艺术之城、设计创意之城和大学之城，以提升城市文化品位，打造文化强市。因此，长江网文化频道响应市政府关于"文化五城"的建设目标，除设有文化板块外，还分别设艺术、读书、创意、大学、博物馆 5 个板块。

在艺术板块，分别在曲艺、收藏、书画等方面，向读者推荐精彩的曲艺节目，展示湖北省各地稀有珍贵的收藏品和大师画作；并充分发掘湖北省内文学、美术等优势资源，以提高市民艺术素养，进一步建设艺术之城。

在读书板块，既有精彩图书推荐也有书评书摘。在 2012 年开辟了"文

化五城、全民读书"专题栏目，并在同年发起"爱上层楼读书会"活动，设立 10 个读书活动点，至今已举办了 75 期读书会活动。每期读书会都会邀请一名作家与读者相聚一堂，畅聊文学与人生。通过一系列的读书活动，倡导阅读蔚然成风。

在设计创意板块，展示了武汉人的创造力和活力。板块中既有青年导演的人物采访，也有各种文化、科技产业园以及动漫活动的生动展示，以图文并茂的形式展现了生机勃勃、欣欣向荣的武汉——一个未来的设计创意之城。

在博物馆板块，向读者提供了武汉市 20 家博物馆、故居、纪念馆的官方网址、详细地址和行车路线，例如，湖北省博物馆、张之洞与汉阳铁厂博物馆、辛亥革命馆、武汉白求恩纪念馆、武汉市中山舰博物馆等。报道意图使读者对博物馆有进一步了解，不忘历史，留住城市历史文化记忆。

在大学板块，作为拥有 78 所高校，毕业生人数全国第一的武汉，是一座名副其实的大学城，也是一座青年之城。通过"名师访谈""院校新闻""达人秀"栏目，向读者展示了武汉地区大学的丰厚底蕴和蓬勃朝气。

(四) 网络文化传播中的不足及改进建议

网络为文化传播提供了新的媒介渠道，相对于其他媒介，文化传播在网络上显得异常精彩。但网络因其是开放的平台，文化传播在总体良好的情况下，一些低级趣味的东西在网络上仍大量存在，即使是纯新闻的页面，也会有一些不恰当的栏目内容混在其间。因此，加强网络的管理，构建文明的互联网环境，无疑是各大网必须履行的职责。此外有些网站缺乏管理，更新速度慢，有的甚至是僵尸网站。即使一些有影响的网站也存在此问题，如长江网·文化频道，多个栏目的更新日期还是在 2013 年或 2012 年，网页没有及时更新。

（部分硕士研究生参加了资料搜集和本文初稿撰写，他们分别承担了以下工作：陈欢、舒娟、卢媛、黄瑛负责 2013 年报纸部分，黄瑛、程文灵、徐皞亮负责 2014 年的报纸部分；郑旸、李余三、柴艳红负责 2013 年广播电视电影部分，胡园园、柴艳红负责 2014 年广播电视部分；马琳、冯思思、王文岳、余旸、郑雪丽、胡月馨负责 2013 年网络部分，马琳、童威、何强负责 2014 年网络部分）

湖北省新闻工作者思想状况调查报告①

当前，随着传播技术不断进步，新兴媒体呈现出一派生机的景象。新兴媒体发展带来媒体融合发展已成趋势，各家媒体都推出相应的举措，促进改革发展。新媒体的发展给新闻生产的环境、过程带来变化，新闻工作者的地位也由此发生改变。

那么，新闻从业人员的工作状态、职业认同感、职业压力、对理想和现实的期望、自我价值判断、自信心、与同事的关系、家庭状况对工作的影响等真实情况究竟如何？为弄清这些问题，进一步加强党在新形势下对新闻工作的领导，调动新闻工作者的积极性和主动性，进一步做好新闻舆论工作，受湖北省新闻工作者协会的委托，我们组成课题组开展了融媒体形势下湖北省新闻工作者思想状况调查。

一、此次调查的基本情况及样本特征

(一) 基本情况

2017 年 9 月，受湖北省记协委托，我们承担了"融媒体时期新闻从业人员思想状况研究"项目。随后，课题组开展了相关调查。经过精心准备，我们从 2017 年 11 月至 2018 年 2 月，对湖北广播电视台、武汉广播电视

---

① 本文初次发表时题为"提升领导干部媒介素养的策略——基于湖北地区领导干部的调查"，载《决策与信息》2020 年第 1 期。署名为廖声武、刘倩，刘倩为湖北大学文化与传播方向博士生、湖北省委党校教师。

台、《楚天都市报》《长江日报》《武汉晚报公司》、长江网、腾讯·大楚网、《宜昌日报》《恩施日报》《襄阳日报》《十堰日报》《仙桃日报》、潜江电视台、仙桃电视台14家媒体进行随机抽样问卷调查。共发放调查问卷390份，回收有效问卷358份，有效率为91.8%。

此次问卷调查范围包括省会武汉市、市州和省直管城市；媒体包括报纸、广播电视、网站。问卷内容共设置了四个部分：基本信息；职业满意度；工作与思想状况；生活与思想状况。

(二)样本特征

此次受调查者男性为43.58%，女性为56.42%。工作在武汉市媒体的占54.75%，工作在市州媒体的占45.25%。受调查者的年龄区间，30周岁及以下的占33.8%，31~45周岁的占51.12%，45周岁以上的占15.08%（见图1）。

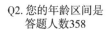

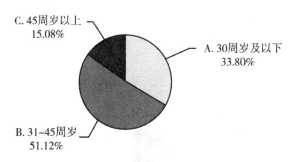

图1　湖北地区媒体工作人员年龄构成

在调查样本中，在广播电视机构工作的占25.97%，在报纸工作的占58.1%，在网站工作的占15.92%。在媒体工作5年及以下的占31.56%，6~10年的占25.7%，11~20年的30.73%，21年及以上的占12.01%。

此次调查的样本中，大学本科毕业的占75.42%，硕士研究生及以上的占 13.41%,两者相加为 88.83%(见图 2)。

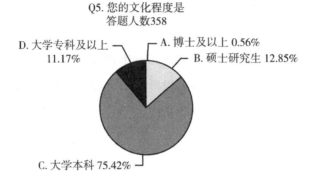

Q5. 您的文化程度是
答题人数358

D. 大学专科及以上 11.17%

A. 博士及以上 0.56%

B. 硕士研究生 12.85%

C. 大学本科 75.42%

图 2   湖北地区媒体工作人员文化程度构成

样本中新闻从业者的专业背景,学新闻传播类占 41.9%,文史哲类占 18.16%,经济管理类占 12.57%,理工科类 7.54%,法学类占 3.07%,其他占 16.76%。

样本中新闻从业者的工作岗位,编辑占 27.37%,记者占 29.89%,新闻媒体人员占 17.04%,管理岗位人员占 15.92%,广告经营人员占 9.78%(见图 3)。

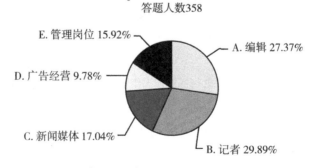

Q8. 您的工作岗位是
答题人数358

E. 管理岗位 15.92%

A. 编辑 27.37%

D. 广告经营 9.78%

C. 新闻媒体 17.04%

B. 记者 29.89%

图 3   湖北地区新闻从业者工作岗位构成

调查表明，样本中的新闻工作者事业编制的人占 24.02%，媒体单位编制长期聘用的人占 46.93%，部门聘用的人占 29.05%。后两者相加，聘用人员达 75.98%。

二、主要发现

(一) 湖北省新闻工作者的工作状态

1. 职业认同感

调查中，我们设计了新闻工作者的职业认同选项，在问到"您是否热爱现在自己所从事的岗位工作"时，选择"非常热爱"的占 27.09%，"比较喜欢"的占 51.4%，两者相加占 78.49%（见图 4）。

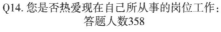
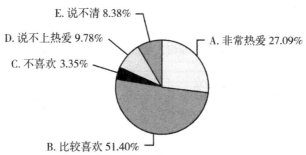

图 4　湖北地区新闻从业者的职业认同

在问到"您认为您所供职的媒体吸引您的地方是什么"时，回答是"工作具有挑战性"的占 23.18%，回答是"工作能够发挥自己的专业特长，学以致用"的占 36.03%，两者相加占到 59.21%。还有比较重要的因素是"单位文化氛围"（7.54%）和"年轻人的成长环境"（7.26%）（见图 5）。

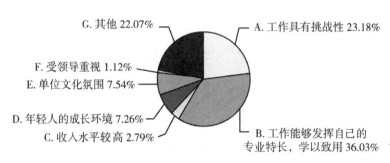

图 5 湖北地区新闻从业者的职业兴趣

为了解新闻工作者的工作状况，我们设计了与工作相关联 11 个要素和 1 个综合要素，涉及个人对工作的认可度、对领导的认可度、与同事的关系、个人的发展、工作时间的分配、工作的报酬等方面以及对所从事的工作的总体感受，分别给出了从"极不满意"到"非常满意"5 个等级的选项供选择。问卷结果如表 1 所示。

表 1 湖北地区新闻从业者的工作满意度统计

	极不满意	不满意	一般	满意	非常满意
报酬收入	7.82%	15.92%	49.72%	24.86%	1.68%
学习新知识的机会	2.23%	11.73%	37.99%	41.62%	6.42%
同事关系	0.56%	0.56%	17.88%	66.20%	14.80%
主管领导的能力	0.84%	2.51%	19.55%	56.98%	20.11%
工作中的自主程度	0.84%	2.79%	32.96%	51.40%	12.01%
工作中主动创新的机会	0.56%	5.31%	34.08%	48.60%	11.458%
工作的社会影响	0.84%	3.63%	32.68%	48.88%	13.97%
工作的成就感	1.12%	4.47%	39.66%	43.85%	10.89%
提拔或升职的机会	4.75%	10.61%	50.00%	28.77%	5.87%

续表

	极不满意	不满意	一般	满意	非常满意
工作时间的弹性	3.91%	9.78%	39.66%	37.43%	9.22%
福利待遇	6.98%	16.20%	39.39%	31.01%	6.42%
综合满意度	1.12%	8.38%	41.34%	41.06%	8.10%
回答人数:358					

从表1可以看出,受调查者除了"报酬收入"和"福利待遇"两项认为一般、满意和非常满意的正向度百分比在76%、"提拔或升职的机会"在84%以外,其他各指标认为一般、满意和非常满意的正向度百分比都在86%以上。全部受调查者对工作状况的总体满意度从一般、满意和非常满意的正向度百分比在90.5%。

2. 工作状况与职业压力

在问及"以您目前的知识水平和业务能力能否胜任您所从事的岗位工作"时,受调查者回答"能力超过了工作要求""胜任"和"基本胜任"的占98.05%,表明大部分受调查者对自己从事的工作充满了自信(见图6)。

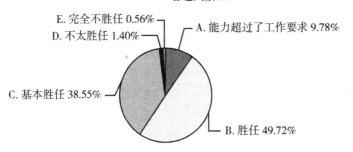

Q18. 以您目前的知识水平和业务能力能否胜任您所从事的岗位工作
答题人数358

E. 完全不胜任 0.56%
A. 能力超过了工作要求 9.78%
D. 不太胜任 1.40%
C. 基本胜任 38.55%
B. 胜任 49.72%

图6 湖北地区新闻从业者工作能力调查

在回答"您的工作压力主要来自什么"的时候，"工作需要不断创新""工作任务繁重""个人能力不足"是居于前三位的因素，这里，"个人能力不足"与前述认为自己知识水平和业务能力能够胜任所从事的岗位工作稍有偏差(见图7)。

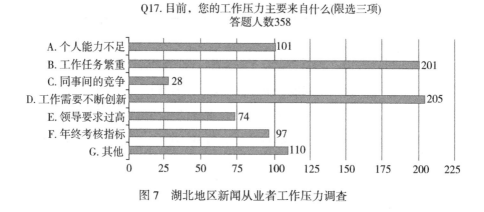

图 7　湖北地区新闻从业者工作压力调查

在问及"如果您的工作能力不能充分发挥，您认为最主要的原因是什么"时，"受管理体制机制的制约"占57.26%，"发展机会较少"占38.83%，"自身专业特长和岗位职能要求不匹配"占35.2%(见表2)，位居前三位。

表 2　湖北地区新闻从业者工作障碍调查

选　项	回复情况
A. 自身专业特长和岗位职能要求不匹配	35.2%
B. 受管理体制机制的制约	57.26%
C. 领导任人唯亲，看不到升职希望	8.38%
D. 所在单位氛围不和谐	8.66%
E. 个人家庭琐事牵扯较大精力	14.53%
F. 发展机会较少	38.83%
G. 其他	34.36%

有关媒体工作者对工作的自主程度的评价，在回答"对政府部门打招呼的稿子，会尽量考虑到他们的要求"时，回答"考虑"（63.69%）和"可能考虑"（31.84%）的超过95%。

在回答"对经营部门打招呼的稿子，会尽量考虑到他们的要求"时，回答"考虑"（63.97%）和"可能考虑"（29.33%）的接近95%。

在回答"在想法和领导不一致时，会尽量按自己的判断去处理"，回答"考虑"（38.83%）和"可能考虑"（18.16%）的接近57%。

以上表明，新闻工作者在处理稿件时能够从工作大局出发、从媒体利益出发考虑问题，但在与领导意见不一致时（如在技术处理、专业技巧等方面）表现出较强的自主性（见表3）。

表3 湖北地区新闻从业者工作自主程度评价

	不可能	考虑	可能
对政府部门打招呼的稿子，会尽量考虑到他们的要求	4.47%	63.69%	31.84%
对经营部门打招呼的稿子，会尽量考虑到他们的要求	6.70%	63.97%	29.33%
在想法和领导不一致时，会尽量按自己的判断去处理	43.02%	38.83%	18.16%

（二）我省新闻工作者的职业发展

有关新闻工作者的自我发展问题，在问及"您对所供职的媒体提供的学习机会是否满意"时，回答"满意"的占32.40%，回答"一般"的占46.37%，有21.23%的调查者对媒体提供的学习机会不满意（见图8）。

在问及"您对所供职的媒体的升职机会的感受"时，回答"非常满意"的占8.66%，"比较满意"的占20.67%，感受"一般"的占50%，不满意和很不满意的占20.67%（见图9）。

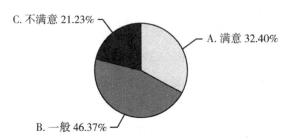

图 8　湖北地区新闻从业者自我发展满意度

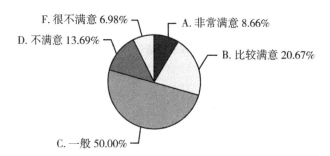

图 9　湖北地区新闻从业者工作前途满意度调查

在问及"您认为影响您晋升的最主要原因是什么"时，回答"竞争岗位少""竞争机会不多""竞争渠道不畅"是位居前三位的主要原因（见图 10）。

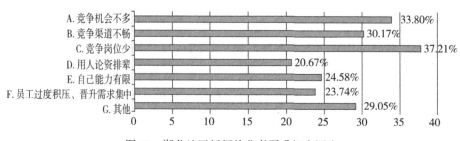

图 10　湖北地区新闻从业者晋升机会调查

在问及"您希望在哪些方面得到您所供职媒体的支持与培养"时，回答"提供学习进修和参加培训的机会"（65.36%）、"领导信任，鼓励和支持我做好工作"（52.51%）、"帮助解决成长和工作中遇到的困难"（48.6%）占前三位。"提供实践锻炼的机会，经常对我委以重任"与"提供职务或职称公平竞争的机会"也占到一定比例（见图11）。

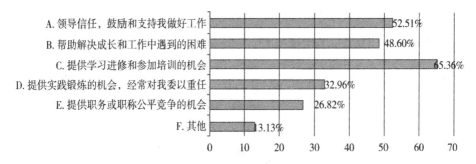

图11　湖北地区新闻从业者进修培训调查

从调查样本中可以看到，媒体从业者迫切希望进一步学习进修或参加培训，以提高工作业务能力和水平（见图12）。

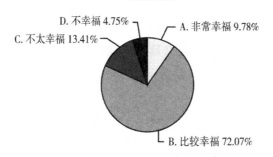

Q25. 现阶段如果让您综合评价自己的幸福度，您会选择
答题人数358

图12　湖北地区新闻从业者幸福感调查

(三) 湖北省新闻工作者的自我价值判断

新闻工作者对自己的工作状态和幸福感的总体判断是正向的。在综合评价自己的幸福度的调查中，81.85%的人认为自己是非常幸福和比较幸福的(见图12)。

在"下列哪一项最能体现自己人生价值"的8个选项中，新闻作品获奖、有更高的收入和福利待遇、成为业务骨干独当一面、领导和同事的认可位列前四，占比近70%(见图13)。

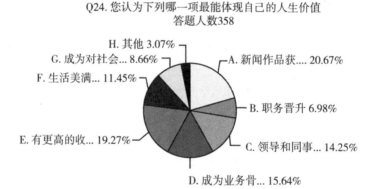

Q24. 您认为下列哪一项最能体现自己的人生价值
答题人数358

H. 其他 3.07%
G. 成为对社会... 8.66%
F. 生活美满... 11.45%
A. 新闻作品获.... 20.67%
B. 职务晋升 6.98%
E. 有更高的收... 19.27%
C. 领导和同事... 14.25%
D. 成为业务骨... 15.64%

图13　湖北地区新闻从业者人生价值观调查

新闻工作者在面对具有挑战性的工作时表现出积极的态度。在问及"当领导委任您一项很有意义但又具有挑战性、难度很大的工作，您的态度怎样"时，回答"非常愿意并努力做好"的人占75.14%(见图14)。

(四) 湖北省新闻工作者的生活状况及其对思想的影响

关于新闻工作者的生活状况，调查表明，60.34%的新闻从业者月收入在5000元以下，37.434%的从业者在5000~10000元，2.23%的受调查者月收入在10000元以上(见图15)。

在问及"您是否满足于当前的福利待遇"时，回答"不满意"的占

Q21. 当您的领导委任您一项很有意义但又具有挑战性、难度很大的工作，您的态度是
答题人数358

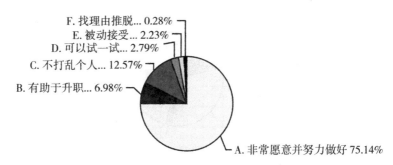

图14　湖北地区新闻从业者工作态度调查

Q10. 您的月收入是
答题人数358

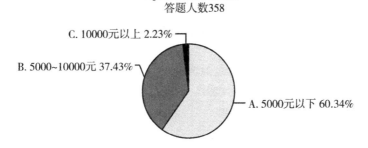

图15　湖北地区新闻从业者收入调查

24.3%，回答"一般"的占43.3%，回答"非常满意"和"比较满意"的占32.4%。

调查中，在问到"对您而言，来自生活的最大压力与烦恼是什么"，回答"收入不太能满足开支"的占30.45%，回答"赡养父母、抚育子女""购房(还贷款)压力"的分别占19.83%。回答"担忧健康状况"的占到10.89%(见图16)。

在问到"您现在最迫切的愿望是什么"时，回答占比最高的依次是"提高薪酬待遇""休息时间充裕""身体状况良好"(见图17)。

从回答的占比情况看，媒体从业者"现在最迫切的愿望是什么"和"来

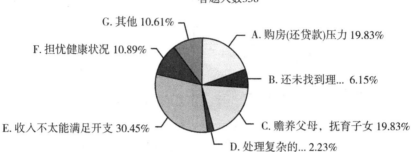

Q26. 对您而言，来自生活的最大压力与烦恼是
答题人数358

G. 其他 10.61%

F. 担忧健康状况 10.89%

A. 购房(还贷款)压力 19.83%

B. 还未找到理... 6.15%

E. 收入不太能满足开支 30.45%

C. 赡养父母，抚育子女 19.83%

D. 处理复杂的... 2.23%

图 16　湖北地区新闻从业者生活压力调查

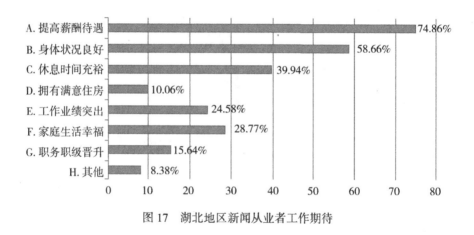

A. 提高薪酬待遇　74.86%
B. 身体状况良好　58.66%
C. 休息时间充裕　39.94%
D. 拥有满意住房　10.06%
E. 工作业绩突出　24.58%
F. 家庭生活幸福　28.77%
G. 职务职级晋升　15.64%
H. 其他　8.38%

图 17　湖北地区新闻从业者工作期待

自生活的最大压力与烦恼是什么"两者是互为映衬的，表明受访者的关心是一个实实在在的问题。

对于个人生活中的压力和烦恼，在问到"您通常的倾诉对象是谁"时，回答"朋友""家人"和"同事"的排在前三位(见图18)。

在问到"您觉得自己目前的身体状况如何"时，回答"经常感觉疲倦，处于亚健康状态"的占40.5%，"健康状况堪忧，多项指标有问题"的占9.78%。回答"身体正常，没有造成困扰"的占35.75%，"身体状况良好，精力充沛有活力"的占12.57%。两相比较，健康状况负向指向的占比超

Q30. 对于个人生活中的压力和烦恼，您通常的倾诉对象是
答题人数358

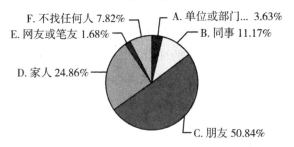

F. 不找任何人 7.82%　A. 单位或部门... 3.63%
E. 网友或笔友 1.68%　B. 同事 11.17%
D. 家人 24.86%
C. 朋友 50.84%

图 18　湖北地区新闻从业者工作压力解决渠道

50%，表明新闻工作者的健康状况值得引起重视（见图 19）。

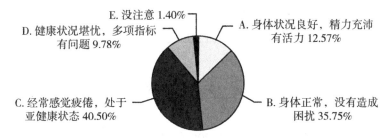

E. 没注意 1.40%
D. 健康状况堪忧，多项指标
有问题 9.78%
A. 身体状况良好，精力充沛
有活力 12.57%
C. 经常感觉疲倦，处于
亚健康状态 40.50%
B. 身体正常，没有造成
困扰 35.75%

图 19　湖北地区新闻从业者身体健康调查

在问及"最近一年中，是否有时间锻炼和休闲娱乐"时，回答"偶尔有时间"的占 57.54%，回答"几乎没时间"的占 25.42%，回答"完全没时间"的占 5.59%。

三、调查中突出的问题

（1）从调查样本和深度访谈看，新闻从业者要求最多、呼声最高的是提高薪酬、增加收入、保证福利。在这一点上，大部分媒体从业者有较为

强烈的要求。

（2）在受调查者中，从业者要求突出的是，在媒体融合环境下，希望单位能够为员工提供专业进修培训机会。

（3）加强媒体融合，希望媒体各岗位对未来有前瞻性的判断和设定，以应对时代发展和技术进步带来的冲击。

（4）解决编制问题，由于单位员工有事业编制、媒体长期聘用编制、部门聘用编制。编制不同导致福利待遇和升职机会点不同，部分员工的积极性受到影响。

（5）注意企业文化的建设，组织员工开展活动，增强企业的凝聚力和归属感。

（6）希望媒体领导能理解和体谅职工，工作上多鼓励、生活和学习上多关心。

（7）加强和优化内部管理，提供弹性工作时间，尽量少一些不必要的加班；在职工晋升、稿子打分计酬上做到公开、透明、公平。

四、建　议

（1）从调查样本来看，2019年80%的新闻工作者对自己所从事的工作是喜欢和比较喜欢的，他们愿意立足本职，开展创造性的工作，并希望能够做出体现个人价值的成就，获得领导的认可和同事的关注。在互联网时代，知识更新快，信息丰富多样，面对新的信息环境，如何做好报道，如何创造性地开展工作，确实是新闻工作者面临的实际问题。媒体主管部门和媒体单位要从实际出发，从长远着眼，按照习近平总书记要"加快培养造就一支政治坚定、业务精湛、作风优良、党和人民放心的新闻舆论工作队伍"的要求，采取各种形式，对新闻从业者展开培训，以提高他们的马克思主义新闻理论水平，提高他们的信息把控能力和新闻业务能力。

（2）受调查的新闻工作者，超过50%的人在31~45岁，这部分员工是家庭的主心骨，上有老下有小，还有购房或还贷的压力；他们又是单位的业务骨干力量。在受调查者中，60.34%的人月收入在 5000 元以下，37.434%的人在 5000～10000 元。有多家媒体员工认为，单位所给的报酬不能体现实际劳动的付出。因此，建议媒体充分重视这种状况，尊重编辑、记者的劳动，要采取相关措施，提高他们的薪酬，让他们感到薪酬与劳动付出相匹配，具有职业优越感。

(3)媒体是事业单位、企业化管理，在实行企业化管理的同时，要注意现代企业文化建设。目前的媒体由于职工的身份复杂多样，有的是事业编制，有的是长期聘用制，有的是临时聘用制。让各种类型的员工能有共同的身份认同，建设企业文化精神，具有重要意义。媒体单位要因势利导，组织相关活动，丰富职工业余生活，提升企业凝聚力，增强单位归属感。

(4)在关心职工物质生活、提高生活待遇的同时，要注意关心职工的思想状况。新闻工作者劳动强度大，有写稿、制片的压力，也有晋升职称和职务的压力。媒体要正视问题，创造宽松的工作环境，积极探索缓解职工心理压力的策略与方法。

(5)加强年轻骨干的培养。年轻人是媒体的未来，年轻人的素质和精神状态，决定了媒体未来的发展，要在政治上、业务上培养年轻骨干，让他们尽快成长。

湖北地区领导干部媒介素养①调查报告

　　领导干部是党和国家事业的中坚力量，担负着为国家和地方发展提供决策的重任。在一个14亿多人的社会主义大国中，领导干部既要政治过硬，也要本领高强。媒体素养如何，是领导干部本领高强与否的一个重要衡量指标。在党的新闻舆论工作座谈会上的讲话中，习近平总书记指出："运用舆论工具宣传真理、动员群众、传播经验、指导工作，应成为领导干部的一项基本功。我们不少领导干部不愿意面对媒体、甚至躲避媒体，这种状况必须改变。领导干部要增强同媒体打交道的能力，善于运用媒体宣讲政策主张、了解社情民意、发现矛盾问题、引导社会情绪、动员人民群众、推动实际工作。"②习近平总书记的讲话，对领导干部提高媒介素养、善于利用媒体开展工作、推动新时代中国特色社会主义事业向前发展提出了要求。

　　新时代领导干部的媒介素养，涉及领导干部接触、选择、获取、认知、判断、评估相关媒介及其信息和使用媒介的能力。湖北地处中部腹地，经济总量居全国前7名，人文荟萃，也是舆情事件多发地区。那么，湖北省的领导干部的媒介素养的现状怎样呢？他们是如何接触、分析、评

---

① 本文曾发表于《湖北省新闻传播事业发展研究报告（2019）》（武汉大学出版社2020年版，署名廖声武），有改动。

② 中共中央文献研究室. 习近平总书记重要讲话文章选编［M］. 北京：中央文献出版社，2016：440.

判媒介，如何参与各种媒介信息提供的呢？他们又是怎样利用媒体开展工作的呢？基于这样一些问题，我们对湖北省的领导干部的媒介素养做了一次调查。

一、此次调查的基本情况及样本特征

(一)调查的基本情况

在 2017 年 5—7 月，我们对湖北省范围内 75 名厅级干部、259 名处级干部及 172 名科级干部(这些科级干部主要是基层担任主要领导职务的正科级干部)进行了一次较大规模的领导干部媒介素养的调查。

此次调查共计发放问卷 525 份，共回收 507 份，回收率为 96.57%。其中有效问卷 494 份。有效问卷分别为：厅级干部 70 份，处级干部 256 份，科级干部 168 份。有效率为 97.4%。

根据此次调查问卷，共设置 7 个部分，主要内容包括：领导干部的媒介接触情况及动机；对新闻传播知识的了解情况；对现实新闻报道的看法；对西方新闻媒体的看法；与媒体打交道的相关实践；对网络媒介的看法；受调查者的基本信息。

(二)样本特征分析

受调查者就职于武汉市(包含省直机关)的有 220 人，占 44.53%，就职于市州的有 115 人，占 23.28%，就职于县区的有 63 人，占 12.75%，就职于乡镇的有 96 人，占 19.43%。

在此次调查的对象中，就职于党委、政府和事业单位的领导干部有 423 名，占 85.6%，其余大多就职于省属国有企业。

从样本的学历构成来看：硕士研究生及以上文化程度 155 人，占 31.38%；本科毕业 297 人，占 60.12%。两者相加达到 91.5%。

二、问卷调查主要发现

(一) 领导干部媒介接触情况

1. 领导干部接触媒介的类型及途径分析

从调查结果看,湖北省领导干部经常接触媒介的类型,排前三位的分别为:网站(421 人)、电视(307 人)、报纸(197 人)(见图 1)。由此可见,网站是领导干部最常接触的媒介类型。

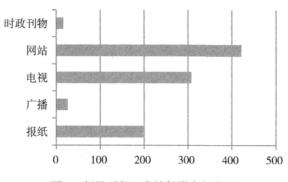

图 1　领导干部经常接触媒介的类型

通过交叉分析,综合考察经常接触媒介类型与文化程度这两个因素发现,经常接触互联网媒体的硕士研究生及以上学历受调查者占这一层级学历受调查者的 89.03%,而接触互联网媒体的本科学历受调查者占所有这一层级学历受调查者的 84.85%。同时,接触互联网媒体的大专学历受调查者占所有大专学历受调查者 70.2%。

在对接触报纸媒体与受调查者的文化程度的交叉分析中发现,硕士研究生及以上学历者中经常接触报纸的受调查者占 43.87%,本科学历者中经常接触报纸的受调查者占 38.04%,大专学历者中经常接触报纸的受调查者占 37.8%。从这两组数据中可以看出：学历越高接触互联网媒体与报纸类媒体的比例越高。

然而在文化程度与电视这一媒体的交叉分析中却发现，硕士研究生及以上学历者接触电视的比例为 54.8%，本科学历者为 63.6%，大专学历者为 81.08%。这表明学历越高的受调查者经常收看电视的比例越低。

在对所使用的上网工具的调查中发现：在 494 位受调查者中，使用手机进行上网的有 292 人，占 59.11%，使用 PC 个人电脑上网的有 195 人，占 39.47%，而用 IPAD 等其他互联网终端进行上网的仅有 7 人。这表明智能手机这一移动互联网终端，由于其便携性、移动性、及时性，已成为领导干部上网的首选(见图 2)。

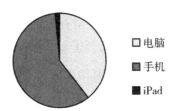

图 2　受调查者上网的主要工具

在对有关网站的跟进问题中，我们了解到，领导干部在新闻网站(如新华网、人民网、荆楚网、长江网等)获取信息的有 350 人，排第 1 位；通过商业门户网站(如新浪、搜狐、网易、腾讯等)获取信息的有 326 人，排第 2 位；通过微信、微博和客户端获取信息的有 217 人，排第 3 位。这表明受传统新闻媒体公信力及内容生产能力的影响，传统媒体的新媒体形式如新华网、人民网、荆楚网、长江网比起其他网站形式更受领导干部的关注。另外，微信、微博等社交媒体的信息传播也受到领导干部重视(见图 3)。

同样，在对电视媒体的跟进问卷调查中，经常收看电视的新闻类节目的 438 人，经常收看纪录片节目的 198 人，经常收看访谈节目的 148 人，经常收看影视剧的 119 人。在这些数据中，经常收看纪录片的人数排第 2

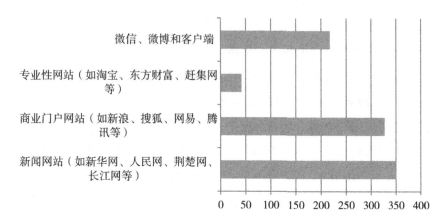

图3　受调查者经常从哪些渠道获取信息

位。经过观察发现，在我们进行问卷调查之时，正是《将改革进行到底》《法治中国》《大国外交》《巡视利剑》等大型专题纪录片播放的档期。可见，除去新闻信息，领导干部对有关国家动态、主题宣传的专题纪录片也非常敏感(见图4)

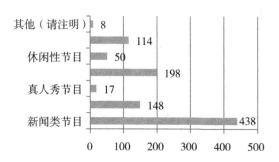

图4　受调查者经常收看的电视节目类型

在对报纸媒体的跟进问卷调查中，各级党报、都市类报纸、文摘类报纸在领导干部经常接触的报纸类型中占前三位。

2. 领导干部媒介接触的目的考察

对领导干部接触媒介获取信息的目的进行考察,可以了解他们接触新闻媒介获取信息的动机。通过调查发现,领导干部获取信息的目的排第1位的是"了解新闻",共有324人,排第2位的是"工作需要",有286人,排第3位的是"学习知识",有241人。这表明领导干部了解新闻信息的主动性较高(见图5)。

在对"经常使用互联网的目的"这一问题的回答中,答"浏览新闻信息"的有451人,"搜索信息"的有340人,远远高于其他选项(见图6)。

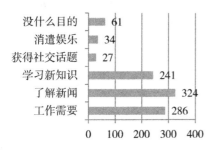

图5 接触新闻媒介获取信息的目的

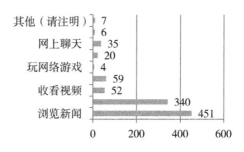

图6 使用互联网的目的

(二)领导干部对新闻传播知识的了解程度

通过对一些基本新闻知识的了解程度可以判断领导干部基本的媒介素养,因此我们的问卷设计了一些关于新闻基本概念和基础知识的问题。

在对"新闻价值"的调查中发现,只有35.43%的受调查者选择了正确的答案,64.57%的受调查者漏选或错选。

在关于新闻与宣传关系的调查中,只有59.32%的受调查者不同意"新闻就是宣传,宣传就是新闻"的说法。这一比例并不占有压倒性的优势。表明部分领导干部对新闻与宣传的关系不甚清晰(见图7)。

同样在对新闻与宣传的目的的问卷调查中发现,50%的受调查者比较

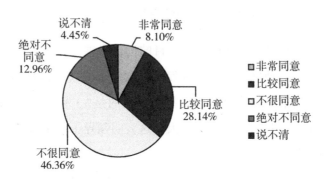

图 7　新闻与宣传的关系是：新闻就是宣传，宣传就是新闻

同意"新闻报道的主要目的是告知，宣传的主要目的是劝服"，12.96%的受调查者持非常同意的态度。不很同意、绝对不同意的占 33.8%，3.24%的受调查者表示说不清楚(见图 8)

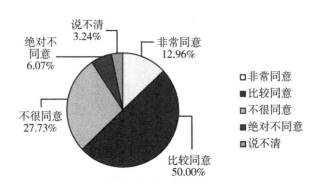

图 8　新闻报道的主要目的是告知，宣传的主要目的是劝服

　　在跟进问题中，对于"所在单位是否开展过新闻传播知识的学习教育活动"的回答，21.05%的受调查者表示所在单位从未开展过新闻传播知识的学习教育活动，57.69%的受调查者表示所在单位偶尔开展新闻传播知识的学习教育活动，只有 21.26%的受调查者表示所在单位经常开展新闻传播知识的学习教育活动。这表明，行政、事业、企业单位对所在单位的领

导干部的新闻传播知识的学习教育活动开展不够。

(三) 领导干部对新闻报道的看法

在"您认为新闻报道最权威、最有公信力的是哪种媒体(限填2项)"的调查中,受调查者认为最权威、最具公信力的媒体是广播电视和报纸,分别有406选择广播电视、397人选择报纸,排前2位。虽排第3的是网站,但选择的人数只有80人,与前两者差距较大(见图9)。这表明,虽然在图4所涉及的问题中,领导干部对经常接触媒介的类型选择最多的是网站,但在此问题中,又显示出他们对网站中新闻报道的权威性和公信力持保留态度。这表明,在公信力和权威性方面,传统媒体(广播电视、报纸)还是具有不可替代的优势(处于同属传统电子媒体的考虑,在设计问卷时,没有将广播电视区分开来)。

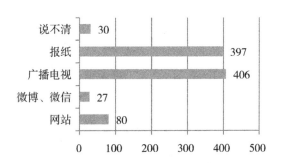

图9　您认为新闻报道最权威、最有公信力的是哪种媒体

在对媒体新闻宣传中存在的主要问题的调查中,形式不新颖、缺乏个性、内容不够丰富、不太贴近群众、报道不够及时排前5位。受调查者选择事实不够真实准确、信息来源不权威的较少。这表明领导干部对新闻宣传真实性与权威性认同度较高,但对其创新性、个性、丰富性、及时性及群众贴近性认同度较低。这一结果与我们早先在普通受众中开展的另一项调查结果相吻合。

在"我国应通过何种方式管理新闻传媒"的调查中,问卷给出的供选择

49

的答案有"行政手段、法治方式、行业自律和其他"4种，77.53%的受调查者选择了"法治方式"，这表明领导干部希望用法治的方式对媒体进行管理（见图10）。

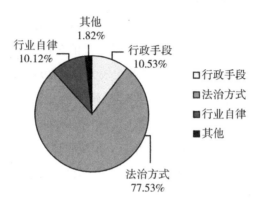

图10　我国应通过何种方式管理新闻传媒

在对西方国家的新闻与宣传的认识中，91.09%的受调查者绝对不同意或不很同意"西方国家媒体只有新闻，没有宣传"的说法，说明领导干部对西方国家的新闻宣传情况有较为清醒客观的认知。

(四)领导干部与媒体打交道的相关实践

领导干部与新闻媒体打交道的相关实践主要涉及新闻发布会和接受记者采访，针对这两方面我们设置了四个相关问题。

在"履职中是否召开过新闻发布会，频率如何"这一调查中，72.87%的受调查者表示在履职中从未召开过新闻发布会。每年召开1~2次的占22.47%，每年召开3~5次的占3.85%。

在"是否接受过记者采访"的相关调查中，50.2%的受调查者表示从未接受过记者的采访。在"是否拒绝过媒体记者的采访、拒绝采访的理由"的调查中，除了不愿说的"其他"原因之外，"不想做公众人物、对问题不了解、不愿和媒体打交道"排拒绝采访理由的前3位。

以上数据表明，部分领导干部缺乏与媒介打交道的相关实践，运用、指导、参与媒介的积极性主动性也不高，不愿做公众人物，不愿与媒体打交道的思想还普遍存在。因此，领导干部在与媒体打交道方面有相当大的提升空间，运用媒介推动、引导现实工作的能力有待进一步加强。

(五) 领导干部对网络媒介的看法

在"网络的影响力大小及是否需加强控制"的调查中，83.4%的受调查者比较同意或非常同意"网络的影响力比较大，应该加强控制"。78.34%的受调查者不大同意或绝对不同意"网络并不可靠，不妨忽略网络意见"。95.74%的受调查者认为"应当主动使用网络平台进行舆论引导"。在如何看待网络舆论监督这一调查中，"网络是一面镜子，可以用来警示干部自己"(474人)、"网络时代在媒体面前说话就是对老百姓说话"(411人)、"网络是强大的，随时可以把不法官员拉下马"(364人)这三项选择结果占绝对优势。

三、调查总结

这次问卷调查获得了湖北地区领导干部494份有效问卷，在这些受调查者中，91.5%具有本科及以上学历，其中，硕士研究生及以上文化程度者占31.38%。同时，他们的执政经验也相对丰富，在受调查者中，任现职5年以上的占51%，任现职10年以上的占18%。

通过对领导干部媒介素养的调查得知，湖北地区领导干部在接触、选择、获取媒介信息的能力方面媒介素养较高，但在认知、判断、评估媒介信息及创造生产媒介内容的能力方面普遍存在欠缺。

(一) 领导干部接触、选择、获取相关信息的媒介素养较高

1. 接触媒介的主动性较强

调查表明，领导干部通过大众媒介获取信息的目的是"了解新闻"的有

324 人，占 65.58%，选择"工作需要"的有 286 人，占 57.89%，选择"学习新知识"的有 241 人，占 48.78%。排前 3 位的这几个选项远远高于"只是一种习惯"（61 人选择），"消遣娱乐"（34 人选择）。同样，在"经常使用互联网的目的"这一调查中，选择"浏览新闻信息"的有 451 人（占比为 91.29%，这一比例高于同期中国网民使用互联网看新闻的 83.1%比例）①，"搜索信息"的有 340 人，同样远远高出"收发邮件"（59 人选择）、"观看视频"（52 人选择）、"网上聊天"（35 人选择）、"网上购物"（20 人选择）等选项。这表明领导干部大多是主动接触媒介，而非出于习惯、作为消遣。

2. 选择信息能力较强，对新兴媒体影响力的认识较为客观、正向

对网络新兴媒体的看法，领导干部的认识是较为客观的。他们最经常接触的媒介类型是网站，但又对网络中新闻报道的权威性和公信力有所警惕；他们既认识到网络的影响力较大，需要加强控制（83.4%选择"比较同意"或"非常同意"），又认识到了"网络不可靠，但不能忽略其意见"（78.34%认为这样）。同时他们又注意到应主动利用网络平台进行舆论引导（95.74 选择"非常同意"或"比较同意"）。另外，他们对待网络舆论监督的态度是肯定的。这表明领导干部选择信息的能力较强，同时对新兴媒体的影响力具有客观、正向的认识。

3. 大多能充分利用媒介获取信息

调查表明，领导干部每天通过上网、读报刊、看电视、听广播，了解新闻信息的情况为：22.47%的受调查者每天花一个小时以上的时间获取新闻信息，34.21%的受调查者每天花 30 分钟至一个小时的时间获取新闻信息，35.83%的受调查者每天花费 15~30 分钟的时间了解新闻信息。

---

① CNNIC：2017 年第 40 次中国互联网络发展状况统计报告［R/OL］．［2017-12-20］．http：//www.199it.com/archives/619812.html.

正如前文所述，湖北地区领导干部在获取新闻信息所接触的媒介类型中，网络占第一位，59.11%的受调查者使用手机上网，比使用个人电脑上网的占比39.47%高出将近20个百分点。

(二) 领导干部新闻传播知识缺失，认知与使用媒介的素养存在不足

1. 对新闻传播媒介的认知不全面，新闻传播学基本知识缺乏

调查发现湖北地区领导干部新闻传播基本知识缺乏，对新闻传播媒介的认知不全面。在对"什么是新闻"的定义的选择中，选择"新闻是新近发生的事实的报道"的仅有42.11%。在回答"新闻价值包含哪几个要素"时，只有35.43%的受调查者选择了正确的答案，64.57%的受调查者漏选或错选。这表明领导干部对新闻学的基本概念尚不清楚。

2. 与媒介打交道的意愿不足，甚至存在障碍

调查发现，50.2%的受调查者表示从未接受过记者的采访，在他们拒绝记者采访的理由中，除了没有明说的"其他"理由之外，不想做公众人物与不愿和媒体打交道分别排在第2位和第4位。因此，领导干部与媒介打交道还存在心理障碍，要做到"善用媒介"，即运用媒介造势，推动现实工作还有进一步改善的地方。

3. 对领导干部的新闻传播知识的培训教育不够

调查发现，湖北地区领导干部新闻传播基本知识缺乏，其原因在于对领导干部的新闻传播学基础知识的培训的缺位。在受调查者中，21.05%的人表示其所在单位从未开展新闻传播知识的学习教育活动，57.69%的受调查者表示所在单位偶尔开展新闻传播知识的学习教育活动。这表明在对领导干部的新闻传播知识的培训教育方面具有较大提升空间。

四、提升领导干部媒介素养的路径建议

根据此次问卷调查的相关结果，笔者认为，面对湖北地区领导干部对新闻传媒的认知、新闻传播基本知识和新闻传播规律的认知不全面、与媒体打交道的实践不足等方面存在欠缺的问题，应从以下几方面着手解决。

（一）开展领导干部媒介素养专题培训

一是相关部门应重视对领导干部新闻传播学知识、媒介素养方面的培训。既可以会代训，也可举办专题培训班，邀请高校新闻传播院系、媒体方面的相关学者专家进行辅导。

二是在党校、行政学院主体班培训中增加新闻传播相关知识的课程，通过课程讲解、案例教学、模拟演练等相关形式使领导干部加深对新闻传媒的认知，对马克思主义新闻观和新时代新闻舆论思想的学习，增强对新闻传播规律的了解。

三是新闻宣传部门和相关单位可以适时组织相关专题研讨会或培训班，通过短期研讨培训的形式将各个单位主要负责同志集中起来，相互探讨，相互交流，提升运用媒体开展工作的能力。

（二）加强领导干部与媒体的交流

加强领导干部与媒体的交流要消除其交流的壁垒，畅通媒体工作人员与领导干部交流的渠道。领导干部要主动深入媒体进行调研、座谈，了解当今媒介发展的现状，提升利用媒体开展工作的主动性和积极性。

（三）加强领导干部与媒体打交道的相关实践

调查表明，湖北地区领导干部与媒介打交道的相关实践还有较大提升空间。应不断提高政府工作公开透明度，继续稳步推行电视问政、网络问政，并扩大电视问政、网络问政的范围，形成一种氛围和机制，让领导干部学会接近和使用媒介。

(四)增强领导干部自我知识更新的主动性，提升其与媒体打交道的自觉性

领导干部的媒介素养水平怎样，与自身的学习能力与水平也密不可分。要提高领导干部的媒介素养，其自身的自我学习、自我提升的主动性尤为重要。内因是事物发展的动力，只有领导干部自身具有自我知识更新的意识和自觉性，才能在繁忙的公务工作中，学会适应新兴媒体发展的新形势，自我革新，主动实践，进一步提升与媒体打交道的能力和水平。

领导干部的媒介素养现状与思考

——基于湖北省的调查①

领导干部作为社会管理者，其媒介素养状况也是其社会治理能力和水平的一种体现。习近平总书记十分重视领导干部的媒介素养，在中共中央政治局第十二次集体学习时，他指出：各级领导干部要增强同媒体打交道的能力，不断提高治国理政能力和水平。②

湖北地处我国中部腹地，素有"九省通衢"之称。国内生产总值（GDP）近几年一直在全国排第七位左右，经济地位日趋凸显。湖北也是近年来舆情多发地区。邓玉娇事件、石首事件、仙桃垃圾焚烧事件、"东方之星"沉船事件等，一度将湖北推向舆论的中心。

2017年，我们对领导干部进行过一次媒介素养调查，调查结果形成报告《提升领导干部媒介素养的策略》。到2019年，时隔两年，社会经济发展，媒体也发生深刻变化，领导干部媒介素养现状如何呢？我们再次对领导干部的媒介素养进行了调查。

一、研究现状及文献综述

媒介素养问题是新闻传播学的一个重要研究领域。20世纪上半叶，英国学者利维斯（Leavis）和汤普森（Denys Thompson）在其著作《文化和环境：

---

① 本文发表于《新闻记者》2020年第10期，署名为廖声武、刘倩。

② 习近平. 加快推动媒体融合发展　构建全媒体传播格局[J]. 求是，2019(6).

批判意识的培养》中提出"文化素养"的概念，也是"媒介素养"的滥觞，旨在教育青少年抵制流行文化和大众文化的"低水平满足"。之后，关于媒介素养的研究开展起来。1992 年，在美国召开的媒介素养领袖会议达成共识："媒介素养是运用、分析、评判和创作各种媒介的能力。"英国媒介学者大卫·帕金翰（David Buckingham）于 2003 年指出："媒介素养意指为了使用和解读媒介所必需的知识、技巧和能力。"①

20 世纪 90 年代媒介素养研究被引入中国。1997 年卜卫发表《论媒介教育意义、内容和方法》，对媒介教育及其概念进行了阐述和界定，认为媒介素养与阅读写作能力一样，是正确使用利用媒介的一种能力。该文被认为是国内第一篇对媒介素养教育进行较为系统论述的文章，拉开了我国大陆地区媒介素养问题研究的序幕。

近年来，国内媒介素养的研究受到重视。其中对特定群体如大学生、教师等对象的研究也成为热点。2009 年，媒体曝出"替党说话还是替老百姓说话"、邓玉娇案等一系列舆情事件，使领导干部的媒介素养问题成为媒介素养研究中的热点问题。有关领导干部媒介素养的研究可归纳为三个主要维度。一是对领导干部媒介素养内涵及重要性研究。夏商周的文章提示了我国媒介教育重要性的问题。② 彭兰从公众、传媒业者、政府机构和官员 3 个方面对媒介素养进行了界定，认为政府机构和官员的媒介素养应该表现为"对媒体角色、功能的认知及相应权利的保障，对社会化媒体价值的认知及对公众相应权利的保障，信息公开渠道的建设与保障，与媒体及公众的交流意识和能力"③。二是对领导干部媒介素养的现状调查及案例研究。郑欣、丁柏铨等课题组对部分区域的领导干部群体媒介使用和媒介认知等进行了调查分析。姚道武、李方海就安徽电视台《超级新闻场》节目

---

① Buckingham, D. Media Education Literacy, Learning and Contemporary Culture[M]. Cambridge：Polity Press, 2003：36.

② 夏商周. 我国需要"媒介扫盲"[J]. 新闻记者，1994(1)：9-10.

③ 彭兰. 社会化媒体时代的三种媒介素养及其关系[J]. 上海师范大学学报(哲学社会科学版)，2013(5)：52-60.

学校天花板掉落，学校负责人的雷人雷语进行了案例研究，认为当事人媒介素养缺失是造成此次媒体危机事件的重要原因。① 三是领导干部媒介素养呈现问题的成因及提升路径研究。李美娴认为领导干部对媒体抱有"鸵鸟""路人""家长"三种心态，领导干部应树立学习意识、身份意识、为民意识。② 蒋颖认为领导干部应具有较好的新媒体素养：打破话语权垄断，善于运用网络媒体，善于运用非专业媒体，善于发出自己的声音，正确面对舆论监督。③ 张品良认为应加强领导干部的媒介教育，建立领导干部与新网络传媒的互动机制，提高领导干部对新网络传媒的监管艺术。④

在新的传播环境下，新媒体、自媒体消解了日常生活中原有的空间、时间，私人空间、公共空间的界限，甚至造成了空间与时间的失衡。媒体随时随地充斥在我们周围，甚至是无时无刻、无处不在。换言之，我们领导干部置身于波斯特所言的数字化的"超级全景监狱"中，这就使得领导干部必须提高媒介素养，去适应这种媒介化生存。

综上，新时代领导干部媒介素养应包括接触、选择、解读、认知、判断、使用相关媒介及其信息的能力。

二、此次调查的基本情况及样本特征

(一) 调查的基本情况

2019 年 11 月，我们对湖北地区 334 名干部进行了媒介素养的相关调查，共发放问卷 334 份，回收 322 份，回收率为 96.4%；其中有效问卷 316 份，有效率为 98.14%。316 份问卷中厅级干部的问卷为 35 份，处级干

---

① 姚道武，等. 突发媒体危机事件拷问领导干部媒介素养——以"天花板新闻事件"为例[J]. 新闻知识，2011(7)：25-26.

② 李美娴. 让领导干部在媒体聚光灯下更从容[J]. 人民论坛，2017(3)：58-59.

③ 蒋颖. 互联网技术赋权与领导干部媒介素养的提升[J]. 新闻界，2013(19)：50-52，56.

④ 张品良. 新闻网络环境下领导干部媒介素养的提升[J]. 求实，2010(6)：32-35.

部的问卷为 228 份, 科级干部的问卷为 53 份。

(二)样本特征分析

从调查对象就职的地域看, 就职于武汉市地区(包含省直机关)的领导干部为 151 人, 就职于湖北省各市州的为 165 人。从调查对象的供职的单位性质看, 供职于党委政府和事业单位的领导干部有 274 人, 占 86.7%, 其余大多供职于省属国有企业。从调查对象的学历构成来看, 本科学历人数为 209 人, 硕士研究生及以上学历 89 人, 这部分人员占比为 94.3%。

三、主要发现

(一)领导干部媒体接触情况

1. 上网成为领导干部了解新闻信息的主要途径, 微信、微博使用率上升

在"了解新闻信息的主要途径"的调查中, 选择上网的占 54%, 看电视的占 13%, 看报的占 10%, 选兼而有之的占 18%。这表明互联网及新媒体在传播信息的及时性、便捷性方面具有不可替代的作用。同时, 传统的电视、报纸由于其内容生产能力及其公信力仍受到重视(见图 1)。

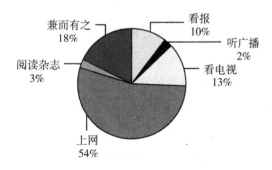

图 1　了解新闻信息的主要途径

在"经常接触的媒介类型"的调查中，排位依次为：第一位网站、第二位电视、第三位微博微信（见图2），而报纸由2017年调查中的第三位降到了第四位。

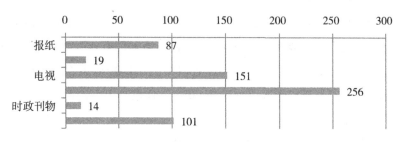

图2　2019年经常接触哪些新闻媒体

2. 智能手机这一互联网终端的使用率更加凸显

在"上网所使用的工具"这一调查中发现，219位受调查者使用手机，占69%，75位受调查者使用个人电脑，占24%，22位受调查者使用iPad，占7%。其中使用手机上网的受调查者人数比2017年调查的59%上升10个百分点，而使用个人电脑上网的比例降低15个百分点，这表明智能手机这一移动互联网终端因其便携性、及时性的优势而有更多的人使用。

3. 年龄和生活经验、工作阅历及文化程度与领导干部接触媒介的类型相关联

在年龄与媒介接触类型的交叉分析中发现，35~40岁及41~45岁的受调查者最常接触的媒介类型是微信、微博，46~50岁最常接触的媒介类型是网站，51岁及以上的受调查者最常接触的媒介类型是报纸。这与此次调查的另一问题"通常主要从哪些互联网网站读取信息"是一致的，年轻的受调查者更倾向于选择微信、微博。

在与职务级别这一因素的交叉分析中发现，按绝对数计算，厅级领导干部最常接触的媒介类型排在前三位的为网站、报纸、广播；处级和科级

干部排在前 3 位的媒介类型为网站、电视、微信、微博(见表 1)。这表明领导干部的年龄和生活经验及工作阅历影响了其接触的媒介类型,年纪越长,级别越高对传统媒体的依赖度越高。

表 1 不同职务级别领导干部接触的媒介类型

项目	绝对值				百分比			
	厅级	处级	科级	合计	厅级	处级	科级	合计
您经常接触(阅读、收听、收看)哪些新闻媒体?(限选两项)	35	228	53	316	11.08%	72.15%	16.77%	100.00%
报纸	13	65	9	87	14.94%	74.71%	10.34%	100.00%
广播	13	65	9	87	14.94%	74.71%	10.34%	100.00%
电视	9	114	28	151	5.96%	75.50%	18.54%	100.00%
互联网站	33	178	45	256	12.89%	69.53%	17.58%	100.00%
时政刊物	1	11	2	14	7.14%	78.57%	14.29%	100.00%
微信微博	10	73	18	101	9.90%	72.28%	17.82%	100.00%

在与文化程度与媒介接触类型的交叉分析中发现,本科以下文化程度的领导干部最常接触的新闻媒体是电视,研究生及以上领导干部最常接触的媒体是微信微博,表明文化程度与对新媒体的接受程度呈正相关。

4. 传统媒体网站影响力依旧位居前列;微信、微博等社交媒体的信息传播能力受到重视

领导干部获取网上信息的途径,排名第一的为传统媒体新闻网站(如人民网、新华网、荆楚网、长江网等),排名第二的为商业门户网站(如新浪、网易、搜狐、腾讯等),排名第三的为微信、微博和其他客户端。一

方面受传统媒体内容生产力及公信力的影响，人民网、新华网及湖北本地荆楚网、长江网受领导干部重视；另一方面受人际关系的影响，微信、微博等社交媒体的信息传播能力也受到领导干部重视。

在对于微信、微博订阅号包括的类型(限选 2 项)的调查中，排在前 2 位的分别是：时事新闻类，有 241 人选择；工作类，有 175 人选择(见图 3)。

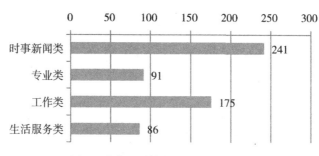

图 3　微信、微博订阅号包括的类型

5. 接触媒介的主动性、积极性较强

对获取信息的主要目的(限选 2 项)的调查发现，因工作需要的有 205 人选择，排第一位；了解新闻有 193 人，排第二位；学习新知识有 171 人选择，排第三位。

在使用互联网的目的的调查中我们发现，排第一位的是浏览新闻，排第二位的是搜索信息，这表明领导干部使用互联网媒体获取新闻信息的主动性、积极性较强。

在使用微信主要目的的考察中，浏览新闻、聊天交友、网上学习排在前三位。

6. 女性更倾向于接触微博、微信等客户端；男性更倾向于接触报纸

通过性别与媒介接触类型的交叉分析发现，受调查的领导干部中，男

性领导干部为 246 人，女性领导干部为 70 人，男女比例为 77.85% 比 22.15%。其中选择微博、微信等客户端为经常接触媒介类型的 101 位受调查者中，男性占 67.33%，女性占 32.67%。选择报纸为经常接触媒介类型的 87 位受调查者中，男性占 88.51%，女性占 11.49%。这表明女性比男性更倾向于接触微博、微信等客户端，而男性比女性接触报纸更多一些。

(二)领导干部对新闻知识的了解程度以及与媒体打交道的实践

1. 领导干部对新闻知识的了解有待进一步增强

问卷设计了对一些基本新闻知识的了解程度的问题，用以判断领导干部的媒介素养情况。在对于新闻的定义的这一问题上，选择新闻的正确定义即新闻是新近发生事实报道的比例为 32%，正确率仅为 1/3 多一点。对比 2017 年调查的 42% 下降了 10%(见图 4、图 5)。

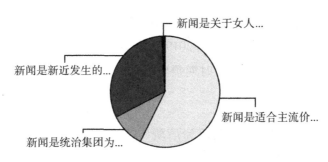

图 4　2019 年对于新闻定义的调查

在对新闻与宣传的关系的考察中，绝对不同意"新闻就是宣传"的由 2017 年的 13% 下降为 2019 年的 9%，而比较同意"新闻就是宣传"的由 2017 年的 28% 上升到 2019 年的 36%。

通过对 2017 年与 2019 年两次对新闻知识的了解程度调查对比发现，近两年领导干部对新闻的定义以及新闻与宣传之间的关系认识不足，水平呈下降态势，对于新闻工作的基本认知大有提升的空间。

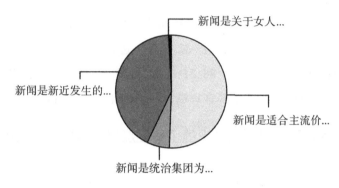

图 5　2017 年对于新闻定义的调查

2. 领导干部新闻知识的学习教育活动虽有所增加但效果不明显

调查发现，近年来对领导干部新闻知识的学习教育活动虽有所增加但效果不明显。对比 2017 年的数据，2019 年经常开展新闻传播知识学习教育活动的比例为 30%，比 2017 年此项数据提高了 9 个百分点。从未开展新闻传播知识学习教育活动的比例 2019 年为 12%，比 2017 年此项数据下降 9 个百分点。也就是说，这一时期领导干部对新闻基本知识的认知水平不升反降。

3. 对西方媒体的认识较为清醒

在对西方媒体认识的调查中，53% 的领导干部绝对不同意西方国家只有新闻，没有宣传。而这一比例在 2017 年的调查中只占 46.56%。持同意观点的也从 2017 年的 8.91% 下降到了 2019 年的 7%，这表明这两年领导干部对西方媒体的认识有所改变。

4. 运用媒介的意愿及运用媒介推动工作的能力有待进一步提高

在与媒体打交道的调查中，领导干部从未接受过记者采访的占 51%，每年接受采访 1~2 次的占 40%，每年 6 次以上的占 7%。有 73% 在履职过程中没有召开过新闻发布会，每年召开 1~2 次的有 22%，每年召开 3~5 次的有 4%。这表明领导干部参与、运用媒介的积极性以及用媒介推动、助力现实工作的能力有待进一步提高。

(三) 领导干部微信微博使用情况

第一，微信使用中很少发朋友圈，发朋友圈最多的为转载文章；科级干部和女性更愿意在朋友圈分享自己的生活。

在微信使用情况"发朋友圈的频率"的调查中，占比最高的为"很少发朋友圈"，占 37%，"偶尔发朋友圈"的占 35%，"经常发朋友圈"的只占受调查者人数的 12%（见图 6）。在跟进问题"会在朋友圈分享什么内容"的调查中，48%的人选择"转载文章"，22%的"发布即时信息"，22%的"分享个人生活"（见图 7）。

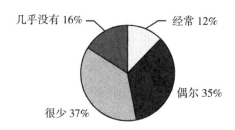

图 6 发朋友圈的频率

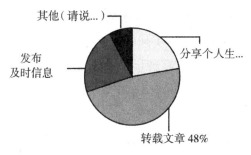

图 7 会在朋友圈分享什么内容

在职务级别与在朋友圈分享的内容之间的交叉分析中发现，厅级干部会在朋友圈分享的前两位是"转载文章""发布即时信息"。处级干部在朋友圈分享的内容的前两位是"发布即时信息""转载文章"。而科级干部排前两位的是"分享个人生活""发布即时信息"。

在与性别这一因素的交叉分析中发现，在246位男性、70位女性受调查者中，排第一位的都是转载文章；而男性排第二位的是发布即时信息，女性排第二位的是分享个人生活。女性相对于男性更愿意在朋友圈分享自己的生活。

第二，微博账号的更新频率不及微信公众号；文化程度与微信公众号粉丝数量、微博拥有率呈正相关。

在微信公众号的注册与运营调查中，只有15%的受调查者拥有自己的微信公众号。在这些拥有自己的微信公众号的受调查者中，有13.6%的受调查者每天更新，29.6%的受调查者每周更新2~4次，34.1%的受调查者每月更新几次，22.7%的受调查者几乎不更新。在跟进调查其微信公众号的粉丝数量中，全部有效问卷中仅有2人的微信公账号粉丝数量超过10000，有2人的粉丝数量在1000~10000，另有10人的粉丝数量在100~1000。在文化程度与微信公众号粉丝量的交叉分析中，粉丝数超过10000人的均为硕士研究生及以上学历。

在微博注册运营的调查中，26%的受调查者拥有自己的微博账号。在这些拥有自己的微博账号的受调查者中，每日更新的受访者为0，每周更新2~4次的为10.5%，每月更新几次的为15.8%，73.7%的受访者几乎没有更新。全部有效问卷中有2人的微博账号粉丝数量超过10000，2人粉丝数量在1000~10000，9人粉丝数量在100~1000。在与文化程度的交叉分析中发现，在硕士研究生及以上文化程度的受调查者中拥有自己微博账号的受调查者比例最高。

在微信公众号与微博账号的注册运营对比发现，微博账号的注册率比微信公众号的注册率高，但更新频率低。

第三，微信公众号的注册率、粉丝量与年龄、文化程度呈正相关。

在年龄因素与微信公众号注册率问题的交叉分析中，我们将年龄段分为 35~40 岁、41~45 岁、46~50 岁及 51 岁以上几个年龄段，发现 35~40 岁年龄段拥有个人微信公众号的数量远不及其他年龄段。

同时，在针对拥有粉丝数量超过 10000 人微信公众号受调查者的研究发现，都是研究生以上学历，年龄都在 46 岁以上。这表明，文化程度、年龄和微信公众号粉丝数量呈正相关。随着年龄的增长，工作经验、生活阅历、任职经历的增加，对社会生活更有经验性观点，对从事的工作更有话语权，从而更愿意拥有自己的微信公众号。

第四，年龄与微博账号拥有率呈负相关，任现职年限长的领导干部微博粉丝量更多。

在年龄因素与微博账号注册运营的交叉分析中发现，35~40 岁的受调查者中拥有自己的微博账号的比例为 48.65%，41~45 岁受调查者中拥有自己的微博账号的比例为 28.1%，46~50 岁受调查者中拥有自己的微博账号的比例为 20.5%，51 岁及以上受调查者中拥有自己的微博账号的比例为 19.5%。在受调查者中，年纪越长，拥有自己微博账号的比例越低。

然而，任现职年限与微博账号粉丝量的交叉分析中发现，微博粉丝量 10000 人以上的两个微博账号，任现职 7~8 年的有一人，任现职 8~10 年的有一人。微博粉丝量 1000~10000 的两个微博账号都任现职 10 年以上。这表明，随着任职时间和任职经验的增长，微博发布的信息更具吸引力，微博粉丝量更多。

四、结论与思考

从以上调查中可以发现：领导干部接触媒介的主动性较强，对西方媒体有较为清醒的认识，接触、选择、获取相关信息方面的素养尚可。但是新闻传播基本知识较为缺失，认知媒介、使用媒介的素养存在不足。对此，我们认为要把握好以下四对关系：

(1)注重新闻传播基本知识的教育，把握新闻"客观公正"与"党和人民的喉舌"之间的关系，防止陷入过度政治化或过度自由化的误区。

在对领导干部对新闻知识了解程度（新闻的定义、新闻与宣传之间的关系等）的调查中，2019年，受调查者选择正确的新闻的定义（新闻是新近发生的事实的报道）的比例，仅为32%，与2017年调查结果相比下降了10%。而在是否进行过相关新闻传播知识学习教育的调查中，经常开展新闻传播知识学习教育的比例比2017年增加9%，从未开展新闻传播知识学习教育活动的比例下降9%。

这几个数据对比表明，一方面，领导干部的主流价值观占主导，具有鲜明的政治态度，而对新闻传播基本知识较为缺乏；另一方面，对领导干部的媒介素养教育没有达到相应的效果。

领导干部从事各个方面的工作：经济建设、卫生健康、民生与社会保障、基础设施建设、党的建设，新闻宣传等。术业有专攻，并非都具有新闻传播的学科背景。在对绝大多数没有新闻传播学科背景的领导干部的媒介素养教育中，要进行意识形态方面的教育，模拟新闻发布会，从公共管理方向传授突发事件的危机公关技巧；更重要的是使广大没有新闻传播专业背景的领导干部正确认识新闻媒介的性质、功能，做好最基本的新闻传播专业知识的普及，从而避免领导干部对媒介理解的偏差，做到正确理解媒介，把握新闻"客观公正"与"党和人民的喉舌"之间的关系。既要防止对媒介理解的过度政治化，又要防止对媒介理解的过度自由化。此外，新闻媒介在日常的新闻报道中要改进报道工作，突出新闻报道的功能，按新闻规律办事。

（2）提升对媒介的认知水平，把握"惧怕恐慌"与"盲目自大"之间的关系，对媒体既不仰视，也不俯视，要平等相待。

不管是面对媒体的惧怕恐慌，还是在媒体面前的盲目自大甚至出现的雷人雷语，都表明领导干部对媒介认知的缺乏。其实，媒介既不是领导干部的敌人，也不是领导干部的朋友，它是一个公共平台，是一个舆论场，也是政府工作的监督人。领导干部面对媒体既不能视而不见，又不能畏首畏尾，应积极发声，平等对话，坦诚相待。

如今媒体包括自媒体、短视频如此发达，舆情事件多发，领导干部的所言所为甚至种种细节，都会不经意间就被手机、相机以及其他录像设备记录下来，传到网上，并被放大解读。因此，领导干部更应该适应媒介化生存，必须尊重事实，了解民意，对媒体以诚相待。

（3）善于运用媒体，把握"服务"与"管理"的关系，建构一种良性互动关系。

领导干部要学会运用媒体开展工作，要把握好"服务"与"管理"的关系，与媒介建构一种良性互动关系。首先，领导干部自身要提高自我知识更新的自觉，提升与媒体打交道的积极性与主动性。摒弃居高临下"管控"媒体的姿态，以"服务"的态度接近和运用媒体，从而建立良性对话关系。其次，要消除领导干部与媒体从业人员之间交流壁垒，打通两者之间交流的管道。探索领导干部深入媒体挂职交流、调查研究、座谈研讨的长效机制，使之深入了解媒体行业发展的现状、工作原则及流程，掌握新闻工作规律。再次，要提高政府工作的透明度，提升政府公信力，进一步推进媒体问政、重要信息发布等工作，形成鼓励领导干部参与、使用媒体的氛围，鼓励领导干部做好正向"意见领袖"。

（4）注重媒介素养教育工作，把握"党性教育"与"专业化能力培养"的关系，全面提高领导干部素质和能力。

《干部教育培训工作条例》指出：干部教育培训工作是建设高素质干部队伍的先导性、基础性、战略性工程。干部教育培训工作对推进学习型、创新型、服务型马克思主义执政党建设和国家治理能力治理体系现代化具有重要意义，也是我党永葆生机活力的重要武器。提高领导干部的媒介素养正是如今全程媒体、全息媒体、全员媒体、全效媒体状况下提升执政能力执政水平，培养造就高素质干部队伍的重要方面。这就要求我们在干部教育培训方面把握"党性教育"与"专业化能力培养"的关系，全面提高领导干部素质和能力。

首先，要发挥各级党校（行政学院）主渠道作用，增加新闻传播、舆情应对相关课程。《中国共产党党校（行政学院）工作条例》指出"党校（行政学院)是党领导的培养党的领导干部的学校"，"是培训党的各级领导干部的主渠道，党的思想理论建设的重要阵地"。要在党校教学中增加新闻传播基础知识等方面的相关课程，使广大领导干部增强对马克思主义新闻观、习近平总书记关于新闻舆论工作重要论述的认识，把握媒介格局、舆论生态、传播方式发生的重大变革，增强对新闻传播规律的认识。其次，新闻宣传等相关部门应根据传媒业及舆情发展状况，组织各单位主要负责人，更重要的是直接面对服务对象的干部，经常性开展相关培训研讨。增强对舆情及新闻传播工作的洞察力、感知力、反应力、引导力，关注多种舆论场域的声音，提升用媒体推动工作及与媒体打交道的能力。再次，各单位尤其是民生、医疗、社保、税收等直接面对群众和服务对象的单位，在如今全媒体、自媒体的时代，更应该把媒介素养、新闻传播相关知识作为重要培训内容。要让领导干部适应媒介化生存，如可以培训班或专题讲授等形式邀请高校新闻传播方面的专家、媒体从业人员进行专题辅导。

武汉地区高校官方微信公众平台现状调查[①]

2012 年 8 月，国内出现首个高校官方微信平台。此后，各高校纷纷建立了自己的官方微信公众平台。高校官方微信公众平台在服务学生、舆论引导、塑造校园文化、建构高校形象等方面发挥着重要作用。

微信提供的公众平台类型包括 3 种，即订阅号、服务号和企业号。在实践过程中，各高校的微信公众平台大多以官方微信订阅号为主，因此本文将高校官方微信订阅号作为研究对象。

目前，各个高校的官方微信公众平台受众情况如何？运营中有哪些问题？未来如何发展？针对以上问题，笔者在武汉地区高校进行了调查。通过"中国青年报"微信公众号"全国普通高校微信公众号排行榜"榜单，从中随机挑选武汉地区 10 所高校作为调查对象。这 10 所高校类别包括"部属和省属""公办和民办""第一批招生和第二批招生"学校。问卷内容分为四个部分，分别为使用情况和发展现状调查、运营中存在的问题、用户需求与使用偏好、受访者基本情况。

一、问卷调查基本情况

此调查共计发放问卷 305 份，平均每个高校投放 30 份，去除因不规范作答和其他原因造成的无效问卷，共计回收有效问卷 271 份，有效回收率

---

① 本文曾发表于《湖北省新闻传播事业发展研究报告（2019）》（武汉大学出版社 2020 年版），署名为廖声武、刘思涵，有改动。

为88.85%。

此次调查的学校层次分布为：部属高校5所（武汉大学、华中科技大学、华中师范大学、中南财经政法大学、中南民族大学），省属高校5所（湖北大学、武汉体育学院、湖北第二师范学院、武昌理工学院、汉口学院），其中，武昌理工学院、汉口学院为民办院校，其余为公办院校。

被调查者专业分布为：文史类149人（54.98%），理工类122人（45.02%）。被调查者性别分布为：男生126人（46.49%），女生145人（53.51%）。总体来看，分布较为均衡。

二、高校官方微信公众平台现状

（一）使用情况和发展现状

1. 高校官方微信在学生获取校园资讯中所占的地位

问卷设置了"你平时获取学校资讯主要通过哪种途径"这一问题，限选3项。数据显示，高校官方微信、学校各个网站、学校官方微博以及校园广播占比较高。其中，高校官方微信以76.75%的比例位居第一，表明高校官方微信已成为在校大学生获取校园资讯最主要的方式。

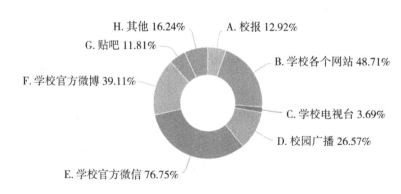

图1　你平时获取学校资讯主要通过哪种途径

2. 高校官方微信公众号关注情况

调查问卷显示，87.45%的调查对象"知道且已关注"了本校的官方微信公众号，"知道但未关注"的占比 7.75%，"不知道且未关注"的占比 4.8%。由此可见，目前学生群体对高校官方微信公众号的接受程度较高，高校官方微信有相对较高的覆盖率。

3. 是否取消关注过本校官方微信公众号

调查显示，有16.88%的用户曾经取消关注过学校的官方微信公众号，但83.12%的用户表示没有取消关注过。数据初步表明，目前武汉地区在校大学生对本校官方微信公众号的好感度较高。

4. 高校官方微信公众号的主要功能

为了解高校官方微信公众号在学生用户心中的作用，问卷设计了"你认为高校官方微信公众号的主要功能是什么"这一问题，并限制最多选择3项。调查显示，"提供校园服务功能，服务学生学习生活"（89.67%）、"传播校园文化，营造和谐校园氛围"（77.12%）、"宣传塑造学校形象"（54.98%）是占比最高的三个选项。这从侧面体现了高校官方微信公众平台的媒介价值，即在服务学生、传播校园文化、塑造学校形象上具有重要作用。

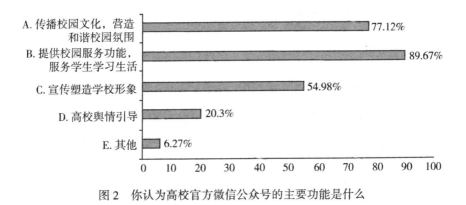

图2　你认为高校官方微信公众号的主要功能是什么

(二)用户需求与偏好

1. 菜单功能

调查显示,用户对高校官方微信公众号的"查询服务及业务办理"(87.45%)、"校园新闻资讯"(64.58%)、"趣味互动服务"(63.47%)三项功能最感兴趣。这体现在功能设置上,有用性、相关性和趣味性是用户最重视的因素。

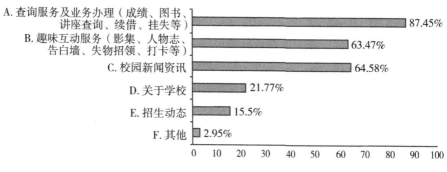

图3　哪几项菜单功能你可能最感兴趣

同时,73.43%的学生表示,菜单功能使用是否简便会影响其关注本校官方微信公众号,而26.57%的学生表示不受影响。由此可见,用户在使用高校官方微信公众号的菜单功能时,比较重视自身的使用体验。

2. 图文阅读

问卷显示,"公众号中挑选发现"(63.47%)是受众阅读图文信息的主要来源,可见当代大学生在使用微信公众平台获取资讯时的主动性较高,更愿意主动挑选图文,而不是被动地接受。"朋友圈分享发现"(26.94%)占比排名第二,"好友群友推荐"(5.54%)也占有一定比例,表明基于社交活动的信息传播对于用户的图文阅读具有重要影响(见图4)。

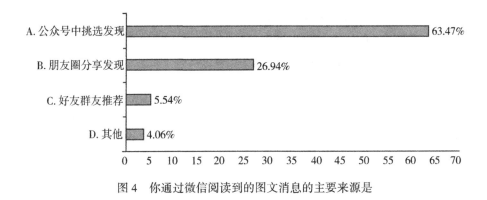

图4　你通过微信阅读到的图文消息的主要来源是

关于用户最喜欢的图文类型，问卷调查显示，"服务类信息"（73.43%）、"校园热点，师生风采"（69%）、"事关学校事业发展的重大消息"（55.35%）、"校园风景图文"（37.64%）是排名前四的选项。体现了学生用户对于实用性、与自身高相关性的图文比较感兴趣。同时，用户也偏爱图文消息的趣味性和欣赏性，重视从图文阅读中获得审美体验。"事关学校事业发展的重大消息"和"校园风景图文"占比较高，一定程度上反映了在校大学生的爱校情感，比较关注学校发展和建设（见图5）。

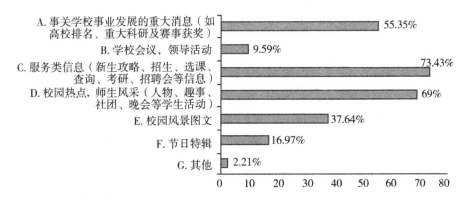

图5　哪几类主题的图文消息更能激发你的阅读兴趣

　　除此之外，问卷显示，"标题"（83.03%）和"配图"（61.62%）是影响用户打开一篇图文消息最主要的因素。"文章来源"（16.24%）也占据一定比例，体现了在用户的图文阅读行为中，仍有类似于意见领袖的存在，他们的转发和推荐，影响着用户的阅读选择（见图6）。

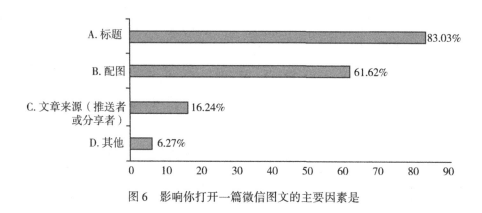

图6　影响你打开一篇微信图文的主要因素是

　　上述调查展示了社交分享行为的重要作用，那么哪些类型的图文用户更乐意分享呢？问卷对用户的分享动机进行了调查，结果显示，"内容有价值"（82.66%）、"情感触动和认同"（67.9%）、"内容有趣"（55.72%）、"时下热点"（23.62%）是促使用户分享图文最主要的动机。其中"内容有价值"占比最高，体现了理性因素是社交分享行为中最主要的动机，因此价值始终是首要的因素（见图7）。

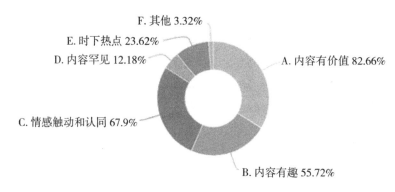

图7　假设你要分享一篇图文消息，哪些是促使你分享的主要动机

(三) 运营中存在的问题

问卷数据显示，高校官方微信公众平台在运营上的不足，主要集中在以下几个方面(见图8)。

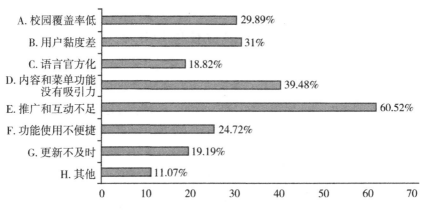

图8　你觉得目前高校官方微信公众号的运营问题主要有哪些

1. 推介力度不够，缺乏互动

在所有选项中，"推广和互动不足"(60.52%)占比最高。这说明，在注意力稀缺的今天，传者不能消极地等待用户来发现自己，而是要积极主动地出现在用户面前，要通过主动地推介，来吸引用户关注。同时，互动是亲切感和存在感的重要来源，运营者必须重视与用户的互动，拉近自身与用户之间的距离。

2. 需求匹配能力不足，忽视用户体验

"内容和菜单功能没有吸引力""用户黏度差"分别占比39.48%、31%，可见目前平台的图文传播和服务的质量不好，运营者不了解用户的需求和兴趣点。"校园覆盖率低""语言官方化""功能使用不便捷"分别占比29.89%、18.82%、24.72%，表明运营者忽视了用户的使用体验，传播技

巧亟待提高。

3. 内容缺乏时效性

"更新不及时"(19.19%)占有一定的比例,反映出部分运营者的主观能动性不足,这是运营者对时效性不重视或者经营态度消极的表现。

三、微信平台存在问题的原因

高校官方微信平台由于其自身的官方性和政策的鼓励,社会大环境是利于其发展的。因此,导致平台出现问题的主要原因是高校自身内部因素造成的。

(一)办好校园新兴媒体的内驱力不足

高校官方微信公众平台是个新鲜事物,各高校虽然基本上开通了官方微信公众号,但有些是出于被动地追随形势,办好校园新兴媒体的内驱力不足。这种状况直接导致后续的一系列问题,如高校不够重视,资金和人员投入不足,忽视推广和互动,内容更新不及时等。

(二)运营理念落后和自身定位失偏

随着移动互联网的发展,受众在选择信息上的主动性越来越高,因此媒体必须坚持以用户为中心,关注用户需求,并积极利用后台数据对用户的使用行为进行监测,不断调整自己的运营活动。目前,有的高校官方微信公众平台运营者在平台功能定位上,简单地认为微信公众平台是官方话语权的一种延伸,没有将自身的新媒体属性与其他校园传统媒体的属性区别开来,在操作上简单地将校报和学校网站的文章复制粘贴到官方微信公众号中,致使文章内容不具备吸引力,从而导致用户流失。

(三)对受众心理特点缺乏了解

高校官方微信平台的受众是大学生群体,目前的主力军是"90后",他们思维活跃，敢于质疑，渴望打破常规、不受束缚。因此对于观点性强且话语强势的信息本能地会产生一些抵触心理。他们期待平等地沟通交流，喜欢诙谐幽默的语言风格。同时，他们好奇心强，追求视觉上的享受，要求信息简短精练，具备趣味性和美感，还要有实际的内涵。许多运营者正是对大学生的心理特点缺乏了解，未能及时调整自身的运营策略，降低了传播活动的影响力。

四、高校官方微信公众平台发展策略

(一) 明确定位，转变思维

高校官方微信公众平台要做好自身发展，需要明确自己的功能定位，做到与传统媒体有明显的区隔。要坚持以用户为中心，增强服务意识，树立用户思维和大数据思维，着力打造高效的需求匹配能力。

(二) 注重新闻产品的生产

问卷数据显示，目前高校官方微信公众平台相较于初期的兴起，用户数量很难再实现迅速和大规模的增长，运营的重点应由数量向质量转变。一方面要继续重视吸引新粉丝，另一方面要加强质量建设，坚持内容为王，重视原创，培养用户黏度。

1. 选题要注重接近性与新鲜性

对于用户而言，感兴趣、与自己相关的内容就是自己所需要的信息；反之，就是一种信息打扰。所以高校微信公众平台应该重视用高相关性来避免信息打扰。大学生群体的生活环境特定，局限在校园区域，因此高相关性就要求紧扣学生的学习和生活来选题。高校大学生思想活跃，紧跟潮流，因此在选题时也要关注时新性，尤其是当下的热点。

2. 产品的呈现要适应用户的接受习惯

一是标题要尽量简练直白，活泼有趣。问卷调查显示，一篇微信，在主题和内容相同的情况下，用户更容易被"趣味夸张""文艺抒情""设问悬念""简短概括""准确陈述"这几类标题所吸引。标题可以尽量体现接近性，将校名或学校简称嵌入标题，以吸引用户点击阅读。这是趣味性、接近性和个性化对用户发生作用。但是在拟标题的时候也要注意适度的原则，切勿一味追求噱头，过分夸大，沦为"标题党"。

二是文章表述的语言要生动、简洁。在问卷调查中，受调查者抱怨目前高校官方微信公众平台的文章"语言官方化"，一脸严肃相。官方微信公众号的文章，在注重价值导向和责任意识，做到客观、严谨、真实的同时，应结合当代大学生的心理特点，使用活泼幽默的语言，在遣词造句上做到生动简洁，以适应用户的接受习惯。

三是多媒体形式的运用。在碎片化阅读时代，用户更偏爱直观的视觉表达。因此高校官方微信公众平台要运用多媒体呈现形式。在图文编写上要注重使用图片、视频、音频等。作为影响用户接受选择的一个因素，图片的质量也极其重要，图片、文字和色彩之间的搭配也要做到和谐悦目。

此外，要充分利用微信的社交化属性，达到二次传播的效果。二次传播对于提升平台的影响力具有重要作用。运营者在进行产品编辑的时候，要重视用户的分享心理，选择一些有趣味、可以引起受众价值认同和情感触动的选题，重点推介。

(三) 加强功能建设

在"关注本校官方微信公众号的主要原因"的问题上，问卷调查显示，"为了使用菜单服务功能"（36.71%）和"通过图文消息主动选择关注"（29.96%）是占比最高的两个选项，可见，图文与功能是粉丝关注高校官方微信公众平台最主要的原因。因此，做好平台功能建设十分重要。

（1）要关注学生需要，服务刚性需求。高校大学生在学习和生活上有许多刚性需求，如查成绩、查课表、借书、挂失等查询服务和业务办理，高校官方微信公众平台可以从用户的需求出发，借助自身官方性，提供这些专属服务，由此来吸引受众、维持用户黏度。

（2）打造趣味服务功能。除了服务刚性需求以外，高校官方微信公众平台可以从学生的生活和兴趣出发，打造一些趣味服务功能，如"告白墙""新生心声""失物招领"等。并且，灵活地根据不同时间节点设置定制服务，如寒暑假期间的打卡签到等。

（四）实时更新内容，重视推广互动

要让传播获得良好的效果，必须了解用户的接受习惯。问卷调查显示，高校微信用户在中午 11：00—13：00、18：00—24：00 期间使用较多。因此，图文信息的发布必须在这两个时间段之前，并且最好比较固定，以利于用户形成稳定的接受习惯。同时，问卷显示，60.15%的学生赞同平台每天更新推送，体现了学生用户对于校园资讯的需求。因此，运营者要保持微信较高的更新频率，维持平台与用户之间的黏性。

在问卷调查中，学生们认为目前高校官方微信公众平台存在的最严重的问题就是推广和互动不足。高校的运营者应该通过多种方式积极实施平台的宣传推广，例如线上线下有奖推广，或者是赠送新生礼物等。调查发现，用户偏爱丰富多样、新奇有趣的互动方式，如奖品、投票和游戏等可以提升用户趣味性的体验，受到用户的广泛欢迎；"评论回复"和"回复后台消息"可以给用户一种被重视的感觉，从而激发他们的使用欲望。

此外，高校官方微信公众平台要想实现更好的发展，团队建设和管理也十分重要。要建立稳定的运营团队，实现系统的管理和明确的分工，并建立起有效的人才储备机制，以保证平台的高效稳定运行。

新时期党报评论言论工作创新研究①

2019 年年初，习近平总书记在中共中央政治局第十二次集体学习时指出，全媒体不断发展，出现了全程媒体、全息媒体、全员媒体、全效媒体，新兴媒体逐渐成为人们获取信息的主要渠道，信息无处不在、无所不及、无人不用。全媒体时代的舆论生态、媒体格局、传播方式发生了深刻变化。

在当前的传播环境下，报纸、广播、电视等传统媒体的生存空间受到挤压，传统媒体统御信息源和信息发布渠道的局面被打破，长期以来的话语优势和议程设置功能逐渐弱化。社交媒体日益成长为集信息发布、意见表达于一体的舆论集散平台。

新闻传播工作所面临的环境已全然不同于以往。各种社会矛盾叠加、集中呈现，意识形态领域斗争依然复杂。在与外部世界交往融合更加深化的同时，各种摩擦更加频繁，国际舆论斗争更加激烈。媒体格局、传播方式发生着深刻变化。信息传播日益呈现移动化、智能化、个性化、数据化趋势，舆论的形成与扩散机制发生了重大变化，以主流声音引领社会舆论的难度越来越大。②

这种现状对我们提出了时代的挑战、时代的课题。

①　本文为 2019 年湖北省委宣传部重点课题研究成果。博士生王冰曦、硕士生陈杰、程曼诗、徐婧雯、杨帆、卢安琪分别参加了四川、北京、广州、青岛和宜昌地区的媒体调查，《湖北日报》评论部主任李琼给予了支持；陈杰参加了本文初稿的写作。
②　新华通讯社课题组．习近平新闻舆论思想要论［M］．北京：新华出版社，2017：6-9.

评论历来是主流媒体的旗帜和灵魂。党报评论兼具权威性和公信力的思想表达，是党引导社会舆论、主导话语权的重要手段。进入全媒体时代的党报社论，政治宣导作用有所减弱，象征性意味逐渐增强，其作用也由"政治的晴雨表"转为"社会的风向标"，但依旧要扛好主流舆论的大旗。要站在社会思潮的最前沿，主导社会思想的动态，引导人们的所思所行。①

一、党报评论面临的环境

（一）传播格局发生变化

传播格局的变化可以从两方面来理解。一是全球传播格局的变化；二是国内媒体传播格局的变化。②

全球传播格局是指各个国家在国际新闻传播中拥有的话语主导权、信息发布权和影响力比重，国际传播格局的变化与政治经济格局的改变息息相关。近年来，随着国际社会政治、经济、文化格局的变化，借助新媒体技术，国际传播格局开启了宏大的战略转型。宏观层面上的"西强东弱"的总体格局已有所变化，我国国际传播过程中的文化壁垒开始逐步被突破，传播效果提升明显，"于我向好"的局面正在展开。

国内的媒体传播格局近年来变化明显，据中国互联网络信息中心（CNNIC）在北京发布第 43 次《中国互联网络发展状况统计报告》，截至 2018 年 12 月，我国网民规模达 8.29 亿，互联网普及率为 59.6%，手机网民规模达 8.17 亿，网民通过手机接入互联网的比例高达 98.6%。③互联网，特别是移动互联网已经成为用户获取、发布、分享信息的首选工具。受众

① 赵振宇，胡沈明."任仲平"文章新闻评论属性探析［J］. 新闻大学，2010(3)：37-45，57.

② 冯小红. 新传播格局下党报评论的发展对策［D］. 武汉：武汉大学，2015.

③ 第 43 次中国互联网络发展状况统计报告［R/OL］.［2019-02-28］. http：//www. cac. gov. cn/2019-02/28/c_ 1124175677. htm.

阅读习惯和信息接收习惯的改变带给传统媒体以极大冲击。习近平总书记提出要深刻认识全媒体时代的挑战和机遇，并提出了一种更深层次的全媒体概念即"全程媒体、全息媒体、全员媒体、全效媒体"①，为主流媒体、党报党刊全面认识全媒体、构建全媒体传播格局提供了全局视角和战略高度。

一方面，中央媒体和省级媒体的融合战略进入加速期，传媒业的体制机制改革正自上而下有序推进，组合组建了国家广播电视总局和中央广播电视总台，完成了新时代的传媒制度顶层设计；各大传统媒体纷纷提出"报网融合""媒介融合""全媒体"等转型战略，搭建中央厨房公共平台、全媒体采编系统、全媒体运营中心等运行机构，将经营重点转移到全媒体上，中央主流媒体的"两微一端"粉丝规模基本上达到了百万级别，传统主流媒体开始适应全媒体的生产机制。

另一方面，媒介融合深入基层，县级融媒体中心建设迎来战略机遇期。根据中宣部的部署，县级融媒体中心建设采取"试点先行，全面铺开"的战略，2018 年已先行启动 600 个县级融媒体中心建设，2020 年年底基本实现全国县级融媒体中心全覆盖，打通中国媒体融合体系的"最后一公里"，真正发挥县级融媒体中心在基层舆论引导中的主导性、关键性作用。

（二）舆论场上众声喧哗

在互联网背景下，舆论生态气象万千。新兴媒体为民众提供了广阔的虚拟表达空间，公共话语权得到最大程度的释放，各种利益诉求掺杂，各种言论意见活跃并广泛快速汇聚，各种观点相互碰撞、相互交锋，多种声音相互关联、相互交织，出现了众声喧哗的舆论场。

每个人都有麦克风，人人都是评论员，嘈杂的舆论场中既有理性探讨、陈述事实的声音，也有耸人听闻的歪理邪说，更有哗众取宠骗取流量

---

① 习近平．加快推动媒体融合发展构建全媒体传播格局［J］．求是，2019（6）：4-8.

的行径，普通用户身处其中难以分辨，无所适从。由于信息的传播和舆情的发展更迅速、更多变，用户没有时间和精力去了解全部信息，在集群效应的影响下更容易被误导。在这种情况下，党报评论就是要用全面的分析、客观的评价来吸引人，用主流声音传递主流价值，使之成为舆论场的黄钟大吕、定海神针，起到定基调、平纷争、明是非、畅思考、启民智的重要作用。

(三) 意识形态多元复杂

在全媒体时代的大舆论场中，社会大众成为网络舆论的主要参与者。在网络中，现实中的意识形态都会体现出来。现实中有多少种意识形态，网络就有多少种意识形态。这些意识形态包括民族主义、民粹主义、自由主义及新自由主义、保守主义及新保守主义、左派及新左派、右派及新右派等。网络意识形态在具有碎片性和变异性的同时，也带来去中心化的复杂性。亚意识形态是网络意识形态的主要特征。一方面不同的意识形态在演变过程中分化和角力，彰显网络意识形态多元性，但另一方面多元性又会去中心化。因此，在舆论表达的各个环节、各种议题、各个场景中都充满着"泛娱乐化""泛政治化""泛民粹化"的倾向。但声音虽"众"却大多只停留在碎片化、情绪化的表达层面，缺乏系统思考，全面客观的理性分析不多。

社会大众借助网络反映现实需求、表达个人意愿，不同阶层、不同的利益群体从各自的角度、站在不同立场观察认识问题，加剧了社会思想和意识形态的多元与复杂，这也造成了"拇指上的观点市场"热热闹闹，却都难以形成共识。

实现媒体议程、政策议程、公众议程的统一，是营造良好舆论环境的需要，也是当前媒体融合的战略任务。[1] 在媒体深度融合的今天，以传播主流价值为己任的党报评论，需要增强定义事件、引导舆论、凝聚共识的

---

[1] 赵子忠. 媒体融合与两个舆论场[N]. 光明日报，2014-11-08.

设置议程能力，通过认真调查、鉴别分析，向受众发布真实的信息，冷静地提出客观理性的观点，做到"以我之洞见，解人之疑惑""以我之价值，化人之心结"，正确引导社会舆论。①

(四)评论成为媒介竞争的新阵地

随着互联网技术的迅猛发展，传统媒体在报道的时效性方面已失去优势地位。以往由传统媒体先报道、设置议程、进行社会动员，新媒体随后进行转载的情况发生了翻转。以社交媒体为代表的新媒体日渐成为新闻报道的来源，如"雷洋案""严书记女儿事件""保时捷女车主打人"等热点新闻事件，由个人账号发布的热点敏感信息在较短的时间内燃爆社交舆论场，从而引起主流媒体的高度关注、跟进报道，为数众多的"倒灌新闻"由此产生。②

以"严书记女儿事件"为例，2018 年 5 月 10 日，网上流传的一组微信群聊截图显示，微信家长群中严某某妈妈发表"你对严书记的女儿说这话是什么意思"和"严某某已被四川嘉祥外国语学校确定为幼升小的内定生"等言论，引发网民热议。相关舆情量在 5 月 11 日达到顶峰，5 月 14 日，四川省纪委监委发布公告称"严春风舆情"相关情况已介入调查。

微博名人博主@成都网友小张、@作家西原秋，论坛官微@猫扑及媒体官微@凤凰网视频纷纷发布事件相关信息，引发大量网民转发评论，推动了舆情的发展。

"央视网""中国青年网""凤凰网"等多家媒体网站对"严书记女儿事件"进行了报道，准确及时、多位一体地对不实信息进行辟谣，防止了负面舆情进一步蔓延，降低了事件的负面影响。

一般来说，新闻原生事件须经社交媒体的舆论发酵才能引起主流媒体的关注，相关舆论热点形成后，主流媒体才会竞相跟进报道。在这种激烈

---

① 卢新宁. 提升"四力"，打造大评论[J]. 新闻战线，2018(21)：2-3.
② 申中华. 社交媒体"倒灌新闻"探析[J]. 中国出版，2018(15)：41-44.

的同行竞争下，媒体的竞争已经从传统的时效之争、独家之争，向观点之争、思想之争拓展。

2019年7月底，重庆保时捷女车主打人案引发舆论热议，传统媒体积极介入传播并进行了跟踪报道，各家媒体纷纷推出个性化、有自身特色的新闻评论，在不同的认识层面和不同的思考角度上各展其能，如《人民日报》发表微评《让一记耳光背后的"猫腻"，见见阳光》，《南方日报》发表评论《重庆保时捷女司机为何这般嚣张》，澎湃新闻发表评论《保时捷女司机被罚了，网友们还在追问"背景"》，央视新闻发表评论《拿什么驱散特权想象?》。正如《中国青年报》首席评论员曹林所写的一样，"在当下社会，媒体由'信息取向的新闻事业'向'意见取向的新闻事业'转变的趋势非常突出"①。

长期以来，《人民日报》各版各部门打造了不少言论品牌，如《人民时评》《人民论坛》《钟声》《声音》等，社会影响广泛，但都散见于各个版面，评论的影响力没有得到彰显。在"以评论取胜"的竞争要求下，2013年，《人民日报》开设评论版，集全社之力办报纸以全年235块评论版面、257篇本报评论员文章、75篇本报评论部文章，以新闻规律和党报特性两个参照，重整评论格局，在舆论场中发挥《人民日报》的言论优势。

《人民日报》评论版的创办，是重构党报话语体系的成功创新尝试。截至目前已有20多家省级党报开设评论版，宣传党的理论、方针、政策，批驳社会生活不良风气，弘扬健康向上的正能量精神。地方党报评论中的精品也常常在社会上引起巨大反响，引发党政干部和群众的热议，许多作品获得中国新闻奖。

评论的市场和空间越来越大，纸质媒体逐步认识到必须重视评论，必须从反应速度、选题视角、语言风格、传播方式上进行调整，以适应新技术带来的新变化，用更多、更好的观点和意见产品服务社会、服务受众，扩大自身传播力和影响力。

---

① 曹林. 时评写作十讲[M]. 上海：复旦大学出版社，2011：221.

二、党报评论存在的主要问题

（一）生产与传播和媒体融合传播机制不匹配

长期以来，党报评论产品遵守着严格的选题、写作、审稿程序。评论以社论和评论员文章为主，样式单一。解读、宣传重大会议精神和文件主旨仍是党报评论的首要任务和"规定动作"。在聚焦重大会议、重大节点、重大事件上，通常是提前谋篇布局、写稿打磨，以确保党报评论能引领正确舆论导向。

有学者曾系统比较分析获"中国新闻奖"和"普利策新闻奖"的评论作品生产方式上的异同。结果表明，在选题方法上，党报评论的主题是唱响主旋律、宣传方针政策、指导并推进工作，选题呈现现象化特征。[①] 在立论方法上，党报评论写作的立论，功夫多下在"纲"上，即着眼"大局"，讨论精神、原则与方针。[②] 在阐述理路上，党报评论作品遵循政治逻辑，在理据使用上偏好现行政策方针、流行政治理念和领导人讲话。[③]

全媒体时代的舆论生态、媒体格局、传播方式都发生了深刻变化，媒介融合下的党报评论生产需要充分考虑中央厨房生产、发布流程以及新媒体评论的采编需求，全面改造评论创作的理念、文风和生产方式，从选题开始即考虑新媒体评论生产，在质量为先的前提下，党报评论应早上网、早发声，以尽早占领舆论高地，引导舆论走向。

（二）对一些社会舆情"失语"，选题针对性不强

一些突发事件、社会舆论热点出现后，党报评论往往出于审慎考虑，

① 顾建明．中美新闻评论选题方法的比较分析［J］．新闻大学，2007（3）：101-104．

② 顾建明．中美新闻评论立论方法的比较分析［J］．新闻爱好者（理论版），2007（10）：52-54．

③ 顾建明，石敬琳．中美社论写作方法的异同［J］．采写编，2015（3）：4-5．

以"不炒作、不互动"为理由迟发声、不发声，以致党报评论在社会舆论引导中慢一步，甚至"失语"。①有的是在网络爆料、网络言论受到广泛关注和热议后，传统媒体评论才跟进评论的，有的党报评论被社会舆论"牵着鼻子走"，不能及时回应公众疑惑、疏解不理性社会情绪。

还有一些媒体做言论，贪多求快，出现了多而不精、多而不优、多而不强的现象。对社会上关于民众利益的大事不评论，而对影视明星的逸闻趣事、阿猫阿狗事件却津津乐道。或者对社会热点、新闻疑点避而不谈或浅尝辄止。只是浅层地、人云亦云地发表观点，不能从新变化中、深层次上揭示问题的症结所在。这样的评论是没有思想的，它吸引不了受众的注意力，自然无法承担起引导社会舆论、凝聚社会共识的责任。

(三)表达与呈现缺乏亲和力

党报评论在表达文体上，许多仍然以社论、评论员文章、社会来论"老三样"为主，评论样式相对单一。这种固化的呈现形态，导致党报评论在主题选取的范围和观察问题的视角上过于窄化，政治性、工作性强而生活感、受众参与性弱，对受众的吸引力不强，尤其是与年轻一代网络"原住民"之间存在明显"代沟"。

有些党报评论仍然满足于当会议精神和重要文件的"传声筒"，习惯于居高临下的姿态，话语体系宣传味、说教味浓，"表情"严肃，讲概念多、提要求多、缺乏亲切感，平等对话、坦诚交流不足。写作上注重格式的规整、表达的严谨，忽视了传播的艺术；论述方式、文字表达上刻板有余而生动不足，缺乏感染人、吸引人、打动人的话语魅力。②

---

① 胡汉昌，李琼，肖擎. 全媒体时代党报评论的新使命新变革[J]. 新闻前哨，2019(6)：4.
② 胡汉昌，李琼，肖擎. 全媒体时代党报评论的新使命新变革[J]. 新闻前哨，2019(6)：4.

(四)人才队伍建设乏力

随着媒体环境的复杂化，媒体生态和媒体从业者的生态都发生了重大变化。媒体人为之所奋斗的职业目标和价值追求，与实现目标的制度化手段也发生着剧烈变革，两者之间的平衡机制被打破，传统媒体新闻工作者的流失现象随之产生。2018 年的一项针对传统媒体人才流失状况的调研结果显示，地方党报对于国内重点高校毕业生的吸引力已经明显下降，核心骨干人才流失时有发生；报纸中层、骨干人才流失严重，某都市报 5 年内人才流失近 80 人，占采编人数总量的 1/4 左右。[①]

评论员队伍的流失同样不容忽视，传统的党报评论和理论文章是由报社专职评论员、党政部门干部或采访部门的少数笔杆子完成，人才流失对原本就人数少、结构单一的评论员队伍影响更大，"高端人才进不来，优秀人才留不住，存量人才流不动，低效冗员出不去"[②]，必然导致评论文章话语结构的僵化，主题选取范围、观察问题视角的窄化和观点的同质化。

调研显示，人才流失有三大主要原因。"身份和编制不能解决""职业尊严和新闻理想不能实现"是其中的两项，矛头直指人事管理体制僵化，行政化、机关化风气浓厚。"薪资待遇没有竞争力"是另一大原因。在全媒体时代的当下，一方面是媒体经营状况遭遇"寒冬"，一线采编人员收入降低，新闻生产又受控于媒体定位和硬性要求，缺乏自由发挥、彰显个性的空间；另一方面是新媒体公司提供更丰厚的经济报酬，更能实现自我价值。"人往高处走，水往低处流"，在这样的对比之下，评论员队伍的流失也就在所难免。

---

① 高金光，张靖，施宇，张淑华. 失衡与重建——河南传统媒体人才流失状况调研报告[J]. 新闻爱好者，2018(11)：8-12.

② 高金光，张靖，施宇，张淑华. 失衡与重建——河南传统媒体人才流失状况调研报告[J]. 新闻爱好者，2018(11)：8-12.

三、党报评论创新探索的调查案例

2019 年 6—7 月，课题组分成几个小组在全国各地展开实地走访调查，走访相关媒体评论人员，与评论员进行深入交流，以下是我们调查了解到的各家媒体言论评论在策划、生产、传播中所做的创新的案例。

(一)《人民日报》的评论实践

1. 论据可视化，让观点产品更鲜活

2019 年 1 月 1 日，《人民日报》全新改版，改版后的《人民日报》评论版用新思想、新语言、新形象，展开了诸多有益的探索。1 月 2 日，改版后的评论版首次亮相，读者对评论版的第一印象就是图片多了，另外评论版的栏目、版式、内容都令人耳目一新。如《评论图说》由 3 幅图片和一篇短文组合而成，文图相得益彰，图片的使用不仅可以美化版面，增强版面吸引力、亲和力和影响力，更是会说话的论据。视觉语言及图片说明代替需要文字描述的论据，评论篇幅的所见使观点的表达更纯粹，评论的细节张力也得到了增强。1 月 22 日的"评论员观察"《为太空探索镌刻更多中国贡献》和记者写作的《接力，向星辰大海出发》两篇评论，共同聚焦中国航天科技发展的宏大主图，而配图选用了科研人员庆祝"嫦娥四号"降落成功的现场花絮：攥握双手的紧张、凝视屏幕的期待、笑容满面的欣喜，诸多情绪和氛围细节，都在科研人员群像中展现出来，并作为论证的有机组成部分，为评论的细节表现力加分不少。

2. 将现场见闻和思考汇聚笔端，打造现场评论品牌

评论写作要真正匹配党报评论员的格局和视野，体现党报评论员的脚力、眼力、脑力、笔力，彰显党报评论在舆论场中的思想分量和传播力量。《人民日报》的实践是打造现场评论品牌。"现场评论"因其浸入式特

点，一直是电视、广播媒体的长项，文字可以做到吗？《人民日报》评论员在"大江奔流"的报道中做出了有益尝试。

"大江奔流——来自长江经济带的报道"是一场长途流动性的采访，《人民日报》评论员人在现场，以写新闻的速度写言论，每天将所见所闻激发的思想火花，以最快速度采写记录下来，并发表于次日报纸。

同一般性的记者随笔相比，现场评论在营造现场、发现新闻的同时，突出的还是一个"评"字，每一篇文章都要带有记者剖开表面见真知的观点，并且其观点均抓住事物的主要矛盾，直击要害。

2019年8月10日，《人民日报》刊发现场评论《让长江容得下"江豚之重"》，直面目前江豚的处境。数据称长江流域有江豚1012头，大幅下降趋势得到遏制，但其极度濒危状况没有改变，这样的结果，离长江生态完全恢复还有很长的一段距离。痛定思痛，这样的结果需要反思，单单恢复江豚数量只是隔靴搔痒，真正要解决问题就要协调好发展与保护的辩证关系：发展经济不能对资源和生态环境竭泽而渔，生态环境保护也不是要舍弃经济发展。直面痛处，才能凝练观点。这样的做法在文章《长江节奏，如何拨动这根弦？》中同样有着体现。评论指出，回望长江经济带，发展贯穿始终，围绕高质量发展，长江需要有稳健的节奏。

3. 创新话语方式，在叙事中放飞思想

党报姓党，让党的主张成为时代最强音，是党报的根本职责。作为党报评论，理直气壮地讲政治、理想、信念，讲党的理论、方针、政策，服务好党和国家的中心工作，是必须始终坚持的"硬道理"。而要把硬道理讲得动听、讲出味道，就必须讲好故事，借着故事的翅膀"飞"向百姓。

被习近平总书记多次点赞的《信仰的味道》，就是用讲故事展开评论的一个范例：

1920年春夜，在浙江义乌分水塘村一间久未修葺的柴屋里，正在奋笔疾书翻译《共产党宣言》的陈望道，忘情地蘸着墨汁吃掉了手中的粽子，嘴里嚷着"够甜、够甜的了"。墨汁为什么那样甜？评论笔锋一转："原来，

信仰也是有味道的，甚至比红糖更甜。""这种信仰的味道，只有真正的共产党人才能品味得到。"文章接着讲述了孙中山、裘古怀、恽代英的故事，多角度层层发掘信仰的不同内涵、不同"味道"。讲故事和发议论层层交替、环环相扣，揭示了故事蕴含的深层精神内涵，也赋予了评论浓浓的"味道"。

《人民日报·人民论坛》中的许多评论，仿佛一个个故事的汇集：有一双筷子毁掉一个国家的故事(《一双筷子何以毁掉一个国家》)；有古代良相贤臣清廉为官、为民担当的故事(《从"林则徐赴任"说起》《由"白堤"说"官事"》《东坡像前说担当》)；有优秀党员干部谷文昌、杨善洲等老"典型"不忘初心的故事；有屠呦呦、黄大年等当代知识分子科学报国的故事……在引人入胜的故事中，思想、文化的星光和丰富隽永的人生哲理，丝丝缕缕透进读者的心扉。

(二)《经济日报》评论创新做法

1. 新闻评论加强策划思维

新闻评论需要写作者有策划的洞察力。重要的标志性事件往往需要提前做好策划，在一个时间周期内打好评论组合拳。

在多元化的评论选题中，合理整合评论资源。例如：在中美贸易战等系列报道中，《经济日报》充分发挥社论、本报评论员、时评的优势，建立中美贸易战评论员小组，针对中美贸易磋商期间的实时动态进行最新评论，在经济领域予以回应。

评论根据内容和题材，通常可分为锐评、软评、微评等。针对中美贸易战等国际重大新闻，《经济日报》一般会组织报社记者编辑撰写言辞犀利的锐评；而对于一般经济事件，《经济日报》会配发语言相对温和的软评。此外，报纸上长篇通讯的旁边往往有200余字的微评，由通讯作者自己撰写。

2. 在主流舆论场上注重打组合拳

虽然网媒的迅速发展冲击了纸媒的生存，但是纸媒与生俱来的权威和公信力却难以被撼动。在以纸媒为主体的主流舆论场上，除了本报评论员等意见领袖可以发表意见之外，受众的见解也是重要组成部分。从评论对象和被评论对象的选择到评论话题的建构，纸媒需要考虑组合拳效应，让纸媒的评论在共性中不失个性。《经济日报》的时评板块通常来说分为行业、热点快评、思辨、微议室、来论、众声、微漫画等。这些声音来自本报或者其他媒体，同时也有各行各业的声音。《经济日报》立足自身特色与品牌，主要着力于经济方面的角度刊发评论，同时也会兼顾部分社会热点。

在新媒体时代，有效回收读者反馈是纸媒传播必须面对的问题。对此，《经济日报》形成建立"读者评报"的 QQ 群，每天中午之前有专门的管理员把读者意见汇总收集，然后点对点联系记者或者编辑及时反馈。

在经济日报微信公众号上，每天晚上最后一篇通常是温和的软评，如《有一种精致，无关金钱》《你的靠谱，终有回报》等。这类评论文章贴近用户，充满人文关怀。

在《经济日报》周末版中，也会有专门的评论板块，一般是本报或者社会人士关于经济、社会、人文等方面的思考。

3. 积极拓展新媒体评论新空间

纸媒上的新闻评论如果仅仅是放在报纸上，囿于篇幅和阅读习惯，传播力会大大削弱。为此纸媒通常会与新媒体相结合，实现滚动式评论。

《经济日报》除周末和重大活动外，每天都会有时评版。在新闻评论的媒体融合中，见报评论一般会同步刊发在《经济日报》官方网站中国经济网和经济日报 App 上。在《经济日报》官方微信上，特设观点栏。该栏目除了会挑选当日报纸上优秀评论之外，同时走差异化传播路线，根据最新热点及时刊发或转载其他官媒评论，形成微信矩阵式传播，把主流舆论场的声音做大做强。

(三)《南方日报》评论的创新实践

1. 党报评论要把握好"高度"与"深度"

《南方日报》的办报理念是"高度决定影响力","高度"是《南方日报》的办报基本要求,这要求评论要有大局意识、紧紧围绕中心工作,时刻关注人民所思所想,在关键节点、重要工作中及时发声,力争成为舆论场上不可替代、不可或缺的权威声音,而社论和报纸评论员文章是最能体现"高度"。

在2016年与2017年的广东新闻奖评选中,《南方日报》的两篇长篇评论连续摘得"特别奖"。其中《论五大发展理念》有着诸多特别之处,不仅是《南方日报》,也是全国媒体中第一篇万字评论员文章;不仅是《南方日报》也是全国媒体中第一篇全面系统阐释五大发展理念的文章。因此,意义重大,影响深远。诚如新华社发布的消息《南方日报刊发万字评论员文章〈论五大发展理念〉》所说:"推出一个整版篇幅的重磅评论员文章,在《南方日报》历史上还是首次,在全国省委机关报中亦属罕见。"

这篇万字评论是《南方日报》经营"全国主题"评论的一篇代表作。长期以来,《南方日报》都是立足广东,放眼全国,无论是新闻报道还是新闻评论,从没有放过全国性焦点事件。特别是在重大主题宣传中,《南方日报》一直将评论是一个最为重要的突破口。《南方日报》理论评论部主任助理丁建庭在总结《南方日报》做好"全国主题"评论的经验时认为,"主要是贯彻了一条主线——胸怀大局、把握大势、着眼大事"。

全媒体时代,渠道可以改变,平台可以拓展,形式可以创新,但思想观点的核心竞争力没有改变,也不会改变。尤其是当前各类新媒体平台上,评论或带有评论性质的文章多如牛毛,但有深度、有思想、有见地的文章并不多。不少自媒体作者,一味迎合网友阅读兴趣,多以一些缺乏逻辑思辨的言论贩卖情感、煽动网民,盲目追求"10W+"的阅读效果。此时主流媒体特别是党报的深度评论显得尤为重要。党报要在思想上写出"深度"，写出真知灼见。为此，《南方日报》也打造一批品牌栏目，如《南方宏论》，文章篇幅一般较长，议题宏大、观点深刻、说理透彻、分析全面。如《中国特色社会主义伟大事业的广东实践——写在改革开放40周年之际》《继续以排头兵的担当奋力前行》《为开创发展新境界提供重要思想保证》《牢记习总书记嘱托 新起点上再创新局》《开启金砖合作第二个"金色十年"》《以新的更大作为开创广东工作新局面》等评论，不仅写出了深度，也彰显了厚度。

2. 主力军转向主阵地——"南方 Plus"

面对众声喧哗的全媒体环境，党报仅依靠报纸评论无法发出更强有力的声音，面对这种情况，《南方日报》将主力军转向新媒体阵地，将更多的资源投放至南方报业集团打造的"南方 Plus"客户端上。该平台于2015年前后上线，评论部也于2016年在该平台上打造自己的评论阵地。

目前，《南方日报》在"南方 Plus"集中精力打造了"叮咚快评"与"大家谈"两个栏目。其中"大家谈"针对当前社会热点事件、争议性话题展开讨论，用三篇甚至更多篇幅，通过多角度的阐释将事件剖析给受众。

如2016年7月8日的发表的《大家谈 | "副镇长视察灾情有人撑伞"，为何这么多人为其辩护》，在该事件中有观点批评这种做法，也有人认为这件事仅是基于人与人之间的基本关系。"大家谈"集合了"且慢乱扣帽子""受到质疑也不冤""不该对官员特别敏感"等多方观点与个人视角，将事件剖析给观众同时，也深入反思："公众有权利监督干部的行为，但这并不代表凭一张'图片'就可以毫无根据地指责他们，甚至无中生有的发挥'想象力'。毕竟舆论虽然可以监督干部的言行举止，但也能损害一个干部的名誉，伤害他们的工作热情。"

而"叮咚快评"则紧跟社会突发热点事件，做出及时的意见表达，文章通常比较简短，字数控制在800字左右。如《叮咚快评 | 送周杰伦上"超级话题"榜首，如果认真你就输了》《叮咚快评 | 霍顿拒绝和孙杨合影，羞辱

的恰是他自己》《叮咚快评 | 谁来保护被"网暴"的"山大女生"?》《叮咚快评 | 常州 3 死 10 伤车祸，别忽视"病驾"因素》等文章，紧跟社会话题，针对快阅读的节奏而创新的表达形式。

在新闻的选题上，报纸端侧重于服务全省工作大局等重大主题评论，旨在让评论有层次，而"南方 Plus"客户端则侧重于社会热点事件，更贴近百姓生活，第一时间提供给受众最新的观点。

对党报评论而言，要想在全媒体时代扩大媒体影响力，在众声喧哗中拥有自立之地，还需要时间去发展，不能再固守过去的评论标准，面对各类事件要敢于发声，敢闯敢拼。

(四)《湖北日报》评论的创新实践①

近两年，《湖北日报》的评论也开展了一些新实践，主要体现在以下几个方面:

1. 打造有地方特色的重要言论品牌

《湖北日报》自 2018 年 4 月起在头版推出大型政论栏目"楚言"，力求大格局、大视野、大纵深。区别于党报传统的社论、评论员文章等评论形式，"楚言"所体现出的鲜明定位是:主题重大、论述深刻，以较大的篇幅，在重要时间节点发出重要声音。"楚言"突出体现了两个"深":深度聚焦习近平总书记重要讲话精神，深刻把握湖北省情。2018 年，"楚言"获中宣部、湖北省委宣传部专题阅评表扬。有文章认为，"'楚言'评论的语言形象塑造创新，是我们增强传统主流媒体融合创新的有益尝试"②。

2. 提升党报评论的在场感

《湖北日报》连续多年派评论员参加党的十九大、全国两会等重大会议

---

① 本部分由《湖北日报》评论部主任李琼同志提供文字稿。

② 曾仪菲. 着力塑造评论语言形象——湖北日报大型政论"楚言"的创新探索[J]. 新闻战线，2018(24):116.

报道，撰写"京华感受"栏目评论，参加湖北省两会报道，撰写"评论员观察"栏目评论。去会议前方，"零距离"贴近现场，这使得党报评论员不再只是"旁观者"，而是"在场者"，从而推动党报评论从"办公室产品"的局限中摆脱出来。以 2019 年为例，《湖北日报》共刊发 10 篇"京华感受"，7 篇"评论员观察"。这些文本重心不游移、准心不偏移，为评论注入生气，为言说赋予血肉。2019 年 3 月，《湖北日报》评论版推出"一线观察"栏目，致力于以评论员和记者从新闻现场打开的观察视角，展现来自基层一线的新发现、新思考。《破解两难，还需争取"两全"》《心无旁骛对准一个城墙口打冲锋》《思政课要神形兼备才能深入人心》《志愿服务也要精准滴灌》《盲道"新用途"是个冷笑话》……区别于通过"据报载"写评论，评论员直接到街道、企业等基层一线"捉活鱼"，践行"四力"，增强了党报评论的"地气"和温度。

3. 开拓评论数字化生存发展空间

在重大评论的二次传播上，突出重、快、融、新，通过改写和提炼"楚言"，在新媒体多渠道、多平台立体发布。有数据统计显示，有的"楚言"评论语言的代表段落，被湖北日报网以截取的方式，分解为 70 个画面集锦，在网上同步传播，点击量达 120 万人次。湖北日报传媒集团旗下新媒体，摘取、发布"楚言"中 120 条哲理性箴言，受到网上热捧，累计阅读量达 210 万人次。在把握互联网舆论表情上，湖北日报微信公众号加强策划，适时对报纸上发表的围绕社会热点话题的引领型、澄清型、辨析型等评论进行二次加工，放大传播效应。二次加工后的《将正常福利堂堂正正发到位》《越是担子重如山越要爱护挑担人》等评论，契合人心关切，观点引人共鸣，在互联网上起到了很好的传播效果。在打造互联网评论的生长点上，湖北日报客户端开设"思想频道"，致力打造好各类优秀党报评论产品的"集中地"品牌。湖北日报网东湖评论频道设有"媒体时评""地评线""东湖观点""楚天评""放鹰台"等多个栏目，兼容社区、微博等多种传播渠道。2018年，东湖评论频道累计发布原创评论4000余篇，一键分发至客户端、PC端、手机报、WAP端等平台。此外，截至目前，湖北日报网已连续举办五届大学生评论大赛，搭建当代大学生思想交流、培育准媒体评论员、提升新闻传播人才专业素质的平台，被誉为大学生评论爱好者成长的"黄埔军校"。

(五)《四川日报》评论的创新实践

1. 以观点取胜

《四川日报》的评论主要还是讲究评论的深度、厚度、宽度以及温度。传统的纸媒，也在继续打造深度的评论。比如"蜀评"就是具有地域特色的纸媒评论。在重大的事件、重要的人物和重要的时间节点的时候，就需要创制一个"蜀评"。

"蜀评"的篇幅一般是3000~10000字；在"走群众路线""汶川地震周年记""党代会"等重要时间节点的时候，评论部便会形成长篇的实践评论数据。在报纸上发表的同时，在新媒体端也进行全文转发，采取新的包装制作，呈现出不一样的特点。另外还有一种"小蜀评"，介于"蜀评"和时政评论之间，篇幅在2000字以内。这种文章也比较受欢迎，《四川日报》从2019年1月开始，开辟了一个"小蜀评"栏，这个"小蜀评"就叫作"川言"，据统计，1月份到7月每月一篇，"川言"出现的频率要大于"蜀评"，"蜀评"一年一两篇，"川言"基本每月都有，做一些深度评论，例如"川籍农民工"，从点击率来看反响不错。另外就是常规的本报评论员文章，每篇篇幅大约在1000字。这些评论代表着报社的声音，甚至代表省委的声音。

评论重要的是有观点。比如评论员对这个问题的分析，分析得到不到位，能不能注重受众的内心感受，能不能戳中受众内心最柔软的心弦，能不能打动别人，受众愿不愿意接受评论员的说法，评论员能否产生一定的影响力，主要看评论有没有观点。评论的观点不新，对事件的分析认识不深刻，受众就会流失。

2. 多个平台互相补充，充分做好短评、微评

《四川日报》评论朝着报网融合方向发展：从纸媒到客户端再到"两微一端"，形成了以"川报观察"客户端为主导，兼顾两微——"微博""微信"，同时覆盖有采访资质的"四川在线"网站。其营运方式为：多个平台互相补充，一次采集，多元发布。

在新媒体时代，渠道的快捷和更新的频率增加，传递信息更加快捷。短评、微评相对于报纸评论，就其影响力来说，传播速度扩大了它的附加值。所以，利用新媒体平台，在这一方面去抢占读者，抢占有影响力的对象，把省委省政府有关大政方针的观点尽快地输送到读者的脑海里。

3. 改革机制，激发活力

《四川日报》传统媒体新闻评论和新媒体评论在内容环节基本是一个班底在制作。一套人马，两个平台。例如："川报观察"中"思想频道"就是评论理论部的频道；包括《四川日报》的纸媒，《四川日报》"天府新论"的评论版和理论创新关注版的两个板块的编辑、选稿、约稿、采访、包装制作（包括图示设计、音频制作、视频制作等）都是《四川日报》评论理论部的人员在做。

《四川日报》是最早响应文化体制改革的媒体。它在全省党报中最先打破编制，实行聘任制。评论部现在是9个事业编制，定编不定人。这给了员工自由，员工的来去是自由的，不像公务员机关事业单位的编制恒定。只有体制活，人员才会活，产品才会活。报社员工都签有合同，到了一定年限之后，可以转变为长期合同。

(六)《长江日报》评论的创新实践①

1. 团队合作提高生产效率

《长江日报》在生产机制上锐意改革，重组扩建评论部，实施团队生产方式。2018 年 3 月，《武汉晚报》评论部整体并入新组建的《长江日报》评论部。为了顺应媒体融合发展，《长江日报》积极探索变革生产组织方式。现在，《长江日报》不少评论是集体讨论形成核心观点，由多位评论员分工协作、共同完成，或是多位评论员各写一篇，汇聚智慧，集合成篇。团队生产不仅集思广益，在以分、秒计的传播环境下，还提高了生产效率。比如《"范跑跑"之后这十年，中国道德观念经历巨大跃迁》《一有适当的流量，资本就会胆大起来》等多篇优质评论，都采取了团队生产方式。

2. 制度保证评论质量

目前，《长江日报》评论部里，年轻人占了半壁江山。为了让年轻人尽快成长成熟，尤其是更好地做好党报评论工作，评论部实施了几项制度：一是每周五开展集体政治学习，重点围绕习近平新时代中国特色社会主义思想，一人主讲、每周轮流、集体交流；二是每日练笔制度，几位年轻评论员每天写一篇"练笔"评论，部门负责人予以点评、指导；三是努力创造评论员参与报社重大采访的机会，让他们走到田间地头、深入火热生活中，不断提高脚力、眼力、脑力、笔力。2018 年 8 月和 10 月，《长江日报》两篇评论《让昆山案成为"以案释法"的样本》《没有公信力，传播越广伤害越大》受到湖北省委主要领导的肯定，并获得批示。这两篇评论都是在众说纷纭的热点事件中，站得住脚、稳得住神，获得了很好的社会效果，是探索创新的成果。

---

① 本部分转引自：赵振宇，彭舒鑫. 新闻评论：新时代的新气象和新思考[J].新闻战线，2019(3)：37-45，57.

(七)《青岛日报》评论的创新

1. 评论配漫画

《青岛日报》自1949年创刊以来，一直坚持做好党报新闻评论。随着互联网的出现，纸质媒体慢慢淡出人们的视野，人们逐渐地需要了解新的事件、新的问题、新的经验，更需要了解新的观点、新的思想、新的视角；不仅需要"知道"新闻，更需要解读新闻；不仅需要知道自己的立场、态度，更需要知道政府或者大多数人的立场、态度。在信息过剩的今天，《青岛日报》在追求新闻的真实性与时效性的同时，也在追求党报新闻评论的写作模式的创新。

《青岛日报》于2009年创刊电子报之后，开始对于党报新闻评论尝试创新。同年创立了一个"画说新闻"的板块，它将漫画穿插进新闻评论中，一改往日枯燥乏味的文字叙述，在保证党报新闻评论内容严谨性的同时，打破了人们对于这类报道古板的印象，大大提高了人们的阅读兴趣。这一板块一开始就获得了青岛受众的一致好评。负责这一板块的人员由原来的传统的新闻编辑加进了天马行空的漫画家。与此同时，报纸积极倾听受众有关漫画题材内容的想法，做到了很好的互动。将传统的新评论稿件加上现代的漫画元素，是《青岛日报》在党报评论方面一种飞跃式的创新，使原本枯燥的新闻评论也变得让读者赏心悦目。

2. 针对受众关心的问题加强选题策划

评论是党报的灵魂和旗帜，是宣传党的路线方针政策、指导工作、引导舆论的重要手段，是党报直接影响社会舆论的最权威、最有力的宣传形式，既反映着党报新闻工作者对党的路线、方针、政策理解的深度，也体现着党报同受众及社会联系的程度，最直接地反映出整张报纸的水平。《青岛日报》注重在党报评论选题上进行创新。新闻评论的成败关键在于选题，成功的选题往往是评论成功的一半。撰写评论的目的就是了解实际工作中客观存在的具有普遍性、倾向性的问题，就是解决广大群众心中的疑难、困惑性的问题。而新闻评论选题本身的确定是否有的放矢、言之有物，是否能够抓住问题的实质，将直接决定着新闻评论的质量，更何况随之行文过程中的谋篇布局、造词遣句也必须依据选题的确定才能有所依托。《青岛日报》在党报新闻评论选题上进行了精心挑选，就读者关心的事情以及社会热议话题进行评论，坚持舆论导向，且视角独到，点评犀利。报纸的评论较好地诠释了新闻评论群众性这一特征。

(八)《三峡日报》评论的实践

1. 推出各个平台评论，形成影响力

作为市级媒体，在服务大局的过程中，《三峡日报》将评论作为旗帜立起来。只有鲜明地亮出旗帜，我们的舆论引导才能更有力度、更有效果。各级党委政府的意图、决策以及重要的思想往往要通过评论这种方式贯彻到各级执行层面。政策的执行需要建立在理解的基础上形成思想共识，从而统一意志和行动。

《三峡日报》在具体的实践中，注意每当重大的节点都用系列评论的方式来对市委市政府推进的重点工作或重要部署做全方位的解读，引导各级单位跟市委市政府的总体意图贴得更近，贴得更紧。

在日常的新闻报道中，报纸力求用短评、微评、快评等一些形式，对新闻报道本身起到画龙点睛的作用。同时它也是一种积极有效的引导，让人们透过现象看本质，能够最大限度地在报道意图上达成共识。

新媒体平台、网站、App，实际上，也需要报评、网评以及微评这样的几种形式。也就是说，现在的评论在各个平台都要有所体现，这些平台上也需要展现出评论的重要性。

2. 开辟特别的专栏评论——三峡微评和三峡时评栏目

《三峡日报》主要针对日常生活当中的和经济社会一些现象开展评论。

报社通过一些政策倾斜，对记者的评论创作进行一定的引导。记者和评论员形成习惯，注重将平时的素材变成新闻评论的素材。有时在写稿的时候，最后附上三五百字画龙点睛似的短评，新闻稿件的分量一下子就提升起来了，并使新闻稿件具有了思想性。

例如：关于美丽乡村系列报道，《三峡日报》选了四个地方的四个点。结合宜昌实际地形，选取了海拔接近两千米高山地区、丘陵地区、平原地区和城郊，这四种类型他们通过组合的方式来宣传。前面会有一个主稿，即通讯。主稿前面配一个乡情档案介绍，后面配一篇采访手记。每次一评，用一个专版推出。通过直观的图片配以一段文字，直观地讲述了美丽乡村建设。通过这样一种组合方式来做报道，就比单一的表达效果会好很多。

四、党报评论创新的策略建议

(一)理念创新：建立"大评论"观

习近平指出："实践没有止境，理论创新也没有止境。世界每时每刻都在发生变化，中国也每时每刻都在发生变化，我们必须在理论上跟上时代，不断认识规律，不断推进理论创新、实践创新、制度创新、文化创新以及其他各方面创新。"①

理念创新是各方面创新的先导。理念上的创新，会带动行动的展开和实践的变化。当前，我国新闻舆论工作的渠道、平台、载体、工作对象等都已发生显著的变化。过去陈旧的观念已经跟不上时代潮流，需要有全新的理念来引领新闻舆论工作的创新，以全新的理念来研判形势、分析问题，找到解决实际问题的办法。

党报作为"上连党心，下接民心"的媒体，必须通过有效的新闻评论，阐述党的方针、政策，整合舆论场中分散的、个别人的议论为系统的、集

---

① 习近平．习近平谈治国理政(第三卷)[M]．北京：新华出版社，2017：21．

中的、科学的意见，从而形成一种能联系和调动全体人民奋发向上的社会舆论，才能真正地动员群众，团结群众，扫清一切阻碍人们前进的思想障碍。① 这样才能把创新落到实处，使创新产生效益。

1. 树立"大评论"观

互联网让全世界成为地球村。世界各地的信息瞬间传遍全球，故此，对于地方党报来说，评论要想扩大影响力，获得更高的关注度，就必须逐步摒弃"小评论"思维，有意识地树立以视野开阔、体裁创新、阵地多元的"大评论"理念，积极探索创新党报评论工作的新思路、新方法。②

跳出媒体属地区域限制，打破以往的旧格局，是地方党报评论做出的重大改变。全媒体为地方党报打破地域局限，放眼全国选取题材提供了现实基础，地方党报在省内省外社会热点新闻中积极直面争议发声，承担更多媒体责任，用主流声音表明立场、发表观点，抢占舆论主阵地。

例如，重庆万州公交坠江事故发生后，《湖北日报》推出评论《共同守卫，让文明平稳地通过每个路口》，结合一系列乘客抢夺方向盘时间，深入反思公共领域刚性规则被破坏后的严重后果，指明公共文明背后应有的社会人心和共同守护行动，受到社会的广泛好评。

再如，《南方日报》十分关注国际热点、重视国际传播，《南方日报》的《世界观》栏目，对中国的国际主张进行重点评议，其《"一带一路"不是中国版的"马歇尔计划"》《美国对华贸易战不应该也不可怕》等一系列评论员文章，鲜明地体现了《南方日报》评论的国际视野，也是中国新闻在世界舆论场上向全世界传递中国声音的重要手段。

2. 探索"党报评论合作机制"

在思想多元、舆论多元的环境下，要做到言论一家独大已是难事。抱

---

① 赵振宇. 怎样认识和做好新闻评论[J]. 新闻战线，2018(15)：62-65.
② 吴卓. 居高声远唱大风——"大评论"理念在海南日报的实践与思考[J]. 中国记者，2018(7)：107-109.

团取暖、相互声援，让主流媒体声音成为真正主流，很有必要。

20 世纪 80 年代，《人民日报》曾经转载摘登过地方党报的优秀评论员文章；地方党报之间也曾联合采访评论南水北调工程和长江中游城市群规划，这些是党报之间开展评论合作的先例，但都没有形成固定机制。

2015 年 7 月 10 日，首届党报评论融合发展论坛在北京召开，来自中央宣传部、中央网信办、中国记协等部门的领导以及中央和全国 31 家省级党报的主要领导及评论业务负责人，齐聚一堂，研讨如何加强主流媒体建设、做好主流观点传播，进一步巩固壮大主流思想舆论，提高新形势下引领舆论、凝聚共识的能力。① 2017 年和 2018 年分别召开了第二届、第三届党报评论融合发展论坛。

受益于党报评论融合发展论坛的连续举办，党中央机关报与省级党报开始携手并肩，共同讨论选题、设置议程，共享采访资源、报道渠道。2015 年 8 月《人民日报》评论版推出"连线评论员"栏目，栏目的开篇文章《"冬奥效应"如何最大释放》由《人民日报》评论部编辑、《北京日报》评论员、《河北日报》评论员三方共同完成。截至 2019 年 6 月，栏目共发布文章 53 篇，以信息共通、渠道共用、平台共享推动和全国省级党报的评论合作、推动全媒体时代的党报评论在评论生产方式与传播方式上的升级。

在第二届发展论坛上，时任人民日报社副总编辑卢新宁建议做好顶层设计，党报评论融合发展必须从整体上布局，并提出建立全国党媒公共平台、建立跨地域党报评论工作室和联手推出党报评论视频直播节目三条倡议，呼吁打通共享，打造"党报评论共同体"。②

党报评论融合发展论坛，为各大媒体分享经验、激荡思想、凝聚共识，讨论评论工作中的疑难杂症提供了平台，拓宽了党报评论聚力发展的道路。在习近平总书记关于新闻舆论工作重要论述的指导下，党报与党报之间握指成拳、有分有合、各有侧重，主流声音、主流价值会传得更远、

---

① 首届党报评论融合发展论坛召开[J]. 新闻战线，2015(15)：4.

② 姜赟. 评论众筹，让主流声音更响亮——2017 党报评论融合发展论坛综述[J]. 新闻战线，2017(17)：64-66.

影响更大。

(二)文本创新：吸引受众注意力

全媒体时代的党报评论创新，除了内容创新，呈现形式也应适应现代传播技术的变化。在呈现形式方面，"可视化"也许是党报评论寻求突破的重要途径。

1. 论据可视化，让观点产品更鲜活

全媒体时代是"视觉时代"，党报评论在呈现文本时要重视新闻图片的重要作用。2019 年 1 月 1 日，《人民日报》顺应新闻传播方式的新变化、媒介融合发展的新趋势，对报纸版面进行了重要调整，所有版面采取彩色印刷，提升了报纸"颜值"。

1 月 2 日，改版后的评论版首次亮相，增加了图片数量、放大了图片规格。受众对评论版的第一印象是图片多了。评论版的栏目、版式、内容都得到了大胆创新。《评论图说》由 3 幅图片和一篇短文组合而成，文图相得益彰，各擅胜场。图片的加盟不仅美化了版面，增强了版面吸引力、亲和力，更成为会说话的论据。简洁的视觉语言及图片说明代替需要文字描述的论据，评论篇幅的所见使观点的表达更纯粹，评论的细节张力也得到了增强。

2. 妙用新闻漫画

新闻漫画如同杂文，有人将其比作投枪、匕首，有讽刺、幽默之特性、有针砭时弊、激浊扬清之功效。① 新闻漫画取材于生活当中人们普遍关注的新鲜的事实、现象、问题等，又给予创作者极大的自由度和创作空间，寥寥数笔，创作者对于社会生活的深刻剖析和辛辣独到的思想观点跃然纸上。

---

① 周飞. 新闻漫画让报纸评论更出彩[J]. 新闻战线，2018(8)：69-71.

《解放日报》罗杰创作的新闻漫画《强手棋》获得第二十八届中国新闻奖二等奖。作品取材于特朗普刚上任一段时期之后的表现，漫画中特朗普手掷骰子，处理国际问题如玩游戏，掷到哪里是哪里。作品关注国际政治，通过联想、夸张、变形等方式，集幽默性、新闻性、艺术性于一身；画面形象生动，借助掷骰子这一俏皮形式，形象生动地展现出特朗普独特的政治性格，创意新颖，恰到好处地阐发了作者的思考和领悟。

新闻漫画和新闻评论一样有着强烈的现实针对性和深刻的思想性，但新闻漫画的评论语言幽默风趣、寓庄于谐，在轻松诙谐的氛围中传播观点，不仅降低了读者的阅读门槛，让读者"秒懂"，而且更容易受到读者的喜爱，被读者"二次创作""二次传播"，从而扩大党报评论的舆论引导力，增强党报在群众心中的影响力。

(三) 工作机制创新：到现场去评论

党报姓党，党报评论员必须不断加强理论学习，深入研究中央及省市重大决策部署精神，但基层采访经验的缺乏，党报评论的短板也很明显，空话套话多、不接地气、缺乏针对性，难以引起受众共鸣，传播效果差强人意。

正确的新闻评论必须依赖于新闻事实的准确，且对于新闻事实的判断要准确。① 2015 年 12 月 25 日，习近平总书记视察解放军报社并发表重要讲话。要求新闻媒体"要多深入基层、深入一线、深入官兵，了解第一手材料。要善于观察，在众多材料中发现好材料，找到反映时代精神、反映官兵面貌、能够引起广泛共鸣的材料。要善于思考，深入发掘好材料的内涵，梳理和阐发好材料中蕴含的隽永的精神和深刻的道理，运用丰富的新闻语言、形式、方法、技巧创作出精品力作来"②。

---

① 孙发友，张晓菲. 赵振宇与他的新闻评论理念[J]. 新闻前哨，2017(7)：54-56.

② 新华通讯社课题组. 习近平新闻舆论思想要论[M]. 北京：新华出版社，2017：129-130.

"写好评论需要到现场去","评论员首先是记者,评论文章要在采访中进行。读者在阅读文章时,不仅可以获取观点信息,还应该获取有附加值的新闻事实"。① 倡导和施行"评论记者"工作机制,鼓励评论员参与报社重大采访,走进田间地头,深入百姓生活,创作出沾泥土、带露珠、冒热气、有高度、有温度、有厚度的现场评论。②

所谓"评论记者"工作机制,是一种有别于传统的评论生产、评论员考核等的新型工作机制。该机制要求评论员首先是记者,评论要在采访中进行。评论要客观真实全面,不仅给受众传播观点信息,还应提供具有附加值的新闻事实,有利于推动问题解决,促进社会和谐健康发展。

例如,2018年4月,习近平总书记过荆州、入岳阳,考察长江,把脉长江经济带发展,为长江经济带如何发展指明了方向。"生态优先,绿色发展",八个字旗帜鲜明;"共抓大保护,不搞大开发",十个字振聋发聩。党报评论就是要紧紧围绕总书记对长江经济带发展的重要指示要求,为长江经济带发展提供思想指引、行动指南,为长江经济带发展定向定调、立下规矩,引导大家凝心聚力、谋高质量发展,守护好一江碧水。为此,7月20日中宣部组织了"大江奔流——来自长江经济带的报道"系列采访活动,各家媒体踊跃参加,力求产出一批站位高、接地气的稿件。《人民日报》选派4名评论员接力参与,在评论版开设《现场评论·我在长江》专栏,每天一篇现场评论;在"人民日报"评论微信公众号开设《评论君的"长江号"》专栏,每天一篇新媒体评论。这一系列评论形式新颖,带有现场气息的评论拉近了与读者距离,增强了评论的亲和力;多平台多终端的矩阵配合扩大了传播范围,增强了党报评论的传播力和影响力。

2018年,党报对于现场评论进行了广泛尝试。《湖北日报》评论员队伍贴近两会现场,在重要日程密集、重大议程不断的紧张氛围中撰写《京华

---

① 赵振宇. 关于建立"评论记者"工作机制的再思考[J]. 国际新闻界,2007(7): 20-24.

② 赵振宇,彭舒鑫. 新闻评论:新时代的新气象和新思考[J]. 新闻战线,2019 (5):32-37.

感受》评论专栏；《河南日报》评论员聚焦河南高质量发展、脱贫攻坚、生态文明建设等重大主题，分批次深入工厂社区、保税物流中心、高校、贫困村、黄河故道；《浙江日报》全媒体理论部先后围绕"发展数字经济""乡村振兴""长三角更高质量一体化"等选题，深入基层开展调研式评论，行文鲜活文字清新；《成都商报》旗下的红星新闻主打"深度调查+时政评论"模式，专注海内外突发新闻，冲在调查的第一线，同时加强评论，其微信公众号栏目《红星锐评》栏目不仅时效性很强，而且有"锐度、温度、深度"。

"现场评论"是一个新生的评论产品，"评论记者"工作机制是最适合这种新评论形式的新工作机制，有助于增强评论员对于现实的了解，避免干巴巴地就理说理，一定程度上填补了评论员"脚力"不足的缺憾，已经成为报业在坚守"内容为王"基础上竞争的新阵地。

(四)融合创新：新传播环境下的网络评论

1997 年，《人民日报》网络版和新华社网站的相继成立，标志着网络平台成为党报评论的新阵地，这时候的网络评论更接近于传统党报评论的数字化，只是借助了网络的形式。

历经 20 余年发展，网络评论的内涵和外延范围相对较为广泛，只要是通过网络媒介传递的具有评论性质的观点性信息都能被称作"网络评论"，包括通过互联网发表的党报评论，以留言、弹幕等多种形态存在的跟帖评论，以及在微博、微信、论坛、贴吧等社交媒体或其他新媒体平台上以多媒体形态表达的网民意见等。

2015 年 12 月 25 日，习近平在视察解放军报社时指出，"读者在哪里，受众在哪里，宣传报道的触角就要伸向哪里，宣传思想工作的着力点和落脚点就要放在哪里"①。他还强调："很多人特别是年轻人基本不看主流媒体，大部分信息都从网上获取。必须正视这个事实，加大力量投入，尽快

---

① 习近平视察解放军报社[N].人民日报海外版，2015-12-28.

掌握这个舆论战场上的主动权，不能被边缘化了。"①

在第二十八届中国新闻奖评选中，有16篇网络评论、网络专题类作品获奖，这些作品技术综合运用衔接自然、切入角度新鲜贴切，完美契合了当下互联网时代的传播规律和信息需求，在网络空间中有效发声，坚持正确导向，做出正确引领。根据传播主体的不同，网络评论可以分为媒体把关人评论(党报评论)、机构网络评论和自媒体网络评论。②

十八大以来，党报按照"网上网下同心圆"的要求，积极作为，敢于发声善于发声，用一系列优质的、符合网络传播规律的评论作品抢占网络评论阵地。在微博、微信等社交平台和移动新闻客户端的支持下，用户接触使用网络评论的人数和数量大大增加，近半网民经常关注网络评论，近70%用户每次花费15分钟以上浏览网络评论，单次浏览时长30分钟以上的用户达到了35.6%。③ 作为互联网内容一部分的党报网络评论出现了新的发展特点。

(1)品牌化。党报评论工作专业性极强、影响力大，可以起到喧哗声中的定音锤作用。一支优秀的党报评论队伍、一个优质的党报评论专栏常常能发出有自己独特见解的声音，在受众中形成品牌栏目。

人民网《人民网评》专栏，评论文章在内容上既延续了主报的庄重严肃，也受到了网络文化的影响，整体呈现出一种亲民化趋势，是网络时事评论中当之无愧的"第一评"。新华社《新华时评》专栏注重挖掘社会层面的选题，逐渐摆脱从前单一公式化、高姿态的表达方式，探索个性化情感表达，反应民声、承载民意，既讲情又讲理，受众认可度高，媒体影响力强；红网微信公众号"观潮的螃蟹"，立足湖南地方，牢固树立"四个意识"，自觉承担起举旗帜、聚民心、育新人、兴文化、展形象的使命任务，有理有据引导舆论正确走向，是全媒体时代网络舆情危机管理和舆论引导

的重要阵地。

品牌化的重要意义在于找准自身定位，在深入分析自身优势的前提下，在时效性和深刻性上狠下功夫，通过长期的知识经验积累和写作专业训练，养成透过现象看本质的能力，从求实的角度一针见血地击中要害，评论出新。

党报评论品牌化可以借助《人民日报》开发的"全国党媒公共平台"，形成"党报评论共同体"，各家的党媒的优质内容可以汇成供稿池，登上更多报纸、更多媒体，全国性、区域性话题的高质量稿件可以多平台落地，扩大党报舆论的影响力。①

（2）视频化。融合媒体发展为视频评论提供了现实舞台，2017年全国两会期间，《人民日报》评论部就试水制作了中英文双语短视频"两会侃侃谈"和"两会社论：你不知道的那些事"，共计推出11段短视频，向国内外受众介绍两会精神。2017年是香港回归20周年，《人民日报》政论招牌"任仲平"首次尝试微视频评论，创作了《8首歌，让你听见香港》系列微视频，8首经典歌曲，首首都是民众对香港的集体记忆。耳熟能详的旋律和画面配上"任仲平"创作的解说词《同书写不朽香江名句》，这种微视频评论淡化了严肃话题的说教意味，密集强劲的主流价值在看与唱中自然输出，"任仲平"这一传统政论品牌在全媒体时代焕发着强大生命力。

2019年两会期间，《人民日报》编辑记者紧跟两会议题，多平台密切配合发布新闻和评论，形成报道矩阵，扩大了传播效果。"人民日报评论"微信公众号在两会期间推出"一分钟说两会"的快板评论栏目《两会"石"评》，创造性地将评论稿件与快板语言结合，听来十分有趣，吸引了大量年轻受众。两会期间，人民网评论员推出口述短视频系列微评论《两会听我"蒋"》，加入弹幕等年轻受众青睐的二次元元素。虽然短视频微评论轻松搞笑，但评论部始终坚守评论产品的思想性内核，轻松愉悦的内容传播的

---

①　姜赟．评论众筹，让主流声音更响亮——2017党报评论融合发展论坛综述[J]．新闻战线，2017（17）：64-66.

112

是评论员敏锐的观察和理性的思考。《两会"石"评》系列短视频在人民日报微信公众号平台的总阅读量超过 63 万，其中第 7 期单期突破 10 万+，产品也在抖音平台同步传播；《两会听我"蒋"》系列视频共计 8 期在全网播放量达 1000 多万。①

"要适应分众化、差异化传播趋势，加快构建舆论引导新格局"是习近平总书记在党的新闻舆论工作座谈会上提出的重要要求，微视频评论是"人民系"评论适应分众化、差异化传播趋势，向"M 一代"（媒体一代）迈出的有力一步。微视频切合网络传播碎片化的特点，并且以较快的叙事节奏和生动的画面受到年轻人的喜爱。与此同时，视频评论也为海外网民熟悉中国政治文明提供了一扇窗口，取得了超乎预期的海外传播效果。

（3）微评论。全媒体发展，微语境无处不在，微传播层出不穷。"微评论"脱胎于传统媒体，与"编者按"有着异曲同工之妙。"微评论"变革了传统党报单向度的传播模式，增强了党报评论的时效性，拓宽了党报评论的选题范围，扩大了党报评论的影响力，提升了受众黏度。

微博账户@人民日报开设了固定的微评论栏目"你好，明天"和"人民微评"，评议对象涉及政治、经济、民生、法制、文化、教育、国际事务等选题，既有对近期《人民日报》纸质版内容的二次解读传播，有力呼应；也有对综艺选秀、明星吸毒等网络热议话题的评论，评论指向突破单纯的"褒贬"，更多的是阐释、引导、思辨，充分体现了@人民日报 的口号"参与、沟通、记录时代"。

因时而评是新闻评论的基本属性，微言大义是"微评论"的显著特征。②网络传播的特点决定了新闻评论的生产规律，党报按时出版，面对当下新媒体时代一个又一个的新闻热点、舆论漩涡，待到新闻报道或党报评论来澄清事实、一锤定音时已然太晚，党报"微评论"就是要快速准确反映，第

---

① 荣翌．可视化"融评"产品　给评论更多创新空间——人民日报评论可视化产品浅析[J]．传媒评论，2019(4)：13-15.

② 王丽明，陈栋．主流媒体"微评论"的创新与嬗变[J]．青年记者，2019(9)：28-29.

一时间亮明观点、发出理性声音，第一时间引导舆论走向，成为引领舆论场的轻骑兵。

党报"微评论"的另一个突破就是通过"转发并评论"的操作，打造"共说互听"的对话舆论场，不仅可以评议新闻报道、社会热点，还能就评论而评论，表扬理性观点，驳斥歪理邪说。"微评论"使得党报在全媒体舆论场中能及时不缺位、真诚不敷衍、直接零距离地主动发声，传播正能量。

（4）网络评论专栏。网络是数字化、聚成式、交互式的传播媒介，网络新闻实务是一种"全天候"的工作，但网络新闻的增加并没有带来评论选题的增加，网络评论可评议的对象日益缩小，评论员队伍锐减，网络新闻评论的独特性正在消失，趋同性正在逐步凸显，网络评论面临着言说尴尬和表达焦虑。①

如何突破这种困境？《南方日报》新媒体"南方 Plus"集中精力打造了"叮咚快评"栏目，通过"快评论"和"现象评论"进行了探索。

"快速出击"，在网络平台发表评论，《南方日报》遴选优秀评论员队伍，对社会突发热点事件，做出及时的意见表达。如《叮咚快评｜送周杰伦上"超级话题"榜首，如果认真你就输了》《叮咚快评｜霍顿拒绝和孙杨合影，羞辱的恰是他自己》《叮咚快评｜谁来保护被"网暴"的"山大女生"？》《叮咚快评｜常州 3 死 10 伤车祸，别忽视"病驾"因素》等文章，紧跟社会话题，针对快阅读的节奏而创新的表达形式。

现象化与事件化，是评论写作中处理评议对象的两种方法。现象化处理评议对象，使评论针对较为广泛，评议范围大，易于跳出业务的繁琐，论述在政治的、宏观的层面展开，增强观点的理论性及其指导的普遍性。②《南方日报》开设《大家谈》专栏，针对当前社会热点事件、争议性话题展开

---

① 高明勇. 宁拙毋巧，常思本义——对网络新闻评论特点、困境及趋势的思考[J]. 青年记者，2019（9）：21-22.

② 顾建明. 中美新闻评论选题方法的比较分析[J]. 新闻大学，2007（3）：101-104.

讨论，在新闻事实尚未明了前不过多着眼于新闻事件本身，而是抽象化观察基本问题，从"就事论事"上升到对社会进行"把脉问诊"。

如：2019年7月8日的《大家谈》发表的《大家谈丨"副镇长视察灾情有人撑伞"，为何这么多人为其辩护》，在该事件中有观点批评这种做法，也有人认为这件事仅是基于人与人之间的基本关系。《大家谈》集合了"且慢乱扣帽子""受到质疑也不冤""不该对官员特别敏感"等多方观点与个人视角，将事件剖析给受众同时，也深刻反思："公众有权利监督干部的行为，但这并不代表凭一张'图片'就可以毫无根据地指责他们，甚至无中生有的发挥'想象力'。毕竟舆论虽然可以监督干部的言行举止，但也能损害一个干部的名誉，伤害他们的工作热情。"

（五）评论形象重塑与评论语言创新

1. 评论形象重塑

党报姓党，我们党的性质和宗旨决定了党报评论必须旗帜鲜明，因此党报评论很容易给人"高高在上""冷冰冰"的感觉，接近性有所欠缺。"议题融合论"认为人们在使用和挑选传播媒介及其"议题"时是有意识、有目的的，这中间就有一个接近性问题。个人通过大众传播媒介和其他媒介，寻求与他们的需求、认知等一致的团体信息，加入团体，避免与他们的需求、认知不一致的团体。[1]

1993年12月22日，《人民日报》第一次以"任仲平"为名发表了《从十一届三中全会到十四届三中全会》，全文4600字，刊发在报纸头版。"任仲平"是"人民日报重要评论"的谐音，每一篇"任仲平"文章，都是集体创作的结晶，"任仲平"与"国纪平""钟声"等金字招牌一起，组成了人民系的评论形象，官方权威、主动发声、文笔老练、影响巨大，"任仲平"文章

---

① 崔波，范晨虹. 议程设置到议题融合——媒介议题内在运动的图景[J]. 今传媒，2008（10）：56-57.

被称为中国的"政治读本"。

全媒体时代，《人民日报》评论部开设了全国党报首个"新媒体评论室"，在此基础上打了造虚拟的、人格化的"党报评论君"形象，截至 2018 年年底，《人民日报》评论部旗下的官方微信公众号有 217 万粉丝、官方微博账号 256 万粉丝，在做好做强"双微一网"之外，《人民日报》评论员入驻头条号、抖音视频、腾讯企鹅号、一点资讯等新兴平台，主动开拓主流舆论影响力范围。

"党报评论君"是人民系评论在全媒体时代的形象。它评论内容独特新颖，在 2018 年的最后一期评论中，"党报评论君"写道："这一年里，我们一起感受过小小《苔花》绽放的力量，一起感受过《生门》撞击的力量，一起感受过'外卖哥成诗词帝'的奋斗力量……我们在高考之前、考研之后，一起加油；在丰收节里、世界杯上，一起欢呼；在宁海路 75 号、川航生死迫降中，一起坚守。"可见，"党报评论君"的评议对象范围之广，无事不可入题，无题不可入议。它表现形式不拘一格，语音文字图片视频样样不缺，快板、说唱、弹幕应有尽有，2019 年两会期间推出的快板评论栏目《两会"石"评》和口述短视频系列微评论《两会听我"蒋"》，就是其中的佼佼者。近年来党报评论进入媒介融合的"深融"阶段，新的媒介评论形象能赋予党报评论话语更多创新空间。

2. 评论语言创新

党报评论在全媒体时代需要深度转型已经成为共识。在"2.19"党的新闻舆论工作座谈会上，习近平总书记指出，新闻舆论工作者要"转作风、改文风，俯下身、沉下心，察实情、说实话、动真情，努力推出有思想、有温度、有品质的作品"①。讲话给新闻评论的改革明确了目标，指明了方向。

党报评论语言创新目标是有思想、有温度、有品质。有思想就是"去套话"，论述说理避免搬照抄文件精神，要关注真问题、大问题，言之有

---

① 新华通讯社课题组. 习近平新闻舆论思想要论［M］. 北京：新华出版社，2017：254.

物、言之有理；有温度就是要"去官话"，语言诚恳，姿态平等，与受众开展对话交流；有品质就是要"去硬话"，表达方式上既要有意义也要有意思，思想上要有真知灼见，表达上要有真情实感。

2018 年 4 月 9 日，《湖北日报》头版首次刊发署名"楚言"的大型述评文章《用奋斗创造新时代的光辉业绩》，此后持续推出数篇精品力作。"楚言"系列大型评论在党报评论语言形象塑造上的探索，拓宽了全媒体时代大型评论融合创新的发展方向。

多画面是"楚言"文章的突出特点。2018 年 7 月 16 日，"楚言"发表《奏响新时代湖北开放之歌》，文中写道：向东，沿长江黄金水道，"江海直达"航线直通太平洋，向西，接丝绸之路，中欧班列（武汉）直达欧洲和中亚，长江经济带发展与"一带一路"倡议两大战略历史性交汇，湖北正在迎来前所未有的开放机遇。① 评论员通过举例子、列数据、做比较、打比方、摹状貌、引资料等说明方法，使得湖北高质量发展的潜力、湖北昂扬奋进的发展轨迹、湖北人民踊跃投身伟大复兴中国梦的火热场景跃然纸上。这些评论将鞭策干部群众在决胜全面建成小康社会、夺取新时代中国特色社会主义伟大胜利的新征程上不断创造新的业绩。

多声音是"楚言"文章的有效尝试。评论员通过直接引述我国社会主义革命和建设时期领导人的发言，如《在新时代征程上谱写高质量发展新篇章》中，作者引述："毛泽东同志说，'每个国家，每个时期，都有新的理论家，提出新的理论'。邓小平同志说，'马克思有他那个时代的语言，我们有我们时代的语言'。……在总书记的殷殷嘱托中，在国家发展、民族复兴的大棋盘中，几份沉甸甸的新时代考卷，就这样摆在湖北面前。"② 这说明湖北高质量发展是中部地区崛起的重要支点，是时代赋予湖北的历史使命。这些举措大大增强了政论文章的说服力，鼓舞着湖北人民以奋斗精神，为民族复兴铺路架桥，为祖国建设添砖加瓦。

---

① 楚言. 奏响新时代湖北开放之歌[N]. 湖北日报，2018-07-16(001).
② 楚言. 在新时代征程上谱写高质量发展新篇章[N]. 湖北日报，2018-05-16(001).

多动情是"楚言"文章的引导智慧。只有情感上的贴近才能说服人、感染人、动员人，评论员在创作过程中摒弃了传统说教式、命令式的口吻，而是通过谈心式的表达，春风化雨、说理服人。党报评论就是要号召亿万人民高扬奋斗之帆，奋力前行，"楚言"文章在用词上注重"我们"的命运共同体表达，湖北人民乃至全国人民都是祖国美好未来的建设者。评论员引述方志敏同志的真情呼唤："这么光荣的一天，决不在辽远的将来，而在很近的将来，我们可以这样相信的，朋友！"①动感十足，催人奋进。

在全媒体环境下，一篇精品党报评论不仅可以得到媒介的全力推送，而且会引发受众自发转发、激活社交链条，形成叠加传播效应，评论的传播力和影响力也呈几何级数地提高。

(六)评论员队伍建设创新

如何建设一支优秀的评论员队伍，打造优质党报评论品牌，是党报评论发展的重要问题。

1. 整合现有人员存量

党报评论人力紧张的问题一直都存在，这也是促成"党报评论国家队"成立的重要因素。2015 年首届党报评论融合发展论坛召开时，在 30 多家省级党报中，"三五条枪"的党报评论部是普遍现象，甚至一些地方党报没有单独的评论部。② 卢新宁在人民网强国论坛介绍"任仲平"时，将"任仲平"创作集体归纳为"七八条枪、七上八下、七嘴八舌"。地方报纸在评论员队伍建设上和中央大报有着很大差距，但地方报纸评论员的工作量并不少，承担社论、评论员文章的写作，报纸评论版的编辑，还要为新媒体评论栏目供稿。在人手紧缺的情况下，完成"规定动作"就已不易，一些地方的报纸评论选题僵化、写作粗糙、话语陈旧也就在所难免。

---

① 楚言. 在新时代征程上谱写高质量发展新篇章[N]. 湖北日报, 2018-05-16 (001).

② 杨健. 合力打造"党报评论国家队"[J]. 新闻战线, 2015(19)：11-12.

针对党报评论人力紧张的问题，卢新宁将党报评论员短缺形象地形容为"抱着水缸喊渴"。要改善这种状况，除了前面提到的建设"评论国家队"，打造"党报共同体"之外，地方党报要通过创新机制和架构改革来扩大评论员队伍。

在长期的发展过程中，党报具备了强大的人才队伍，只要通过架构改革，就能激活党报内部的人才池。2015年《湖南日报》从全集团范围内700多名编辑记者中组建一支20位评论员的大评论队伍，形成了以评论部为"核心层"、评论员队伍组成的"紧密层"、各报道部门评论员搭建的"相关层"的良性互动，在不增加人员编制的情况下，增强了评论员队伍的战斗力。① 在新的任务指标、考核机制和激励措施的保障下，20位评论员在半年多时间里发表了100多篇有分量、有特色的评论，盘活了存量，拓展了增量，评论员队伍多元化的背景，使得思想得以冲破牢笼、议题得以冲破禁区、评论得以直击热点。

2. 激活评论人员的内在动力

2018年3月，《武汉晚报》评论部整体并入新组建的《长江日报》评论部，评论员队伍壮大，评论部内部学习的制度建立，让年轻评论人员每周一篇习作参加点评，评论员队伍业务水平不断提高，评论生产能力增强。同时改变评论生产模式，尝试集体创作，《一有适当的流量，资本就会胆大起来》《"范跑跑"之后这十年，中国道德观念经历巨大跃迁》等多篇优质评论，在集思广益的集体创作产生出来。集体创作模式不仅避免了同行之间的选题观点同质化，有利于评论出新出彩，而且提高了生产效率，在分秒必争的全媒体传播环境下率先发声，占领舆论高地。

浙江省《金华日报》认为记者和评论员并没有天然的分界线，能写评论是一个优秀记者的基本功，现场采访是一个评论员的必修课。报社通过每

---

① 湖南日报总编辑蒋祖烜：让党报评论发出强大正能量——湖南日报评论工作的实践与思考［EB/OL］.［2015-07-10］. http：//media. people. com. cn/n/2015/0710/c120837-27286774. html.

周评报会、党员"三会一课"等形式提升采编人员的理论素养。①他们在没有评论部、不设专职评论员的情况下，产出了一大批有影响力的时政评论，连续 3 年获得浙江省重大主题报道一等奖。

3. 培养品牌评论员

全媒体时代是人人都可以发声的时代，在海量的信息中，由于个人有限度的注意力与强大的信息筛选机制双重作用，品牌就成为用户选择的第一参考，因而网络舆论领袖具有强大的影响力，"谁说的"比"说了什么"更能影响用户。

因此媒体要善于适应变化了点传播环境，培养有影响的评论家。这个评论家应该具有科学精神、人文情怀、民主意识、独立品格和宽容的胸襟。他要敢于为民立言，如实地反映人民的呼声，反映不同阶层人民的诉求；也要善于打捞沉默的声音，为国家发声，客观地表达国家的意志，做社会的良心、公平正义的捍卫者、国家和人民的喉舌。《人民日报》的"任仲平"、新华社的"新华社评论员"、中央电视台的特约评论员等在受众心目中都是这种有影响的品牌评论员，地方党报也应该有意识地培养自己的品牌评论员。

4. 设立"评论记者"

在我国，新闻评论大多是由评论员撰写的，选题或评论对象不是来自作者采集的第一手新闻事实的占相当大的比例，除重大时政性、纪念性、仪式性评论外，大多凭借本媒体或其他媒体记者的报道及相关材料写作评论。这种生产方式近年来正在悄悄地发生变化。

《人民时评》和《新华时评》中的评论，大多是由记者调查发现新闻并以此为由头写出来的。省市党报和都市报、晚报的评论专版中，大量出现了

---

① 黄晓华.地市党报时政评论的突围之道——以金华日报强化评论作用的实践为例[J].新闻战线，2019(6)：65-67.

以记者身份深入基层、深入群众、深入生活，发掘了许多可读性和可论性的新闻事实或现象，并由此写出了评论文章。这种非专职的评论员就是评论记者。

设立评论记者，是实践中探索出来的工作机制，也是西方发达国家的做法。在媒体之间由信息竞争向观点竞争的转变过程中，观点和思想已经成为新闻本身，新闻不仅仅是新近发生的事实，还包含人们提出的观点和思想。评论记者通过调查采访，写作新闻报道，评论新闻事实，可以使新闻得以深刻地剖析，使新闻的附加值得以充分发掘。受众也是愿意接受这种生产方式生产的产品的。《南方周末》的长期畅销说明了这一点。因此，报纸评论版扩容后要赢得受众，设立评论记者，在评论记者们的努力下，写出有温度、有情怀、接地气的评论，是能够做到的。

湖北省媒体形象和传播效果调查研究报告①

习近平总书记在党的新闻舆论工作座谈会上讲话指出：党的新闻舆论工作是党的一项重要工作，是治国理政、定国安邦的大事，要适应国内外形势发展，坚持党的领导，坚持正确政治方向，坚持以人民为中心的工作导向，尊重新闻传播规律，创新方法手段，切实提高党的新闻舆论传播力、引导力、影响力、公信力。

在新的传播环境之下，无论新媒体还是传统媒体，传播的对象是受众，要提升传播力、引导力、影响力、公信力，首先就要从受众出发，摸清媒体传播效果的现实状况。在此基础上，从宏观和微观层面做好总体设计，有针对性地开展新闻传播活动。基于此，湖北省新闻工作者协会委托湖北大学新闻与传播学院进行了这一次湖北省传媒形象和传播效果的问卷调查。调查在武汉市7个主要城区展开，从2016年1月上旬开始，至2016年1月中旬结束，历时3周的时间。

此次问卷调查共设计了20道问题，分为三个方面：调查对象的基本情况调查（B1～B4）、媒介使用行为调查（A1～A9）和媒介报道态度调查（A10～A16）。

---

① 本文是湖北省记协委托项目的研究成果。其中部分内容以"在融合发展中进一步提高传播力"为题发表于《新闻前哨》2016年第4期，并以内参的形式由中国记协上报中央文明办和中宣部负责同志。

一、调查对象的整体情况

此次问卷调查共发放调查问卷 2200 份，回收有效问卷 1853 份。1853 位受访者中，男性 717 人（39%），女性 1136 人（61%）；社区受访者 1408 人（76%），单位受访者 445 人（24%）。

被调查者的年龄情况为：15～25 岁 202 人（11%），26～40 岁 590 人（32%），41～60 岁 660 人（35%），60 岁及以上 401 人（22%）。

被调查者的文化程度为：初中以下 303 人（16%），高中（含中专）677 人（37%），大专毕业 330 人（18%），本科以上 543 人（29%）。

被调查者职业情况为：企业管理与技术人员 231 人（12%），工人 307 人（17%），机关干部（含党政、司法、人民团体、事业单位等）344 人（19%），知识分子（教育科研文化新闻出版卫生等从业者）115 人（6%），个体户及私营主 150 人（8%），学生及自由职业者 218 人（12%），离退休人员 397 人（21%），失业、待业人员 45（2%），其他 46 人（3%）（见图 1）。

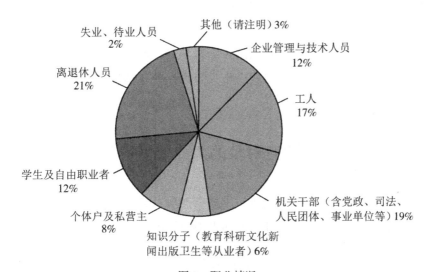

图 1　职业情况

取样地区分布情况为：汉阳区（社区）299人（16%），武昌区（社区）239人（13%），洪山区（社区）330人（18%），青山区（社区）159人（9%），江岸区（社区）128人（7%），江汉区（社区）149人（8%），硚口区（社区）107人（6%）；洪山区（单位）27人（1%），武昌区（单位）234人（12%），青山区（单位）131人（7%），硚口区（单位）50人（3%）（见图2）。

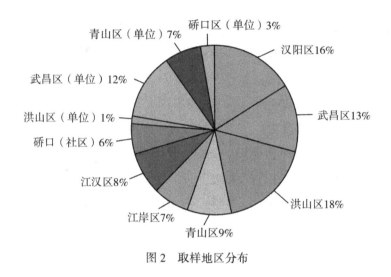

图2　取样地区分布

以上数据显示，此次调查虽然是随机抽样，但除性别分布外，调查样本各方面数据比例分布还是与武汉市人口数据分布情况比较接近，因而有很强的代表性。

二、调查对象的媒介使用行为

该部分内容由9道问题构成，主要对调查对象的媒介使用情况进行调研，以此了解湖北省传统媒体在受访者中的使用状况。

（一）受访者经常接触的媒体类型

受访者经常接触的新闻媒体的选择情况为：报纸897人，广播408人，电视 1310 人，互联网站 893 人，时政刊物 98 人（见图 3）。

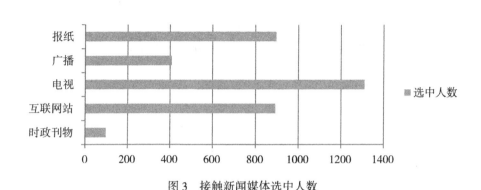

图 3 接触新闻媒体选中人数

数据显示，整体上传统媒体依然是广大受众在日常生活中获取信息的主要途径。前两位分别为电视和报纸，选择互联网站的调查对象有 893 人，仅排列第三。

性别上，报纸、广播、互联网站和时政刊物的性别分布中男性比例都高于调查人群整体分布，而电视性别分布中女性比例高于调查人群整体分布，一定程度上反映出性别对调查对象媒介类别偏好的影响。

年龄上，报纸、广播和电视的使用者中最多的为 41~60 岁人群，互联网站和时政刊物的使用者中最多的为 26~40 岁人群，年轻人更喜欢接触互联网站，而 40 岁以上的中老年人更习惯使用传统媒体。

学历上，报纸、广播和电视的使用者中最多的为高中（含中专），互联网站和时政刊物的使用者中最多的为本科以上，接受高等教育的人群更容易采用和适应新技术，接触互联网站等新媒体程度更高。

职业上，报纸、广播和电视的使用者中最多的为离退休人员，互联网站和时政刊物的使用者中最多的为机关干部（含党政、司法、人民团体、事业单位等），职业与年龄的调查结果相互印证，即传统媒体接触度最高的为离退休的中老年群体。

(二)受访者了解新闻信息的主要途径

受访者了解新闻信息的主要途径情况为:看报 320 人(17%)、听广播 150 人(8%)、看电视 555 人(30%)、上网 694 人(37%)、阅读杂志 26 人(1%)、兼而有之 108 人(6%)(见图 4)。

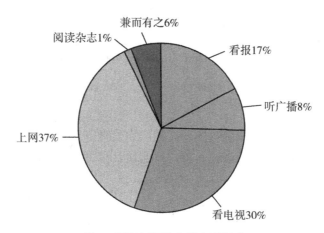

图 4　了解新闻信息的主要渠道

数据显示,上网和看电视是受访者获取新闻信息的两大主要途径,两者之和占总体样本的 67%。

性别上,看报、上网和兼而有之的性别比例与调查人群整体分布一致,广播中的男性比例(43.33%)明显高于调查人群中整体的男性比例(38.69%),电视和阅读杂志中的女性比例(65.05%、69.23%)明显高于调查人群中整体的女性比例(61.31%)。

年龄上,报纸、广播和电视的选择者中最多的为 41~60 岁人群,上网、阅读杂志和兼而有之的选择者中最多的为 26~40 岁人群。

学历上,报纸、广播和电视的选择者中最多的为高中(含中专),上网和兼而有之的选择者最多的为本科以上,杂志的选择者中最多的为初中以下。

职业上，报纸、广播和电视的选择者中最多的为离退休人员，上网、杂志和兼而有之的选择者中最多的为机关干部(含党政、司法、人民团体、事业单位等)。说明新闻信息的获取途径与媒介接触度在年龄、学历和职业分布上具有较高的一致性。

(三)受访者获取信息的主要互联网站

受访者获取信息的互联网网站选择情况为：新闻网站(如新华网、人民网、荆楚网、长江网等)1065 人，商业门户网站(如新浪、搜狐、网易、腾讯等)1031 人，专业性网站(如淘宝、东方财富、赶集网等)415 人，微信、微博和客户端989 人。

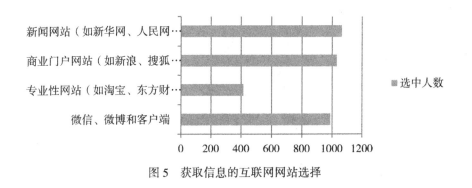

图 5　获取信息的互联网网站选择

数据显示，新闻网站是受访者获取信息最多选项，第二位和第三位分别为商业门户网站、微信微博客户端。

性别上，新闻网站、商业网站、专业网站和微信微博客户端性别比例与调查人群整体分布一致。

年龄上，新闻网站和专业性网站选择者中最多的为 41~60 岁人群，商业网站和微信微博客户端选择者中最多的为 26~40 岁人群。中青年人更喜欢 Web3.0 的交互信息体验，倾向于使用社交媒体来获得信息；中老年人则更喜欢纯粹的信息阅读。

学历上，新闻网站、专业网站和微信微博客户端的选择者中最多的为高中(含中专),商业网站的选择者中最多的为本科以上。

职业上,新闻网站、专业网站和微信微博客户端的选择者中最多的为离退休人员,商业网站的选择者中最多的为机关干部(含党政、司法、人民团体、事业单位等)。

(四)受访者上网工具

受访者上网的主要工具情况为:电脑 706 人(38%)、手机 1094 人(59%)、iPad 53 人(3%)。

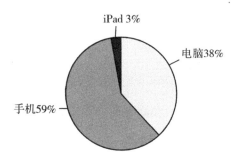

图6 受访者上网的主要工具

数据显示,手机已成为受访者上网的主要工具,约占总体的 59%。

性别上,电脑使用者的男性比例(44.76%)明显高于调查人群整体分布(38.69%),手机和 iPad 使用者的女性比例(64.63%,73.58%)明显高于调查人群整体分布(61.31%),说明女性的网络移动化程度高于男性。

年龄上,电脑使用者中最多的为 41~60 岁人群,手机和 iPad 选择者中最多的为 26~40 岁人群,中青年的网络移动化程度高于中老年人。

学历上,电脑使用者最多的为本科以上,手机使用者最多的为高中(含中专),iPad 使用者最多的为大专毕业。

职业上,电脑和手机使用者最多的为离退休人员,iPad 使用者最多的为机关干部(含党政、司法、人民团体、事业单位等)。

(五) 受访者了解新闻信息所花费的时间

受访者了解新闻信息的用时情况为：用时 15 分钟 163 人(9%)，用时 15~30 分钟 504 人(27%)，用时 30~60 分钟 469 人(25%)，用时 1 个小时以上 717 人(39%)(见图 7)。

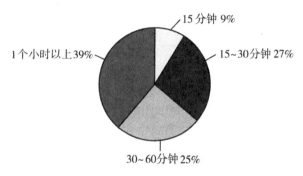

图 7　受访者了解新闻信息的用时

数据显示，64%的受访者每天至少会花费 30 分钟用于了解新闻信息，其中每天花费 1 个小时以上的受访者占 38.69%，排名第一。

性别上，15 分钟、15~30 分钟、30~60 分钟、1 个小时以上的性别比例与调查人群整体分布一致。

年龄上，15 分钟的选择者中最多的为 26~40 岁人群，15~30 分钟、30~60 分钟、1 个小时以上的选择者中最多的为 41~60 岁人群，表明中老年人比中青年人花费更多的时间来了解新闻信息。

学历上，15 分钟、15~30 分钟、30~60 分钟、1 个小时以上的选择者中最多的都是高中(含中专)。

职业上，15 分钟的选择者中最多的为工人，15~30 分钟的选择者中最多的为机关干部(含党政、司法、人民团体、事业单位等)，30~60 分钟、1 个小时以上的选择者中最多的为离退休人员，表明离退休人员拥有更多的空闲时间来去获取信息。

(六) 受访者获取信息的目的

受访者获取信息的主要目的情况为：选择指导工作的为 298 人，选择帮助生活的为 1134 人，选择学习知识的为 1039 人，选择增加谈资的为 289 人，兼而有之的为 450 人，没有什么目的认为只是一种习惯的为 304 人(见图 8)。

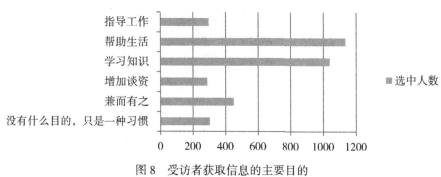

图 8 受访者获取信息的主要目的

数据显示，帮助生活是受访者获取信息的首要目的，其次是学习知识，两项的选择人数都明显高于其他选项。

性别上，指导工作的选择者中男性比例(48.32%)明显高于调查人群整体分布(38.69%)，没有什么目的的选择者中女性比例(66.45%)明显高于调查人群整体分布(61.31%)，男性比女性在信息活动中的目的性更明确。

年龄上，增加谈资、兼而有之、没有目的的选择者中最多的为 26～40 岁人群，指导工作、帮助生活和学习知识的选择者中最多的为 41～60 岁人群，表明中老年人获取信息的目的更具有实用性。

学历上，指导工作、兼而有之和没有目的的选择者中最多的为本科以上，帮助生活、学习知识和增加谈资的选择者中最多的为高中(含中专)。

职业上，指导工作、兼而有之和没有目的选择者中最多的为机关干部(含党政、司法、人民团体、事业单位等)，帮助生活、学习知识和增加谈资的选择者中最多的为离退休人员。

(七)受访者对武汉报纸的接触率

受访者经常看的湖北省与武汉市的报纸情况为：《湖北日报》300人，《楚天都市报》1315人，《楚天金报》452人，《长江商报》107人，《长江日报》354人，《武汉晚报》750人，《武汉晨报》226人，其他报纸226人(见图9)。

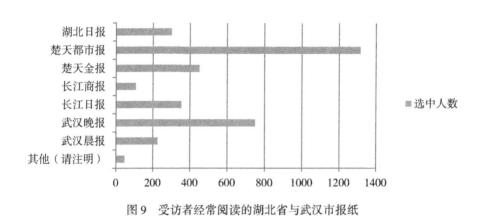

图9　受访者经常阅读的湖北省与武汉市报纸

数据显示，受访者最经常看的报纸为《楚天都市报》，共有1315人选择该项(70.96%)，明显高于其他报纸。

性别上，除"其他(请注明)"外，《湖北日报》《楚天都市报》《楚天金报》《长江商报》《长江日报》《武汉晚报》和《武汉晨报》的选择者中性别比例与调查人群整体分布一致。

年龄上，"其他(请注明)"和《湖北日报》的选择者中最多的为15~25岁人群，《楚天都市报》《楚天金报》《长江商报》《长江日报》《武汉晚报》《武汉晨报》的选择者中最多的为41~60岁人群。

学历上，"其他(请注明)"和《湖北日报》的选择者中最多的为本科以上，《楚天都市报》《楚天金报》《长江商报》《长江日报》《武汉晚报》和《武汉晨报》的选择者中最多的为高中(含中专)。

职业上，"其他（请注明）"、《楚天都市报》《楚天金报》《长江商报》《长江日报》《武汉晚报》《武汉晨报》的选择者中最多的都为离退休人员，《湖北日报》和《长江日报》的选择者中最多的都为机关干部（含党政、司法、人民团体、事业单位等）。

（八）受访者对武汉广播电视的接触率

受访者经常收听或观看的湖北省与武汉市的广播电视情况为：湖北广电新闻综合广播 360 人，湖北广电交通广播 518 人，湖北广电资讯广播 116 人，湖北电视卫视频道 619 人，湖北电视综合频道 305 人，湖北电视经济频道 919 人，武汉人民广播电台 176 人，武汉电视台 476 人，其他（请注明）66 人（见图 10）。

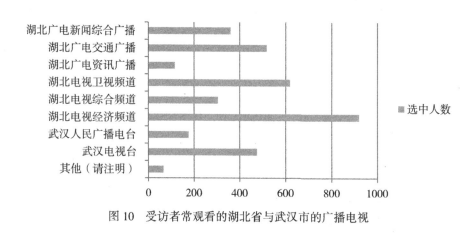

图 10　受访者常观看的湖北省与武汉市的广播电视

数据显示，受访者最经常接触的广电频道为湖北电视经济频道，其次为湖北电视卫视频道，再次为湖北广电交通广播。

性别上，除武汉人民广播电台外，武汉电视台、湖北广电新闻综合广播、湖北广电交通广播、湖北广电资讯广播、湖北电视卫视频道、湖北电视综合频道、湖北电视经济频道和"其他（请注明）"的选择者中性别比例与调查人群整体分布一致。武汉人民广播电台的选择者中女性的比例

(67. 05)明显高于调查人群整体分布(61. 31%)。

年龄上,武汉电视台、湖北电视卫视频道、湖北电视综合频道、湖北电视经济频道和武汉人民广播电台的选择者中最多的为 41~60 岁人群,湖北广电新闻综合广播、湖北广电交通广播、湖北广电资讯广播和"其他(请注明)"的选择者中最多的为 26~40 岁人群。

学历上,武汉电视台、湖北广电新闻综合广播、湖北广电资讯广播、湖北电视卫视频道、湖北电视综合频道、湖北电视经济频道和武汉人民广播电台的选择者中最多的为高中(含中专),湖北广电交通广播和"其他(请注明)"的选择者中最多的为本科以上。

职业上,武汉电视台、湖北广电新闻综合广播、湖北电视卫视频道、湖北电视综合频道、湖北电视经济频道和武汉人民广播电台的选择者中最多的为离退休人员,湖北广电交通广播和"其他(请注明)"的选择者中最多的为机关干部(含党政、司法、人民团体、事业单位等),湖北广电资讯广播的选择者中最多的为工人。

(九)受访者感兴趣的新闻类别

受访者对新闻报道最感兴趣的内容为:国际时事 834 人,国内时事 1002 人,本地新闻 831 人,典型人物报道 195 人,经济新闻 456 人,社会新闻 757 人,体育新闻 281 人,文化娱乐新闻 528 人,科技新闻 162 人,政策新闻 241 人,舆论监督新闻 111 人,其他(请注明)5 人(见图 11)。

数据显示,受访者最感兴趣的新闻报道内容为本地新闻,其次为国际时事,再次为经济新闻。

性别上,政策新闻、舆论监督新闻、国内时事、本地新闻和经济新闻的选择者中性别比例与调查人群整体分布一致。科技新闻(48.77%)、国际时事(50.48%)和体育新闻(59.07%)的选择者中男性比例明显高于调查人群整体分布(38.69%);文化娱乐新闻(77.46%)、其他(请注明)(80%)、典型人物报道(71.28%)和社会新闻的选择有(68.16%)中女性比例明显高于调查人群整体分布(61.31%),男性和女性的新闻兴趣差异

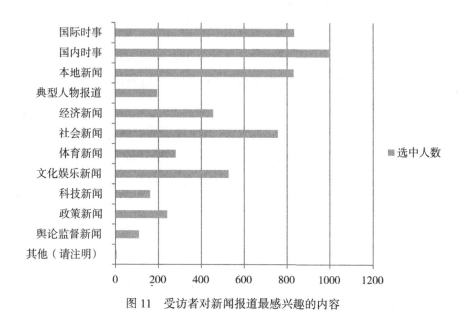

图 11　受访者对新闻报道最感兴趣的内容

明显。

　　年龄上，文化娱乐新闻、科技新闻、舆论监督新闻、本地新闻、典型人物报道的选择者中最多的为 26~40 岁人群，政策新闻、其他（请注明）、国际时事、国内时事、经济新闻、社会新闻和体育新闻的选择者中最多的为 41~60 岁人群。

　　学历上，文化娱乐新闻、科技新闻、其他（请注明）、国际时事、国内时事、本地新闻、典型人物报道、经济新闻、社会新闻和体育新闻的选择者中最多的为高中（含中专），政策新闻、舆论监督新闻的选择者中最多的为本科以上，受过高等教育的人群更青睐硬新闻。

　　职业上，文化娱乐新闻、科技新闻、政策新闻、其他（请注明）、国内时事、本地新闻、典型人物报道、社会新闻的选择者中最多的为离退休人员，舆论监督新闻、国际时事、体育新闻、经济新闻的选择者中最多的为机关干部（含党政、司法、人民团体、事业单位等）。

三、受访者媒介报道态度

此部分内容由 7 道问题构成，主要对调查对象的媒介态度情况进行调研，以此了解湖北省传统媒体在受访者中的传媒形象。

（一）受访者对湖北省和武汉市媒体宣传效果评价

受访者对湖北省和武汉市新闻媒体宣传效果的评价为：认为很好的有523 人（28%），认为较好的有 866 人（47%），认为一般的有 442 人（24%），认为较差的有 22 人（1%）（见图 12）。

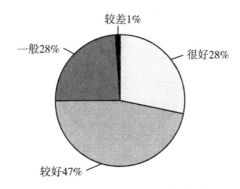

图 12　受访者对湖北省和武汉市新闻媒体宣传效果的评价

数据显示，认为湖北省和武汉市新闻媒体宣传效果很好和较好的受众约占总体的 75%，说明传播效果良好。

性别上，除较差以外，很好、较好和一般的选择者中性别比例与调查人群整体分布一致。较差（68.18%）的选择者中女性比例明显高于调查人群整体分布（61.31%）。

年龄上，很好和较好的选择者中最多的为 41~60 岁人群，一般和较差的选择者中最多的为 26~40 岁人群，中老年人比中青年人更认同湖北省和武汉市新闻媒体的宣传效果。

学历上,很好和较好的选择者中最多的为高中(含中专),一般和较差的选择者中最多的为本科以上。

职业上,很好和较好的选择者中最多的为离退休人员,一般和较差的选择者中最多的为机关干部(含党政、司法、人民团体、事业单位等)。

(二)受访者对湖北省媒体报道的可信度和公信度评价

受访者对湖北省媒体报道可信度和公信力的评价为:认为很好的有474人(26%),认为较好的有875人(47%),认为一般的有469人(25%),认为较差的有35人(2%)。

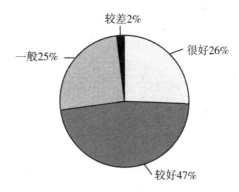

图13 受访者对湖北省媒体报道可信度和公信力的评价

数据显示,认为湖北省媒体报道可信度和公信力较好和很好的受访者占总体的73%,整体情况良好。

性别上,很好、较好、一般和较差的选择者中性别比例与调查人群整体分布一致。

年龄上,很好、较好和较差的选择者中最多的为41~60岁人群,一般的选择者中最多的为26~40岁人群。

学历上,很好和较好的选择者中最多的为高中(含中专),一般和较差的选择者中最多的为本科以上,受过高等教育的人群对湖北省媒体报道可信度和公信力的态度还有待提升。

职业上，很好和较好的选择者中最多的为离退休人员，一般和较差的选择者中最多的为机关干部(含党政、司法、人民团体、事业单位等)。

(三) 受访者对湖北省媒体报道质量和水平的评价

受访者对近年湖北省新闻媒体报道的质量和水平的评价为：认为逐年提高的有523人(28%)，认为有所提高的有1073人(58%)，认为没什么提高的有227人(12%)，认为有所下降的有30人(2%)(见图14)。

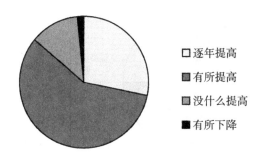

图14　受访者对近年湖北省新闻媒体报道质量和水平的评价

数据显示，大部分被访者(58%)认为近年来湖北省媒体报道质量和水平有所提升，持正面态度的受众达到86%，整体情况良好。

性别上，逐年提高、有所提高和没什么提高的选择者中性别比例与调查人群整体分布一致。有所下降的选择者中男性比例(50%)明显高于调查人群整体分布(38.69%)。

年龄上，逐年提高和有所提高的选择者中最多的为41~60岁人群，没什么提高和有所下降的选择者中最多的为26~40岁人群。

学历上，逐年提高和有所提高的选择者中最多的为高中(含中专)；没什么提高和有所下降的选择者中最多的为本科以上，受过高等教育的人群认为湖北省媒体报道质量和水平还有待提升。

职业上，逐年提高和有所提高的选择者中最多的为离退休人员，没什么提高的选择者中最多的为机关干部(含党政、司法、人民团体、事业单位等），有所下降的选择者中最多的为工人。

(四) 受访者对负面信息治理工作的评价

受访者对我省新闻界治理有偿新闻、虚假新闻、低俗之风和不良广告等问题的感觉为：认为很少出现的有 468 人（25%），认为明显减少的有 617 人（33%），认为稍微有所好转的有 614 人（33%），认为没有什么好转的有 154 人（8%）（见图 15）。

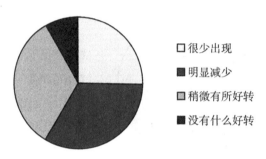

图 15　受访者对湖北省新闻界治理有偿新闻、虚假新闻、
低俗之风和不良广告等问题的感觉

数据显示，认为媒体负面信息减少的被访者有 1699 人（92%），说明被访者对媒体负面信息治理工作的评价很好。

性别上，很少出现、明显减少、稍微有所好转和没什么好转的选择者中性别比例与调查人群整体分布一致。

年龄上，很少出现、明显减少、稍微有所好转的选择者中最多的为 41~60 岁人群，没什么好转的选择者中最多的为 26~40 岁人群，说明中老年人更认同近年来媒体在负面信息治理方面所做的工作。

学历上，很少出现和明显减少的选择者中最多的为高中（含中专），稍微有所好转和没什么好转的选择者中最多的为本科以上，说明受过高等教育的人群对湖北省媒体治理负面信息工作的评价还有待提升。

职业上，很少出现和明显减少的选择者中最多的为离退休人员，稍微有所好转和没什么好转的选择者中最多的为机关干部(含党政、司法、人民团体、事业单位等)。

(五)受访者认为湖北省媒体宣传中存在的主要问题

受访者对湖北省媒体新闻宣传中存在问题的看法为:认为事实不够真实准确的有 428 人,认为信息来源不权威的有 421 人,认为不太贴近群众的有 489 人,认为报道不够及时的有 501 人,认为内容不够丰富的有 716 人,认为形式不够新颖的有 540 人,认为媒体缺乏个性的有 490 人(见图16)。

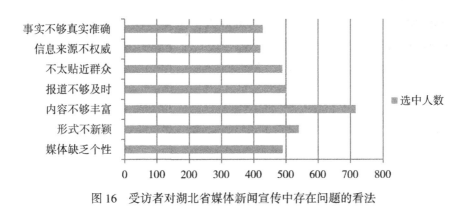

图 16 受访者对湖北省媒体新闻宣传中存在问题的看法

数据显示,716 位受访者认为湖北省新闻宣传中存在的首要问题为内容不够丰富,排名第二位的为形式不够新颖,第三位为报道不够及时。

性别上,事实不够真实准确、信息来源不权威、不太贴近群众、报道不够及时、内容不够丰富、形式不够新颖、媒体缺乏个性的选择者中性别比例与调查人群整体分布一致。

年龄上,事实不够真实准确、不太贴近群众、报道不够及时、内容不够丰富的选择者中最多的为 41~60 岁人群,信息来源不权威、形式不够新颖、媒体缺乏个性的选择者中最多的为 26~40 岁人群,说明中老年人更关心新闻报道的内容问题,中青年人更关心新闻报道的形式问题。

学历上，事实不够真实准确、信息来源不权威、不太贴近群众、报道不够及时、内容不够丰富的选择者中最多的为高中(含中专)，形式不够新颖、媒体缺乏个性的选择者中最多的为本科以上。

职业上，事实不够真实准确、信息来源不权威、不太贴近群众、报道不够及时、内容不够丰富的选择者中最多的为离退休人员，形式不够新颖和媒体缺乏个性的选择者中最多的为机关干部(含党政、司法、人民团体、事业单位等)。

(六)受访者认为湖北省媒体提高报道水平的路径

受访者对湖北省新闻报道进一步提高水平的建议为：建议增强责任感的有 786 人，建议加强针对性的有 606 人，建议更贴近群众的有 948 人，建议创造更多新形式的有 446 人，建议进一步丰富内容的有 603 人，建议形成合力的有 203 人(见图 17)。

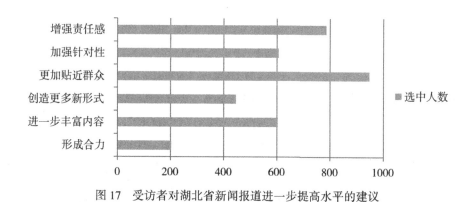

图 17　受访者对湖北省新闻报道进一步提高水平的建议

数据显示，受访者中排名第一的为更加贴近群众，有 948 位受访者(51.16%)选择媒体该项；排名第二的为增强责任感，有 786 位受访者(42.41%)选择该项；排名第三的为加强针对性，有 606 位受访者(32.70%)选择该项。

性别上，增强责任感、加强针对性、更加贴近群众、创造更多新形式、进一步丰富内容、形成合力的选择者中性别比例与调查人群整体分布一致。

年龄上，增强责任感、更加贴近群众、进一步丰富内容的选择者中最多的为41~60岁人群，加强针对性、创造更多新形式、形成合力的选择者中最多的为26~40岁人群。

学历上，增强责任感、加强针对性、更加贴近群众、进一步丰富内容的选择者中最多的为高中(含中专)，创造更多新形式、形成合力的选择者中最多的为本科以上。

职业上，增强责任感、加强针对性、更加贴近群众、进一步丰富内容的选择者中最多的为离退休人员，创造更多新形式、形成合力的选择者中最多的为机关干部(含党政、司法、人民团体、事业单位等)。

(七)被访者对湖北省记者形象的评价

受访者对湖北省新闻媒体记者形象的看法为：认为很好的有465人(25%)，认为较好的有945人(51%)，认为一般的有422人(23%)，认为较差的有21人(1%)。

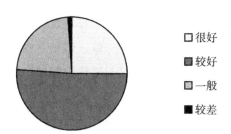

图18　受访者对湖北省新闻媒体记者的形象

数据显示，认为湖北省记者形象较好和很好的受访者达到1410人(76%)，说明记者形象良好。

性别上，很好、较好、一般、较差的选择者中性别比例与调查人群整体分布一致。

年龄上，很好、较好、较差的选择者中最多的为 41~60 岁人群；一般的选择者中最多的为 26~40 岁人群。

学历上，很好和较好的选择者中最多的为高中（含中专），一般和较差的选择者中最多的为本科以上。

职业上，很好和较好的选择者中最多的为离退休人员，一般和较差的选择者中最多的为机关干部（含党政、司法、人民团体、事业单位等）。

四、讨　　论

（一）受调查者媒介使用行为

新媒体在中国已成蓬勃发展之势，根据 CNNIC 第 37 次中国互联网统计报告显示，截至 2015 年 12 月，中国网民规模达 6.88 亿，互联网普及率为 50.3%，网络媒体在市场占有率上已成为"主流媒体"。但此次问卷调查显示，被调查者的媒介使用习惯依然以传统媒体为主。新媒体在中国的快速发展主要得益于广大年轻人的青睐，但受到人口老龄化趋势的影响，在整个社会层面，受访者的媒介使用习惯显示，接触度最高的媒体依然为电视和报纸，互联网站仅排名第三。这与湖北省记协 2007 年所做的第一次湖北省媒体形象和传播效果调查结果一致。但是，受访者一旦需要了解新闻信息时，网络（37.4%）成为首选，不过传统媒体中的电视（29.9%）依然具有第二位的影响力。

在互联网站的接触情况中，新闻网站（如新华网、人民网、荆楚网、长江网等）依然是受访者获取信息的主要互联网站（Q6）。互联网已进入 Web3.0 阶段，社交媒体大行其道，但这种影响力还聚焦于社交与娱乐行为，具有传统媒体背景的新闻网站仍旧是受访者最常用的信息获取网络平台。

调查显示，手机端（59%）成为受访者主要的上网工具。CNNIC 第 37 次中国互联网统计报告显示，网民个人上网设备进一步向手机端集中，整个中国互联网正在快速移动化，湖北省的受访者上网情况与全国趋势一致。面对这种情况，传统媒体在数字化转型过程中，就要更加注重受众对新闻移动化、碎片化的要求，根据受众媒介使用习惯变更新闻的形式、内容与推送方式，以在日趋激烈的市场竞争中保持强大的传播力。

此次问卷还针对湖北省和武汉市的传统媒介接触度进行调查。在报纸方面，《楚天都市报》是受访者接触度最高的报纸媒介；在广电方面，湖北电视经济频道是受访者接触度最高的广电媒介。其中，受访者对电视的媒介接触度明显高于广播。

（二）受调查者媒介报道态度

宏观上，此次问卷对湖北省媒体的传播效果、公信力程度和报道质量水平进行问卷测评。75%的受访者认为湖北省和武汉市新闻媒体宣传效果很好或较好，略高于2007年调查（74.5%）。但是此次调查中认为很好的为28%，认为较好的为47%，2007年调查中认为很好的为2.7%，认为较好的为71.5%。73%的受访者认为湖北省媒体报道的可信度和公信度很好或较好，略高于2007年调查（70.6%）。2007年调查中受访者认为很好的为1.9%，认为较好的为68.7%，此次调查中认为很好的为26%，认为较好的为47%。86%的受访者认为湖北省媒体报道的质量和水平逐年提高或有所提高，略低于2007年调查（91.8%）。2007年调查中受访者认为逐年提高的为5.7%，认为有所提高的为86.1%，此次调查中认为逐年提高的为28%，认为有所提高的为58%。数据对比显示，2007—2015年，湖北省媒体传播效果、公信力和报道质量上有所波动，但总体持平。从此次调查数据的绝对值上看，大部分受访者比较认同湖北省媒体最近几年的新闻报道工作，相关报道具有良好的可信度和公信力，传播效果较好。

中观上，此次问卷对湖北省媒体宣传不足和提高报道质量的途径对受访者进行了调查。受访者认为内容不够丰富是湖北省媒体宣传中最明显的问题，这与2007年调查结果一致，说明内容多样化依然是媒体在新闻报道中需要着力提高的地方。内容不够丰富、形式不够新颖、报道不够及时三个方面是受访者选择最多的选项，也是传统媒体与新媒体相比在新闻报道中存在的缺陷。在媒体多元化的环境中，传统媒体要加强媒体融合发展以弥补自身短板。被访者选择最多的进一步提高湖北省新闻报道水平的建议为更贴近群众，这与2007年调查结果一致。党中央近年来反复强调新闻宣传要更贴近实际、贴近生活、贴近群众，完全符合人民群众对改进新闻传播的愿望，具有很强的针对性。我们应该坚定不移地践行"三贴近"原则，鼓励新闻工作者进一步深入实际、深入生活，使我们的新闻传播更富有时代色彩，更充满生活气息，更具有吸引力和感染力。

微观上，此次问卷对湖北省新闻界负面信息治理工作进行了问卷测评，并对湖北省记者形象进行了调查。92%的被访者认为近年来有偿新闻、虚假新闻、低俗之风和不良广告等问题很少出现（25%）、明显减少（33%）或稍微有所好转（33%），说明绝大部分被访者对近年湖北省媒体在治理负面信息方面的工作持肯定态度。认为湖北省记者形象较好和很好的受访者达到1510人（76%），说明记者形象整体良好。

2020 年湖北省新闻传播教育发展综述①

一、2020 年湖北省新闻传播教育的宏观态势

2020 年是不平凡的一年，湖北、武汉人民在党中央的领导下、在全国人民的支持下取得抗击新冠疫情斗争的决定性胜利。这一年，党的十九届五中全会召开，提出推进媒体深度融合，实施全媒体传播工程，做强新型主流媒体。在新形势下，湖北新闻传播教育在理论研究、教学实践方面取得新进展。

马克思主义新闻观学习教育活动在全国开展，湖北各高校相继举办各种形式的活动，积极开展这项活动。2020 年，湖北省内高校加强一流专业建设。湖北省共有武汉大学等 20 所高校的新闻传播类和相关类专业入选 2020 年度国家级或省级一流本科专业建设点（见表 1）。

2020 年 7 月 23 日，湖北省新闻传播教育学会常务理事会召开线上会议，讨论 2020 年学会的工作，会议决定由湖北第二师范学院新闻与传播学院承办以"战疫"为主题的湖北高校大学生新闻传播实践技能专项竞赛。10月 31 日，湖北省高等教育学会新闻与传播教育专业委员会主办，湖北二师新闻与传播学院承办的"湖北省智媒趋势下马克思主义新闻观教育与人才培养"专家论坛举行。论坛由学会会长、武汉大学新闻与传播学院院长强

① 本文曾发表于《中国新闻传播教育年鉴（2020）》（武汉大学出版社 2020 年版），署名为张萱、郑永涛、万缘、瞿丽洁、符慧琪、谭嘉璇、邹青颖，有改动。

月新主持，来自高校和媒体的相关代表参加了讨论。

表 1　2020 年湖北省高校新闻传播学国家级和省级一流本科专业建设点

序号	学校名称	国家级一流本科专业建设点		省级一流本科专业建设点	
		新闻传播类专业	新闻传播相关类专业	新闻传播类专业	新闻传播相关类专业
1	武汉大学	广告学	/	广播电视学、传播学	/
2	华中科技大学	广播电视学	/	传播学	/
3	华中师范大学	新闻学	/	/	/
4	中南财经政法大学	/	/	网络与新媒体	/
5	湖北大学	/	数字媒体艺术	广告学	/
6	中南民族大学	/	/	广告学	/
7	武汉理工大学	/	视觉传达设计	/	数字媒体艺术
8	武汉体育学院	新闻学	/	/	/
9	湖北工业大学	/	视觉传达设计	/	/
10	武汉纺织大学	/	/	广告学	/
11	湖北经济学院	新闻学	/	/	/
12	湖北第二师范学院	/	/	/	视觉传达设计
13	湖北民族大学	/	/	新闻学	/
14	武昌首义学院	/	/	网络与新媒体	视觉传达设计
15	武汉东湖学院	/	/	新闻学	/
16	武汉华夏理工学院	/	/	/	视觉传达设计
17	文华学院	/	/	新闻学	/
18	湖北文理学院	/	/	/	广播电视编导
19	湖北商贸学院	/	/	/	视觉传达设计
20	武汉设计工程学院	/	/	/	数字媒体艺术 视觉传达设计

9 月 24 日，武汉大学"教与学革命"珞珈论坛新闻与传播学院分论坛广告教育创新论坛成功举办。此次论坛围绕"数字时代的广告人才培养"主题进行交流研讨。在论坛会议上，全体参会教师普遍认为高校广告专业教学要大力聚焦人才培养，师资力量急需补充，同时要把前沿成果用在本科教育、新教材的设计上，还应着重培养学生的实践知识与技能，强调广告学生要兼具技术素养、人文素养与艺术素养。

2020 年 11 月，中南财经政法大学新闻与文化传播学院陆续与"长少集团""爱立方""一点资讯"签订共建实习基地协议，加深校企合作，不断提升学院人才培养及社会服务质量，优化人才培养模式。12 月中旬，华中师范大学新闻传播学院赴深圳广电、《深圳特区报》、南方报业集团、中建二局、腾讯科技有限公司、链正集团、凡拓数码科技有限公司 7 家单位开拓就业市场，就社会巨变、媒体转型下的人才培养问题与用人单位进行了探讨，获得了本科新闻传播人才培养的有效指导经验。

二、部校共建新闻学院情况

2019 年 7 月，湖北省新一轮部校共建新闻学院在原来一所高校的基础上，新增华中科技大学、华中师范大学、中南财经政法大学和湖北大学 4 所高校，一共 5 所高校参与部校共建。部校共建新闻学院，是时代融合发展的全新挑战，也是新时期媒体对于具有马克思主义新闻观媒体人才的迫切需求的回应。

挂靠华中科技大学新闻与信息传播学院的中国故事创意传播研究院是部校共建的智库机构，2020 年，该研究院开展了许多活动，如"讲故事的公共活动""讲好中国故事大赛"等。中南财经政法大学在依托本校财经政法融通的办学特色的基础上，充分发挥该院经济新闻、法制新闻的特色专业优势，强化跨专业、跨学科的科研团队和人才培养体系建设，在学院内开展科研团队项目、一流课程和优秀教学团队建设工作。

三、新闻传播教学与改革

2020年6月20日，由湖北第二师范学院主办的"全国首届地方院校新闻学国家一流专业建设光谷论坛"在武汉举行。此次论坛，来自全国各地新闻学界的专家、学者等50余人，线上线下、校内校外共话新闻学国家一流专业的发展新模式、新路径。6月24日下午，获教育部新闻传播学类专业教育指导委员会支持的"新闻传播教育与国家战略人才培养"论坛在线举行，论坛由清华大学、华中科技大学、北京外国语大学、兰州大学四所高校的新闻传播学院联合举办，与会高校就服务国家战略、创新新闻传播人才的联合培养模式达成共识。7月4日，华中科技大学召开首届"新闻传播史论课程群教学改革研讨会"，研讨会由华中科技大学新闻与信息传播学院、湖北省新闻传播史论名师工作室、湖北省新闻传播史论教学团队共同发起举办。来自国内近30所高校的60余位专家学者齐聚云端，共同研讨新闻传播史论相关课程的教学改革。在2020年，武汉大学成功举办"中国传播创新论坛线上会议""中国高等教育学会新闻学与传播学专业委员会第八届理事会第三次全体会议暨后疫情时代的新闻传播教育学术年会""第二届智能营销传播学术工作坊线上会议""2020年智能媒体发展高端论坛"等一系列专业性学术会议，来自多所高校的众多专家、学者参加会议，深度探讨了新闻传播领域的现状、挑战以及未来走向。

2020年12月26日，首届中国区域广告产业发展论坛暨2020年湖北省广告学术年会在湖北大学举行。此次论坛由湖北大学新闻传播学院、长江广告研究院承办。会议旨在研讨新时期广告产业发展的前沿热点和变革方向，准确把握广告产业发展趋势，找准区域广告产业发展的特色和个性，几十位专家学者围绕议题发表演讲并进行深度交流。11月28日，华中师范大学在"云端"举办了"第三届新媒体与社会变革国际学术会议"，会议由华中师范大学新闻传播学院、湖北省高等教育学会新闻与传播教育专业委员会和华中师范大学大数据传播与应急管理研究中心联合主办，针对因疫情引起的世界公共卫生危机进行了主题为"风险、对话和治理"的探讨。

在实验教学，实验基地建设上，2020 年 5 月，由华中科技大学新闻与信息传播学院、华视集团旗下华视中广国际传媒有限责任公司联合共建的东湖品牌研究院正式揭牌成立，该院成为华中地区首家专业品牌研究机构。11 月，华中科技大学新闻与信息传播学院与光明日报社人事部在武汉签约共建"光明新闻创新实践中心"，以丰富教研渠道路径，顺应中国新闻传播教育改革发展新变化，力图双方达到共赢的效果。同月，中南财经政法大学新闻与文化传播学院和长少集团、爱立方签订教学实习（就业实践）基地共建协议，以此深化院企合作，实现融合发展。

2020 年，《中国大学教育》杂志第 12 期集中推出了张昆、唐海江、刘洁、李华君、徐明华、陈薇等的"关于新闻传播史论课程群教学改革的思考"的系列论文。2020 年 12 月 31 日，《中国教育报》发文，介绍湖北大学构建以马克思主义新闻观为引领，强化人文基础、重构专业课程新结构（内容、技术、运营结合）、部校共建媒体实务课程的"四位一体"融媒体课程体系的教学探索。

四、科研项目、成果与学术交流

2020 年，湖北地区新闻院系年度内共承担新闻传播学相关的国家社科基金 11 项。其中，国家社科基金重大项目立项 3 项，分别为：武汉大学强月新教授的"社会转型期媒体公信力研究"、华中科技大学唐海江教授的"文明多样性视野下的中国媒介考古（多卷本）"、湖北大学廖声武教授的"中国近现代新闻团体资料搜集、整理与研究（1905—1949）"；重点项目 1 项：华中科技大学唐海江教授的"中国媒介考古研究"；一般项目有 6 项，分别为：武汉大学刘建明教授的"家庭仪式传播对中国青少年幸福感的影响研究"、王琼副教授的"中国数据新闻的风险防控研究"，华中师范大学张继木副教授的"百年南海危机舆论史研究"、辛静副教授的"日常生活视域下中国文化形象的建构与对外传播研究"、陈欧阳的"中美贸易博弈背景下我国主要经贸合作国中的'中国经济形象'研究",武汉理工大学翟红蕾副教授的"受众对数据新闻的认知与采用行为研究";后期资助 1 项:湖北第二师范学院张炯的"儿童阅读与童书出版编辑力创新研究"。

2020 年,湖北省许多高校开展了多场学术交流会议。2020 年 11 月 21 日,武汉大学承办了中国高等教育学会新闻学与传播学专业委员会第八届理事会第三次全体会议暨"后疫情时代的新闻传播教育"学术年会。来自全国高校的百余位专家、学者参加会议,共同探讨后疫情时代的新闻传播教育面临的新环境、新机遇、新生态。会议公布了专家推选的"中国新闻学与传播学教学改革创新项目"名单。

11 月 28 日,2020 年突发公共事件中的科学创新传播论坛在华中农业大学举办。此次会议由华中农业大学文法学院承办、华中科技大学新闻与信息传播学院、湖北省科技新闻学会、华中农业大学科学技术发展研究院主办。来自全国各高校的 70 多位学者围绕科学传播的历史和记忆、社会治理的风险与应对、公众话语的表达及启示展开讨论。

2020 年 7 月 4 日,华中科技大学新闻与信息传播学院、湖北省新闻传播史论名师工作室、湖北省新闻传播史论教学团队共同发起举办了首届新闻传播史论课程群教学改革研讨会。专家学者们围绕新闻传播史论课程、课程教学改革、新闻传播人才培养及"新文科"建设等方面,共同研讨新闻传播史论相关课程的教学改革。教育部高等学校新闻传播学类专业教学指导委员会主任委员、中国传媒大学新闻传播学部学部长高晓虹教授,副主任委员、清华大学新闻与传播学院常务副院长陈昌凤教授,副主任委员、中国人民大学新闻学院执行院长胡百精教授等专家学者,参与了会议和研讨。

2020 年 11 月 28 日,华中师范大学新闻传播学院、湖北省高等教育学会新闻与传播教育专业委员会和华中师范大学大数据传播与应急管理研究中心联合主办了第三届新媒体与社会变革国际学术会议。会议邀请到来自美国、英国、瑞典、澳大利亚以及中国众多高校的专家学者,在"新媒体与风险防范""新媒体与多元对话""新媒体与社会治理""新媒体与传播伦理""新媒体与公共卫生""新媒体与可持续性发展"等多个领域开展专题研讨。

五、相关重要信息

2020 年 12 月，教育部"第八届高等学校科学研究优秀成果奖（人文社会科学）"评选结果正式公布，华中科技大学钟瑛教授的著作《网络传播管理研究》荣获二等奖，张昆教授主编的《中国新闻传播教育年鉴（2016）》荣获三等奖。

2020 年 1 月，由廖声武主编的《湖北省新闻传播事业发展报告（2019）》由武汉大学出版社出版，该书的出版获得湖北省委宣传部相关领导的高度评价。

2020 年 7 月，湖北第二师范学院新闻与传播学院成立。学院现有新闻学、广告学、编辑出版学 3 个本科专业和新闻采编与制作、出版商务 2 个专科专业。

2020 年 6 月，中南财经政法大学文学与新闻传播学院领导班子换届，罗晓静教授任院长；7 月，中南民族大学文学与新闻传播学院领导班子换届，陶喜红教授任院长；12 月，湖北大学新闻传播学院领导班子换届，聂远征教授任院长。

2021 年湖北省新闻传播教育发展综述①

2021 年迎来中国共产党成立一百周年，为庆祝中国共产党成立一百周年，湖北新闻传播教育界相继举办各种形式的活动。这一年，"双一流"建设和"新文科"建设蓬勃开展。在此背景下，湖北新闻传播教育界在理论研究、教学实践方面取得新进展。

一、部校共建新闻传播学院情况

2021 年 7 月，湖北省新一轮部校共建新闻学院在原来 5 所高校的基础上，新增武汉体育学院一所高校，至此湖北省一共有 6 所高校参与部校共建。部校共建新闻学院，是时代融合发展的全新挑战，也是新时期媒体对于具有马克思主义新闻观媒体人才的迫切需求的回应。

1 月 30 日，湖北大学新闻传播学院部校共建暨"十四五"发展规划专家指导会通过线上线下结合的形式举行。来自中国人民大学、中国社会科学院、中国传媒大学、清华大学等十几家单位的专家教授，结合湖北大学学科建设基本情况和发展特色，就部校共建新闻传播学院以及"十四五"发展规划开展了研讨交流。

5 月 13 日，中南财经政法大学部校共建重点团队项目"马克思主义新闻观的中国化诠释：历史、理论与实践"召开开题研讨会。该课题要紧扣

---

① 本文曾发表于《中国新闻传播教育年鉴(2021)》(武汉大学出版社 2021 年版)，署名为廖声武、万缘、瞿丽洁、符慧琪、谭嘉璇、邹青颖，有改动。

马克思主义新闻观的核心观点和理论要义，从新闻史、新闻理论和新闻业务三个层面，阐释马克思主义新闻观的历史变迁、时代价值和实践路径。

7月6日，武汉体育学院新闻传播学院举行"红色阳新红土地·十个党员十面旗"主题采访暨"三下乡"社会实践活动研讨会，此项目是该校部校共建新闻传播学院后实施的首个大型专业实践与社会实践相结合的活动。

10月23日，华中师范大学新闻与传播学院师生到江西南昌方志敏烈士陵园走读红色经典，此次诵读是该院"红色经典阅读与传播"课程的部分内容。光明日报客户端等媒体对该活动作了报道。

二、新闻传播教学与改革

2021年1月21日，荆楚网（湖北日报网）与华中科技大学新闻与信息传播学院签署战略合作框架协议，挂牌成立楚天网络评论培训基地。4月28日，武汉理工大学法学与人文社会学院与湖北长江传媒数字出版有限公司人才联合培养基地协议签约暨授牌仪式在该校举行。同年9月9日上午，中南财经大学新闻与文化传播学院与水木时代文化传播公司通过远程视频的形式，在网络云端举行共建实习基地签约仪式。同时该校在同月也与长江日报传播研究院签订了教学实习协议。

7月2—5日，第十三届全国大学生广告艺术大赛（简称"大广赛"）湖北赛区省级评审活动在武汉东湖学院举行。来自业界、学界的数十位资深学者、专家对此届大赛湖北赛区的7719件作品进行细致严谨的评审。

7月30日，湖北省新闻传播教育学会举办的新闻传播学类一流专业建设及培育研讨会由湖北民族大学承办，在恩施州广播电视台召开。会议讨论全省新闻传播学科专业建设、人才培养、科学研究等问题，湖北高校多名专家、教授分享了一流专业建设的经验。

2021年10月中旬，湖北大学新闻传播学院与武汉市网络媒体协会签订合作协议，该院校外教学实习、实训基地得到了进一步的拓展。11月，武汉大学新闻与传播学院和深圳市弘金地体育产业有限公司成功举行了校企合作签约仪式，加深校企合作，优化人才培养模式。中南财经政法大学新闻与文化传播学院先后与"长江云""湖北日报传媒集团""长江日报传播研究院"签订共建实习基地协议，以进一步促进学院人才培养和社会服务质量。

12 月 12 日，第二届新闻传播史论课程群教学改革研讨会拉开序幕，会上围绕新闻传播课程建设、课程教学改革、新技术的应用、新闻传播人才培养等方面展开交流讨论。此届研讨会由华中科技大学新闻与信息传播学院、湖北省新闻传播史论名师工作室、湖北省新闻传播史论教学团队、《中国新闻传播教育年鉴》编委会共同主办。

12 月 18—20 日，湖北省新闻与传播教育学会 2021 年会暨"中国共产党百年新闻思想与实践经验"论坛在襄阳召开，此届大会由湖北省高等教育学会新闻与传播教育专业委员会主办，湖北文理学院文传学院承办。湖北省高等教育学会副秘书长李友玉等为大会开幕式致辞。主题报告会以线上线下相结合的方式进行，40 余名来自全省各高校的新闻传播专家参加了线下会议。

12 月 24 日，武汉传媒学院召开"聚焦时代主题，践行传媒教育"座谈会，探讨新传播环境下新闻传播教育适应时代需求，加强课程思政，培养服务地方的新闻传播人才的方法与路径。来自武汉大学、华中科技大学、华中师范大学、湖北大学、中南民族大学等高校的专家教授参加了会议。

12 月 24 日，武汉体育学院召开武汉体育学院新闻传播教育二十年院长论坛，论坛上举行了《中国新闻传播教育年鉴（2021）》首发式，反映武汉体育学院发展历史的《坚守本色与彰显特色：武体新闻教育 20 年的改革与创新》也在论坛上首发。

三、科研项目

2021 年，湖北地区新闻院系年度内共承担新闻传播学相关的国家社科基金 12 项。其中，国家社科基金重大项目立项 2 项，分别为：华中科技大学郭小平教授的"提升面对重大突发风险事件的媒介化治理能力研究"、武汉体育学院张德胜教授的"新时代体育全媒体传播格局构建研究";重点项目2项,分别为:武汉大学陈刚教授的"新媒体时代争议性议题传播的共识焦虑与沟通机制研究"、武汉理工大学尹章池教授的"内生型数字农家书屋的治理逻辑与实践路径研究";一般项目有8项,分别为:武汉大学张卓教授的"人类命运共同体视域下疫情纪录片的生命叙事研究"、华中科技大学陈薇副教授的"新时代中国全球性议题设置能力建设研究"、中南财经政法大学刘树栋副教授的"人工智能时代新闻推荐系统中的'信息茧房'问题形成机理及应对策略研究"、华中农业大学乔同舟副教授的"智能时代农村老人数字融入的困境及改善路径研究"、中南民族大学陶喜红教授的"制度驱动型传媒经营改革的协同共振及其历史经验研究"、中南民族大学张路黎副教授的"跨文化传播视野下当代价值观调查项目的中国认知研究"、湖北中医药大学刘娅教授的"后疫情时代中医药文化对外传播体系构建研究"、三峡大学柳庆勇教授的"数字广告流量造假的区块链智能合约治理研究"。

四、学术交流与成果

2021年,湖北省高校开展了多场学术交流会议。

1月24日,中国新闻史学会新闻传播教育史研究会2021武汉会议在湖北大学新闻传播学院召开,《中国新闻传播教育年鉴》编辑部在汉成员参会。会议就相关研究会工作和《中国新闻传播教育年鉴》编撰工作进行了商讨。

4月24日,华中科技大学新闻与信息传播学院举办了第二届以"人类世的时、空、物"为主题的媒介物质性研究论坛。来自华中科技大学、澳门科技大学、清华大学、北京大学、中国社会科学院、中国人民大学、同济大学、华东师范大学、中国传媒大学以及拉夫堡大学、阿姆斯特丹大学、英国萨塞克斯大学等21所高校40余位专家学者参与此次会议,从"人类世"的视角进一步打开了媒介物质性这一前沿性的研究领域，触及主流传播学研究的边界，少有地将基础设施、能源、生态、跨物种等因素带入传播学研究。

5 月 21 日，由华中科技大学新闻与信息传播学院主编、社科文献出版社推出的《喻园新闻传播学者论丛》首批新书——《张昆自选集》《传媒进化论》在武汉发布。2021 年，由华中科技大学新闻学院李卫东教授编著，国内首本系统讲述智能新媒体基本原理和应用模式的教材——《智能新媒体》由人民邮电出版社出版。

5 月 21—23 日，首届中国媒介考古工作坊在华中科技大学举行。此次会议分为"声音媒介考古""影像媒介考古""书写媒介考古""媒介与身体""数字媒介考古""媒介考古的理论与方法"六个单元。来自中国社科院、中国人民大学、北京大学、清华大学、复旦大学、浙江大学、中国传媒大学、南京大学、武汉大学、暨南大学、重庆大学、上海大学、同济大学、深圳大学、山东师范大学、华中科技大学、台湾世新大学、澳门科技大学等高校科研院所，以及来自德国洪堡大学、日本京都大学等海外高校的专家学者 60 余人与会。唐海江教授指出：媒介考古学将目光投向历史的深处，发掘历史和未来的新的可能性，对于数字化转型中的文明走向具有启发意义。

6 月 26 日，国家社会科学基金重大项目"中国近现代新闻团体资料搜集、整理与研究（1905—1949）"开题报告会在湖北大学举行。来自中国人民大学、中国传媒大学、清华大学、武汉大学等高校以及《新闻爱好者》杂志社等单位的专家学者出席会议。

9 月 25 日，第五届中国传播创新论坛（2021）暨新疆新闻传播学科发展与新闻教育研讨会在武汉大学举办。此次会议由武汉大学媒体发展研究中心（教育部人文社会科学重点研究基地）、武汉大学新闻与传播学院、新疆大学新闻与传播学院共同主办。此次论坛共设 5 场主题发言，17 位学者与业界嘉宾聚焦建设性新闻、新媒体技术、媒体融合、新疆传播、品牌传播、舆论机制、跨文化传播、健康传播等问题展开学术对话。

11月6日，由中国新闻史学会外国新闻传播史研究委员会主办、华中科技大学新闻与信息传播学院承办的外新史学会年会在湖北武汉举行。会议以"考古与重建：国际新闻传播的新史观、新技术、新生态"为主题，采取线下与线上相结合的形式。线下会场设在华中科技大学新闻与信息传播学院演播大厅，参加会议的有来自武汉大学、华中科技大学、华中师范大学、湖北大学、中南民族大学等武汉高校从事外国新闻传播史研究的专家学者。另有近400位来自全国高校本领域的专家学者相聚云端，共同探究当今国际传播的破困局之解，开新局之策。

12月18日，由华中农业大学文法学院、中华文化传播研究中心举办的2021中华文化传播国际论坛于线上举行。此次会议以全球化语境下中华文化传播的理论与实践为主题，主要议题涵盖中华文化传播的历史与现实、对外汉语教学与中华文化传播两大范畴，内容包括中华文化及其传播的历史发展、功能作用、内容体系、实践特色、方法途径和对策研究，汉语言文学与文化的对外传播与教学研究，以及新文科建设语境下语言文化类课程的教学改革等。来自日本、韩国、德国、哈萨克斯坦、印度尼西亚、越南、中国香港等国家和地区的26位专家学者和研究生借助云端会议形式进行了交流研讨，共计有160余人通过网络参会。

2021年度，武汉大学举办了一系列专业性学术会议，如：比较传播圆桌论坛"不确定性：传播、连接与关系在当代文化中的重构"、第十一届跨文化传播国际学术会议等，众多专家学者参加会议，就新闻传播领域的现状和发展方向等问题进行深度交流。

2021年12月19日上午，武汉大学新闻与传播学院2021年青年教师学术工作坊以线上与线下相结合的方式举行。工作坊由武汉大学新闻与传播学院、武汉大学媒体发展研究中心（教育部人文社会科学重点研究基地）主办。来自复旦大学、中国传媒大学、武汉大学、中国人民大学、中国社会科学院的专家学者参加了会议。

媒体报道与湖北省会城市形象塑造①

一、研究背景及相关说明

2012 年 10 月，中国科学院发布的《2012 中国新型城市化报告》中介绍，21 世纪的中国处于城市化快速发展阶段，2011 年中国城镇人口首次超过农村人口，城市化率达到 51.3%。根据联合国的估测，2050 年我国的城市化率将达到 72.9%。中国城市化进程的加速促使各城市对资源和资本的需求日趋凸显，进而导致我国城市间的竞争日趋激烈。为了更好地吸引外资，在激烈的竞争中脱颖而出，各个城市必须"八仙过海，各显神通"，彰显自身的鲜明特色，增强城市的竞争力。而城市的竞争力在不同的时代被赋予不同的内涵，在当今经济全球化、信息化的背景下，城市的竞争力除了拥有完备的基础设施、丰富的资源、便捷的交通等"硬实力"外，更重要的是具备良好的城市形象等"软实力"。

所谓城市形象，是指一个城市的内部公众与外部公众对该城市在综合实力、外显前进活力与未来发展前景的具体感知、总体看法和综合评价。②简而言之，城市形象是城市内外公众对城市各方面感知、看法和评价的综

---

① 本文原题为"媒体报道与城市形象塑造——以《湖北日报》等媒体对武汉市报道为例"，有改动，署名为望丽红。

② 周朝霞. 多维视角的城市定位、设计及传播［M］. 北京：经济科学出版社，2006：36.

合。然而，在大众传媒发达和信息化社会里，人们被置身于两个不同的世界中，除了真实生活世界，还有一个由大众传播形成的拷贝世界，这个信息环境被称为虚拟媒介世界，被李普曼称为"拟态环境"。① 1968 年，日本传播学者藤竹晓在李普曼观点的基础上，提出"拟态环境的环境化"。他认为，大众传播虽然提示的是"拟态环境"，与现实环境之间有着很大的距离，但由于人们是根据媒介所提供的信息来认识环境和采取环境适应行动的，这些行动作用于现实环境，便使得现实环境越来越带有"拟态环境"特点，以至于人们已经很难在两者之间做出明确的区分。②在庞杂多变的信息化社会中，由于受时间和空间的限制，媒介成为人们了解外界的主要渠道。于是，媒介成为人们认知外界世界的地图，人们对城市的印象和认知就主要由媒体的报道所决定。比如，人们对一些城市的普遍认知：巴黎时尚、北京儒雅、上海前卫、西藏神秘等。因此，研究媒体报道中呈现的城市形象对城市形象的认知和重塑很有必要。

一个城市良好形象的呈现与塑造离不开媒体。因此，本文旨在探析省会城市形象在省内外媒体的具体呈现。通过对本地媒体和省外媒体对省会城市新闻报道的对比研究，可以清晰地了解本地媒体与外省媒体在如何产制省会城市新闻以及产制了怎样的省会新闻的区别与联系，而这些新闻又是如何构建省会城市形象，以及构建何种省会城市形象，进而从媒体报道层面探究湖北省会城市形象下滑的原因，并找到提升省会城市形象传播的策略。

目前，关于湖北省会城市形象的研究文献不多，且基本上是以期刊论文的形式。从研究视角分，主要集中于城市形象的规划设计和传播学两方面。其中，关于湖北省会城市形象规划设计，学者们主要研究其旅游形象、政治形象、高校形象、文化形象等。比如，邓爱民的《对城市旅游形象的思考——兼论武汉市城市形象的设计》，以武汉市为例分析了城市旅

① 陈力丹. 大众媒介营造的"拷贝世界"与舆论导向[J]. 广西大学学报，1998（5）.

② 郭庆光. 传播学教程[M]. 北京：中国人民大学出版社，1999：2.

游形象现状，并对武汉市旅游形象进行了初步设计和策划。① 关睿的《论城市文化资源的开发与文化品牌建设的关系——以武汉市城市文化资源的开发为例》，通过探讨武汉市城市文化资源的保护和开发，提出了关于城市文化资源进行合理规划与开发的建议②，等等。从传播学视角研究省会城市形象占总研究比例相对较低。其中，张立平的《城市形象国际传播的媒体策略——以武汉市国际城市形象传播为例》，通过比较武汉城市形象传播定位与国际媒体中武汉的形象的呈现，得出武汉城市形象传播出现了偏差，同时提出了改变武汉国际形象的媒体策略。③ 聂远征、皮莉丽的《空间叙事：媒介建构城市形象的新路径——以武汉报纸的辛亥百年纪念报道为例》，通过对武汉媒体关于辛亥百年纪念报道内容进行分析，提出此次媒体集体报道对于省会城市营造城市的文化氛围、形塑地方主义文化景观、寻求民众的城市文化认同有着积极意义。④ 陈媛媛的《我国主流媒介中武汉形象的框架分析——以〈人民日报〉（2006—2012）的报道为例》，通过对《人民日报》6 年来对武汉的报道为样本，分析了当前我国主流大众传媒中呈现的武汉媒介形象，并揭示了其形象的基本框架和具体特征⑤，等等。

通过对城市形象、城市形象传播、湖北省会城市形象文献研究，笔者发现，当前从传播学视角，并运用内容分析法对城市形象进行探讨的文章已有数篇。但这些文章仅单一地从"自塑"或"他塑"角度对城市形象进行分

---

① 邓爱民. 对城市旅游形象的思考——兼论武汉市城市形象的设计[J]. 中南财经政法大学学报，2004（1）：129-133.

② 关睿. 论城市文化资源的开发与文化品牌建设的关系——以武汉市城市文化资源的开发为例[J]. 成功，2008（12）：225-226.

③ 张立平. 城市形象国际传播的媒体策略——以武汉市国际城市形象传播为例[J]. 湖北经济学院学报，2012（9）：21-22.

④ 聂远征、皮莉丽. 空间叙事：媒介建构城市形象的新路径——以武汉报纸的辛亥百年纪念报道为例[J]. 新闻前哨，2011（10）：30-32.

⑤ 陈媛媛. 我国主流媒介中武汉形象的框架分析——以《人民日报》（2006—2012）的报道为例[J]. 采写编，2013（10）：18-20.

析，从"自塑"和"他塑"两个视角进行对比分析的还没有。而不管是"自塑"还是"他塑"，由于媒体自身定位、传播策略、影响力等方面的影响，选取的样本分析都有其自身的局限性和缺陷性。因此，本文通过分析《湖北日报》等五家湖北省内外媒体中关于湖北省会城市的新闻报道的内容，探究这些媒体关于湖北省会城市的报道各自的特征以及城市形象与媒体报道间的内在联系。具体的研究问题包括：

（1）在2008—2013年，五家媒体对湖北省会的有关报道呈现怎样的特点？湖北省会武汉市的媒体形象是怎样的？

（2）"自塑"媒体与"他塑"媒体所呈现的湖北省会形象如何，二者有何区别？

（3）湖北省内外媒体对塑造的省会城市形象为何存在差异，其产生的内在原因是什么？我们应如何提升湖北省会城市形象？

要研究湖北省会城市在媒体报道中的"自塑"形象和"他塑"形象，那么就需要通过对省会城市内外媒体中关于该城市的报道内容进行分析。而选择哪些媒体作为分析样本，决定了本文研究是否客观全面。在本文中，笔者选择了《湖北日报》《人民日报》《南方日报》《解放日报》《四川日报》五家报纸作为目标媒体。之所以这样选择，原因如下：

选取纸质媒体，而不是电视媒体或网络媒体，主要是因为：首先，报纸是当前最为成熟的媒体，受众覆盖面较广；其次，报纸属地明确、统计数据获得性强，样本研究更为便捷和准确。

选取党报，主要是因为：第一，党报是一级党组织的喉舌，代表同级组织的官方声音，报道更具有客观性和权威性；第二，党报覆盖区域和读者群比较全面，在选择的抽样报纸的时候需要考虑其覆盖区域和阅读受众的分类等。

选择这五家党报，主要是从研究目的考虑。本文研究的是湖北省会城市在城市内外媒体中"自塑"和"他塑"形象。"自塑"即湖北省会城市所在的省市媒体对其报道所塑造的形象，"他塑"即湖北省外媒体对省会的报道所塑造的形象。作为"自塑"媒体，《湖北日报》是中共湖北省委机关报，其代表的党组织关系与省会城市是上下级关系，其报道的权威性不言而喻。而"他塑"媒体的选择需要兼顾全面、客观原则。《四川日报》《南方日报》《解放日报》所在的省份从地理位置上分居于湖北省的东南西三个方位，受众群体主要涵盖这三个省份。从政治地位、经济地位和媒体发展程度看，这三家媒体是我国东部、南部、西部省级媒体的代表，权威性和影响力较强。而选择《人民日报》作为"他塑"媒体样本，主要基于两个方面的考虑：第一，《人民日报》是我国中央级媒体，其报道立场较其他省市媒体更为客观公正，这可以为湖北省内外省市媒体对省会城市报道作一个参考系；第二，《人民日报》虽然全国发行，但是其报社总部设在北京，其可以作为北部地区的一个代表媒体来呈现湖北省会的城市形象。

二、湖北省会城市报道数据分析

(一)样本的总体情况

此次研究共抽取《湖北日报》《人民日报》《南方日报》《解放日报》《四川日报》五家报纸中关于湖北省会武汉市报道的有效样本共计 1575 个，具体数据如表 1 所示。其中，《人民日报》《南方日报》《解放日报》《四川日报》四家报纸样本抽取的时间跨度为 2008 年 12 月 1 日至 2013 年 12 月 1 日，《湖北日报》样本抽取的时间跨度为 2012 年 12 月 1 日至 2013 年 12 月 1 日。

表 1 样本总体情况统计

报纸名称	文章数目(篇)
《湖北日报》	1012
《人民日报》	297
《南方日报》	136
《解放日报》	82

报纸名称	文章数目（篇）
《四川日报》	48
总计	1575

（二）报道主题情况统计

总体而言，五家媒体对湖北省会的报道主题涉及面较广，基本每类主题都有所报道。其中，政治、经济、民生、科技文化、社会治理、交通是报道数量最多的六大主题，突发事件、环境报道、旅游类的报道相对较少。具体而言，五家媒体对湖北省会不同主题的报道数量有所不同。《湖北日报》对省会的报道最多的是经济类新闻，其次是政治类新闻，科技文化、民生、交通、社会治理类的报道数量也相对较多，而突发事件类报道数量最少，仅占总体报道的 0.9%。《人民日报》对湖北省会的报道最多的是政治类新闻，其次是民生类新闻，社会治理、科技文化、教育、经济类的报道数量也相对较多，旅游类的报道数量较少，仅为 0.7%。《南方日报》关于湖北省会的报道最多的是社会治理，其次是交通，民生、经济、旅游类的报道数量也相对较多，而环境保护类的报道数量最少，仅为 1 篇，占报道总量的 0.7%。《解放日报》关于湖北省会的报道最多的是政治类新闻，其次是社会治理类新闻，经济、突发事件、科技文化、交通也是其关注的重点，环境保护类新闻报道数量最少，仅有 1 篇。《四川日报》关于湖北省会的报道主要集中于经济、教育、社会治理、政治、突发事件、交通六大主题上，所占比例分别为 16.7%、16.7%、16.7%、14.6%、12.5%、8.3%，关于湖北省会的民生类新闻未有涉猎，体育、环境报道、旅游类的报道数量较少，均为 1 篇。

可见，五家报纸对湖北省会的报道比较全面，能使受众对该省会形成比较立体的印象（见表 2）。

表2　各媒体报道主题情况统计

媒体	主题	政府活动	经济	教育	社会治理	突发事件	交通	社会人物	环境保护	旅游	体育	民生	科技文化	其他
湖北日报	数量(篇)	191	207	47	80	9	89	24	35	18	40	148	115	9
	百分比(%)	18.9	20.5	3.9	7.9	0.9	8.8	2.4	3.5	1.8	4.0	14.6	11.4	0.9
人民日报	数量(篇)	83	20	25	30	7	13	18	7	2	7	57	26	2
	百分比(%)	27.9	6.7	8.4	10.1	2.4	4.4	6.1	2.4	0.7	2.4	19.2	8.8	0.7
南方日报	数量(篇)	10	14	8	25	10	20	3	1	11	10	19	5	0
	百分比(%)	7.4	10.3	5.9	18.4	7.4	14.7	2.2	0.7	8.1	7.4	14.0	3.7	0
解放日报	数量(篇)	18	13	2	15	10	4	3	1	3	4	3	5	1
	百分比(%)	22.0	15.9	2.4	18.3	12.2	4.9	3.7	1.2	3.7	4.9	3.7	6.1	1.2
四川日报	数量(篇)	7	8	8	8	6	4	2	1	1	1	0	2	0
	百分比(%)	14.6	16.7	16.7	16.7	12.5	8.3	4.2	2.1	2.1	2.1	0	4.2	0
共计	数量(篇)	309	262	90	158	42	130	50	45	35	62	227	153	12
	百分比(%)	19.6	16.6	5.7	10.0	2.7	8.3	3.2	2.9	2.2	3.9	14.4	9.7	0.8

(三)数据分析小结

从报道数量上看,《湖北日报》对省会城市的报道数量最多,这与武汉市作为湖北省的省会城市分不开。《人民日报》对湖北省会城市的报道数量也相对较多,这表明《人民日报》对武汉市的关注程度相对较高。《南方日报》《解放日报》《四川日报》对湖北省会的报道数量依次递减,这表明武汉市在这三个省份受关注程度依次降低。从报道主题上看,总体而言,《湖北日报》等五家媒体报道对湖北省会城市的报道涉及面较广,各个主题的报道均有涉猎,这样为受众呈现出的湖北省会的形象也较为立体。五家报纸对湖北省会的报道主要集中于民生(22.7%)、政府活动(19.6%)、经济(16.6%)、社会治理(10.0%)、科技文化(9.7%)、交通(8.3%)六个方面,即涵盖湖北省会城市的政府形象、市民形象、交通形象和社会总体环境四个形象塑造的主题要素。从体裁上看，消息是《湖北日报》等五家报纸新闻报道中使用最多的报道体裁，这表明在快节奏的都市生活中，消息简明扼要、重点突出的特征符合受众阅读的需求。从报道形式来看，文字报道是五家报纸报道主体。这表明文字报道仍是报纸报道新闻的主体形式。从消息来源上看，五家报纸存在较大差异。其中，《湖北日报》基本采用的是本报记者自采，这样在省会城市的事物和形象的表现上更具有说服力和表现性；《人民日报》《南方日报》主要采用的是本报记者的自采，这与两份报纸在湖北省会设立了专门的记者站，记者资源充沛有很大的关系，同时也表明这两份报纸对武汉市的新闻比较关注和重视；《解放日报》《四川日报》对湖北省会的报道主要采用的是新华社的稿子，本报记者自采新闻较少，这表明这两份报纸对湖北省会城市的关注度较弱。从报道倾向看，总体而言，五家报纸关于湖北省会的报道主要以正面报道为主。但具体来看，五家报纸对湖北省会城市的报道采取的立场有较大差异。其中，作为湖北省的省会，《湖北日报》对武汉市的报道正面报道数量占绝大多数（比例为72.63%），负面报道的比例少，仅为6.23%。《人民日报》对武汉市的报道虽然也以正面报道为主，但负面报道的比例相应增多，为13.80%。《南方日报》中关于武汉市的报道正面报道数量大于负面报道数量，但二者之间的差距缩小，负面报道的比例为25.73%。《四川日报》中关于武汉市的报道正面报道与负面报道比例进一步拉小，正面报道比例仅比负面报道多4.16%。《解放日报》对武汉市的报道以负面报道为主，负面报道的比例高达37.80%，而正面报道的比例为35.37%。在负面报道中，五家主要集中于环境保护、社会治理、政府活动、突发事件、民生五个主题上。在环境保护方面，主要集中于批评武汉市湖北省会城市环境脏乱，环境污染严重、空气质量差等方面。在社会治理方面，主要集中刑事案件的发生、治安的混乱。在政府活动方面，主要批评政府的腐败行为。在民生方面，主要集中于批评武汉市市民一些不文明行为。

三、媒体报道与湖北省省会城市形象传播

在前一节，笔者围绕 2008 年 12 月 1 日至 2013 年 12 月 1 日收集于读秀数据库中《湖北日报》等五家报纸关于湖北省会城市报道进行了全方位、多角度的定量分析，并分析了五家报纸在湖北省会城市形象的媒体建构中的现状与不足。但对于五家媒体中展现出的武汉市具体形象并未进行详细叙述。本节笔者将相关数据、代表性文本，具体阐述媒体中建构出的湖北省会城市形象。

（一）湖北省会城市的整体形象

1. 五家媒体呈现出湖北省会城市形象差异较大

从上一章统计的总数据来看，《湖北日报》等五家报纸对省会的报道以正面报道为主，比例占到 66.92%，明显多于负面报道的比例（12.06%），这表明五家报纸总体上呈现出的省会形象良好。但如果单独分析每种报纸对湖北省会的报道，我们会发现，每种报纸呈现出的武汉市形象存在较大差异。首先，从报道数量上看，五家报纸对省会城市的关注程度存在较大差异。作为湖北省的省会城市，武汉市受《湖北日报》关注程度最高。笔者仅选取一年的样本就有 1012 篇。《人民日报》作为全国性党报，其新闻报道会涉及全国所有城市。因此，作为全国众多城市之一，《人民日报》对湖北省会的关注程度明显弱于《湖北日报》。但相较于中部地区其他省会城市而言，武汉市受《人民日报》的关注程度相对较高。《南方日报》《解放日报》《四川日报》分别是广东省、上海市、四川省的党报，其报道的重点主要是本省新闻，其他地区的新闻涉及较少。但这三种报道在同一统计时间段对湖北省会的报道数量不相等，表明这三份报纸对武汉市的关注程度存在较大差异。《南方日报》对湖北省会的关注程度相对较高，其次是《解放日报》，而《四川日报》对湖北省会

的关注程度最低。

其次，从报道倾向上看，五家报纸存在较大差异。其中，《湖北日报》关于省会的报道正面报道的比例高达 72.63%，负面报道虽然有，但比例仅为 6.23%，其塑造的武汉市形象良好。《人民日报》对湖北省会的报道虽以正面报道为主，但负面报道的比例为 13.80%，是《湖北日报》负面报道比例的两倍多。这样，《人民日报》塑造的湖北省会城市形象虽然整体良好，但负面形象也相对突出。《南方日报》中正面报道的比例与中性报道的比例基本持平，与负面报道的比例差距进一步缩小，仅为13.24%。这样，《南方日报》塑造的湖北省会形象整体上一般。《四川日报》中正面报道的比例与负面报道的比例基本持平，仅相差 4.16%。《四川日报》塑造的湖北省会形象较于《南方日报》差一些。《解放日报》中负面报道的比例大于正面，其塑造的武汉市整体形象较差。可见，五家报纸不仅对湖北省会的关注度存在较大的差异，而且报道中呈现出的湖北省会形象存在着较大差异。

2. 五家媒体为受众呈现出较为立体的湖北省会城市形象

《湖北日报》等五家媒体在报道湖北省会时，主题涉及面广，涵盖政治、经济等 12 个主题全部内容。这显示出五家报纸作为各省乃至全国大报组织报道湖北省会时的全面立场，这可以使受众对武汉市形象的认知更为立体。同时，五家媒体在不同主题报道时突出重点，政府活动、经济、交通、民生、社会治理五方面的内容是五家报纸共同关注的主题，报道数量相对较多。当然，不同报纸在报道时有各自的报道重点。其中，作为在武汉市的省级媒体，《湖北日报》为了满足省内受众的爱好，在全面报道省会的同时更加侧重于经济、政府活动、民生、科技文化等方面的内容，着重展现省会城市的经济活力、政治活动和市民的生活状态。作为中央级党报，《人民日报》对湖北省会的报道主要侧重于政治、民生、科技文化、教育方面的内容，着重展现省会城市政府活动、市民生活和教育水平。《南方日报》对湖北省会的报道主要侧重于社会治理、交通、民生、经济方面的内容，着重展现城市经济活力、社会治安和市民生活。《解放日报》对湖北省会的报道主要侧重于政治、经济、社会治理和突发事件，着重展现城市经济状况、社会环境方面的内容。《四川日报》对湖北省会的报道主要侧重于政治、经济、教育和社会治理方面的内容，主要展现城市经济发展和社会环境。可见，省内省外媒体在报道湖北省会时，在为受众呈现出一个立体的城市形象的同时，也分别突出展现了某一方面的形象。

(二) 湖北省会城市的具体形象

1. 省会城市的政府形象

政府活动是五家报纸报道湖北省会城市时共同关注的主题，这与五家报纸作为党报性质相关。作为各省乃至全国的党报，宣传党的活动是其报道的重点。五家报纸在报道湖北省会城市的政府活动方面的内容时，分别呈现出两种不同的形象。其中，《湖北日报》《人民日报》中政府活动的报道正面报道数量占绝大多数，负面报道涉及数量较少，两家报纸为受众呈现出一个良好的政府形象。而《解放日报》《南方日报》《四川日报》中政府活动的报道主要以负面报道为主，展现了省会城市政府腐败、混乱的不良形象。以下，笔者将对五份报纸呈现出的武汉市政府形象作详细解析。

(1)《湖北日报》呈现出的省会城市政府形象

2010 年 8 月 26 日，国家发展改革委员会正式发布了《关于促进中部地区城市群发展的指导意见》(以下简称《意见》)，《意见》对中部地区未来几年的发展进行了宏观上的规划，明确提出了促进中部地区崛起的八大重点任务，即粮食生产基地建设、能源原材料基地建设、现代装备制造及高技术产业基地建设、综合交通运输枢纽建设、重点地区发展、资源节约和环境保护、社会事业发展、体制改革和对外开放。随后，湖北省人民政府办公厅于 2011 年 2 月 27 日发布了《湖北省人民政府办公厅关于印发湖北省促进中部地区崛起规划实施方案的通知》（以下简称《通知》），对《意见》进行了回应，同时将中央的决定进行了进一步的细化，并制定了详尽的实施步骤和任务分工。《通知》从提高粮食综合生产能力，加快农业结构调整，提升农业产业化经营水平，完善农村基础设施、煤炭基地、电力基地和电网建设，大力发展原材料精深加工，加强重要矿产资源勘查，大力发展装备制造业，促进高技术产业发展，以高新技术和先进适用技术改造传统制造业，建设全国性交通枢纽城市，加快铁路网建设，完善公路干线网络，加快机场建设，提高水运、管道运输能力，推进现代物流设施、武汉城市圈"两型"社会综合配套改革试验区、鄂西生态文化旅游圈建设，促进湖北长江经济带新一轮开放开发，大力促进县域经济发展，扶持革命老区、民族地区和贫困地区发展，支持重点旅游景区发展，提高资源综合利用和循环经济发展水平，加强生态建设与保护，加大环境污染防治力度，加快江河湖泊整治，加快南水北调工程建设，优先发展教育事业，繁荣文化体育事业，增强基本医疗和公共卫生服务能力，千方百计扩大就业，提高社会保障水平，推进体制机制创新，支持综合改革试点，提高对外开放水平，加强区域经济合作多方面等要求作了详细规划。《意见》和《通知》作为湖北省各城市发展最重要的纲领性文件，指明了湖北省未来的发展方向。武汉市作为湖北省的省会城市，是湖北省政治、经济等发展的核心，因此，《湖北日报》在对省会进行报道时，主要围绕着《通知》上的内容。

《湖北日报》关于省会城市的政府活动的报道共有191篇，发展规划、政府公告、改进工作作风和对外合作交流等成为政府活动类报道的主体。比如《武汉市城管局解决司机如厕难》《武汉监水成本首次"全公开"》《武汉与旧金山"牵手"》《李孟贤：让武汉旧金山携手发展》《武汉争扛新一轮的对外开放大旗》《武汉市江岸区被民政部确定为社区党风廉政建设联系点》《武汉海关深化区域通关改革》等。《湖北日报》中政府活动类报道正面报道数量高达152篇，展现了省会城市政府勤政为民、改变工作作风，提升政府服务水平的良好形象。当然，《湖北日报》中也出现了省会城市政府的负面报道，共有 10 篇。这些负面报道主要涉及省会城市政府工作人员的腐败行为，比如《武汉市客管处两任处长落马》《武汉填湖事件 3 名局级干部受罚》等。可见，《湖北日报》塑造了省会城市政府勤俭务实、亲民为民的良好形象。

（2）《人民日报》呈现出的湖北省会城市政府形象

《人民日报》是我国中央级党报，其报道对象涉及全国所有城市，湖北省会城市只是众多城市之一，其对武汉市的报道数量明显少于《湖北日报》。但作为党报，武汉市政府事务仍是《人民日报》最为关注的主题，报道篇数为 83 篇，占报道总量的 27.9%。其中，正面报道为 63 篇，负面报道为 5 篇。在政府活动报道中，《人民日报》主要涉及武汉市政府工作作风、发展规划、基层视察、纪检反腐方面的内容。这些方面报道的内容以正面报道为主，例如《武汉 5 年将解决 20 万困难家庭住房》《武汉市政协献策解决社保难题（一招一市）》《武汉市长要求"一把手"骑车察民情》《武汉公共服务窗口周六不"打烊"》《武汉市江岸区 党员代表议事会 为居民"贴身"解忧》等。《人民日报》中负面报道主要涉及官员不作为、腐败方面内容，比如《武汉警方：3 名打人警察被处分》《武汉严肃追责"渍水时间"水务局长被免职》。可见，《人民日报》整体上塑造了湖北省会城市政府的勤政为民的良好形象。

（3）《解放日报》呈现出的湖北省会城市政府形象

政府活动类报道是《解放日报》对湖北省会关注最多的主题，共有相关报道 18 篇，其中正面报道 2 篇，负面报道 12 篇，可见，《解放日报》虽然对武汉市的政府活动比较关注，但主要呈现的是其负面形象。比如《房价三年涨三成，"豪宅税"标准却没变》《武汉：70 平方米房子"被豪宅"》《武汉"治庸"50 天 问责干部 344 名》《武汉地铁广告投标"怪相"频出 出十亿者"公益零分"》《一评委反腐强调：没打过满分也没打过零分》《捞进 30 万招标文件也可"量身定做"武汉地铁广告招标确涉贪渎》等。这些负面报道为受众呈现出武汉市政府腐败、不作为的负面形象。由此可见，《解放日报》塑造的湖北省会城市政府形象较差。

（4）《南方日报》《四川日报》呈现出的湖北省会城市政府形象

《南方日报》《四川日报》两份报纸中关于湖北省会城市的报道，政府活动并不是其最为关注的主题。在《南方日报》中，政府活动类报道数量在所有主题中居第 5 位。《四川日报》中政府类报道数量也占第 4 位。这表明政府活动并不是这两份报道对武汉市关注的焦点。同时，在报道倾向上，这两份报纸均以负面报道居多。在《南方日报》中，政府活动类报道正面报道只有 1 篇，而负面报道有 4 篇。在《四川日报》中，政府活动类报道全部是负面报道。从报道的具体内容上看，《南方日报》主要展现的是武汉市的腐败、不作为，比如《武汉经适房事件系官商勾结》《武汉最大经适房项目"楼脆脆"多处出现地基下陷、墙面开裂、楼房漏水，施工方称无危险》《网报武汉公路处特招领导子女？公路管理处承认确有其事，称领导子女考第一是真才实学》等。《四川日报》中的报道主要展现武汉市执政者腐败、蛮横，比如《武汉开审"六连号"造假案》《武汉经适房"六连号"案 11 名被告被判刑》《武汉再次开审经适房"六连号"案件嫌疑人把作弊软件装入摇号电脑 弄虚作假瓜分贿赂款》《武汉严肃追究民警打人事件相关领导责任》等。由此可见，《南方日报》《四川日报》呈现的是武汉市的野蛮执政、不作为、腐败的负面形象。

2. 湖北省会城市的经济形象

在所选取的样本中，经济类报道数量仅次于政府活动类，名列第二。从单一报纸看，经济类报道均居报道主题的前四位，这表明这五家报纸对湖北省会城市的经济发展非常关注。并且，不论是从五份报纸报道整体上还是单独从每一份报纸看，经济类报道中以正面报道为主。整体上，五份报纸经济类报道中负面报道的比例为 2.8%。从单一报纸看，《湖北日报》中经济类报道的负面报道比例为 1.9%，《四川日报》中经济类报道的负面报道的比例为 12.5%，《人民日报》《解放日报》《南方日报》三份报纸中负面报道数量均为零。可见，五份报纸中呈现出的湖北省会城市经济形象良好。当然，《湖北日报》《四川日报》中暴露的武汉市经济方面的缺点也不能忽略，比如关于企业经营不善的有《武汉中院裁定东兴航空公司破产》《郑州名航货运反超武汉天河》，关于经济衰落的有《武汉最大禽类市场交易降九城》。由此可见，五家报纸呈现出的湖北省会城市经济形象良好。

3. 湖北省会城市的市民形象

市民形象是一个城市形象的重要组成部分，省会市民形象好坏严重影响外界对省会城市形象的印象。在当今媒体时代，由于时间空间的限制，受众无法通过亲身经历来认知外界图景，而只能通过媒体的报道实现。因此，媒体对省会市民形象的塑造就成为受众对省会城市形象认知的重要途径。

在所选的样本中，五家媒体对武汉市市民形象的塑造主要通过正面典型报道的形式。因此，五家报纸塑造的湖北省会市民形象整体良好。报道中省会市民的良好形象主要体现在讲诚信、热心、有爱心等特点。比如，《四川日报》中的报道《在感动中延续"西藏故事"武汉大学教授杨昌林关爱藏族学生引起社会强烈反响》，文章报道了武汉大学老教授杨昌林33年如一日地关爱武汉各大高校藏族学生的感人事迹。《人民日报》也用长篇通讯《武汉大学退休老教授杨昌林 藏族大学生的武汉"阿爸"》详细记述了杨昌林关爱藏族学生的心路历程，展现了武汉人富有爱心的特点。《南方日报》中的报道《武汉"暴走妈妈"成功移植肝脏救子》，展现了这位武汉母亲母爱的强大。《湖北日报》中《武汉女教师三月两捐髓中》报道了武汉19中女教师两次为上海白血病患者捐献100毫升的淋巴细胞，并称"救人救到底，没什么好犹豫的"。《人民日报》中的《7名农民工在武汉街头协力救人悄然离去 他们还没有被找到》展现了武汉人的热心，《人民日报》中《武汉"信义兄弟"获全国"五一"劳动奖章》中展现了武汉人讲信义、负责人的良好品格，等等。当然，除了典型人物报道，报纸在其他报道中展现湖北省会城市市民形象，比如，在地铁上吃东西等不良行为，这在一定程度上影响了武汉市市民良好形象。但总体上，五份报纸塑造的省会城市市民形象良好。

4. 湖北省会城市的交通形象

作为我国中部地区的核心城市，紧邻长江边的湖北省会武汉市素有"九省通衢"的美名。尤其是经济高速发展的今天，交通的便捷决定着该地区经济发展程度的高低。从所选的样本中，笔者统计发现，《湖北日报》等五家媒体对湖北省会城市的交通类报道关注程度相对较高，且均呈现出其发达、便捷的良好形象。从报道数量上看，《湖北日报》中交通类报道89篇，居所有主题报道的第5位；《人民日报》中交通类报道13篇，位居第8位；《南方日报》中交通类报道20篇，位居第2位；《解放日报》中交通类报道4篇，位居第6位；《四川日报》中交通类报道4篇，位居第6位。可见，五家报纸对武汉市的交通相对比较关注。从报道倾向上看，五份报纸对武汉的交通持肯定态度。《湖北日报》中交通类正面报道的比例比负面报道的比例高76.4%，《人民日报》中交通类正面报道的比例比负面报道比例高53.8%，《南方日报》中高50.0%，《解放日报》中正负面报道比例持平，《四川日报》中正面报道比例比负面报道比例高75%。从报道内容上看，五份报纸主要展现武汉市交通建设发达、交通便捷的良好形象，尤其是武汉市地铁通行后，其便捷、发达的交通形象更加凸显。比如《湖北日报》中的报道《这一刻武汉因拥有地铁而精彩》《武汉微笑拥抱"三铁时代"》、《南方日报》中的报道《春运可乘高铁武汉步入广州生活时间》《武广高铁全程封闭视频监控 今起每天20对列车从武汉和广州开出试运行》、《四川日报》中的报道《"泸州港"—"武汉港"—"台湾"水运航线年内开通》，等等。当然，五家报纸也反映了武汉市交通的一些弊端，比如堵车情况、地铁偶尔不能正常运行等。这些报道在一定程度上会影响武汉市的交通形象，但由于数量较少，且这是每个一线城市交通的通病，所以对武汉市整体的交通形象影响较小。由此可见，坐拥天然的地理位置，武汉市的交通受到了国内报纸的普遍关注，并且其发达、便捷的交通受到了一致的肯定。

5. 湖北省会城市的社会治安形象

社会治安形象的好坏直接影响着该地区投资业、旅游业等的发展。根据统计数据，我们可以知道，五家媒体对湖北省会城市的社会治安相当关注，尤其是《南方日报》《解放日报》《四川日报》三家省外媒体。那么，五家媒体在报道中反映出的武汉市治安环境如何呢？根据笔者统计，在《湖北日报》中社会治理类报道有80篇，突发事件9篇，共占样本总量的8.8%。在社会治理中报道中，主要涉及各类刑事案件案情报道、进展通报、社会治安状况警示、社会综合整治、纠纷维权等方面的内容。这些报道通常是由公安机关或检察院、法院提供消息来源，记者进行报道。也有部分是由市民提供的消息，然后记者进行现场采访。社会治理类报道以正面报道为主，其中正面报道49篇，负面报道10篇，展现了武汉市在社会治理虽然偶有暴力刑事案件发生，但整体上井然有序的形象。突发事件报道中主要涉及车祸、暴雨等事件。突发事件中全部是以负面报道为主。可见，《湖北日报》塑造的省会治安形象整体上良好。尽管偶有车祸、暴雨、刑事案件发生，但这在每一个城市中都是不可避免的。《人民日报》中社会治理类报道30篇，突发事件类报道7篇，共占样本总量的12.5%。在社会治理中报道中，也主要涉及各类刑事案件案情报道、进展通报、社会治安状况警示、社会综合整治、纠纷维权等方面的内容，而社会综合整治和各类刑事案件案情报道、进展通报报道数量最多。《人民日报》中社会治理类报道以正面报道为主，占60%，负面报道仅占5%。这些报道为受众呈现出湖北省会城市社会治理有效的良好图景。突发事件中正面报道0篇，负面报道5篇，占报道总量的71.4%，主要反映武汉市发生的车祸之类的突发事件。这些报道数量尽管较少且不可避免，但会给受众留下不好的印象。可见，《人民日报》中湖北省会社会管理有效，社会治安形象良好。因此，《湖北日报》《人民日报》两份报纸呈现出武汉市社会治理井然有效的良好治安形象。

《南方日报》《解放日报》《四川日报》三份省外报纸对湖北省会城市的

社会治安非常关注，且展现出的形象较差。从报道数量上看，《南方日报》中关于武汉市社会治理类报道有 25 篇，居各类主题报道数量之首，突发事件的报道也有 10 篇，名列所有主题报道第 5 位。可见，《南方日报》对武汉市的治安情况非常关注。《解放日报》中社会治理类报道数量 15 篇，居所有主题报道第二位，突发事件报道 10 篇，二者共占总报道的比例高达 30.5%。可见，《解放日报》也非常关注武汉的社会治理问题。《四川日报》中社会治理类报道的数量为 8 篇，与经济、教育类报道并列居于各类主题报道之首，突发事件类报道 6 篇，二者共占各类主题报道的 29.2%。可见，《南方日报》对武汉市的治安状况关注度较高。从报道倾向上，三份报纸均以负面报道为主，呈现出武汉市较差的社会治安形象。《南方日报》中社会治理类负面报道 13 篇，突发事件类负面报道 9 篇，占两类报道总量的 62.9%，远远高于正面报道的比例。《解放日报》中社会治理类负面报道 4 篇、正面报道 3 篇，突发事件类报道负面报道 9 篇、正面报道 0 篇，负面报道的数量大于正面报道数量。《四川日报》中社会治理类负面报道 4 篇、正面报道 1 篇，突发事件类负面报道 5 篇、正面报道 1 篇，两类报道中负面报道数量均高于正面报道。从报道内容上看，《南方日报》主要突出武汉市社会管理无力的有《武汉"最牛的违法建筑"10 年拆不了》《武汉市卫生局通报王贝整容死亡事件：遗体已火化死因或成疑》《国务院安委办通报武汉"7·12"重大火灾事故　厂房存在严重安全隐患》，突出社会治安混乱的有《"钢耗子"狂盗建桥钢材武汉二十七大桥建材被盗严重　市民将其当废铁卖》等。《解放日报》中《武汉银行爆炸案嫌犯落网　作案动机：企图抢劫运钞车钱款》体现出武汉市还存在暴力抢劫等不良事件。《武汉仓库火灾死亡人数增至 14 人》反映出武汉市安全隐患令人担忧，等等。《四川日报》主要展现武汉市社会管理乏力，比如《祸起违法"种房"——武汉城中村一楼房垮塌致人死亡事件调查》，等等。由此可见，《南方日报》等三份省外媒体呈现出湖北省会城市暴力事件存在、社会治理有待改进的社会治安形象。

6. 湖北省会城市的教育形象

湖北省城的中小学和高校的数量位居全国各大城市前列，因此，武汉市的教育受到全国媒体的普遍关注，并有教育强市的"刻板印象"。在所选的样本中，总体而言，五家报纸对武汉的教育比较关注，但不同报纸对其关注程度存在差异。其中，《四川日报》对武汉市的教育最为关注，教育类报道比例为16.7%，其次是《人民日报》，教育类报道比例为8.4%，《解放日报》对武汉市的教育关注程度最低。在报道倾向上，四家报纸对武汉市的教育均持肯定、认可的态度，正面报道的数量均高于负面报道的数量。而《解放日报》中关于武汉市的教育类报道全部是负面报道。从报道内容上看，四家报纸在报道武汉市教育新闻时，普遍比较关注大学教育，尤其是"武汉大学"，而对中小学教育的关注程度较低。比如，《四川日报》中的报道《阔别70年　武汉大学"西望乐山"》，《人民日报》中的报道《武汉城市圈内高校对口合作》，《湖北日报》中的报道《武汉东湖学院探索民办高校党建新机制》，等等。同时，此类报道还凸显了武汉市教育的创新性和人才多，比如《湖北日报》中的报道《首届全省大学生结构设计竞赛在武汉大学举行》《全国"麻醉暑期学校"武汉开课》，《人民日报》中的报道《武汉两高校联姻"拆墙"互认学分》，《南方日报》中的报道《东莞名企下周武汉高校揽才》《坐高铁去"抢才"　这一站，武汉》，等等。另外，报道中还通过报道武汉市师生的感人事迹，展现了武汉市教育的成效。比如轰动全国的"赵小亭事件"在四份报纸中均有所报道。当然，高校监管上的疏漏、武汉学生课业沉重也使得武汉教育形象受到损害，比如，《人民日报》中的报道《进入4月来，武汉不少小学生忙着赶场"奥赛"名校的敲门砖太沉重》，《四川日报》中的报道《收钱就发证？——武汉理工大学"廊坊班"硕士学位实践调查》，等等。在教育类报道中以负面报道为主，《解放日报》主要展现武汉市教育的不足。比如《武汉一高校研究生被判刑》《撞倒老人劫持女医生　武汉一大学生立案》。由此可见，五家报道塑造的湖北省城的教育形象虽然整体上良好，但不同报纸塑造的教育形象并不统一，存在较大差异。

7. 湖北省会城市的环境保护形象

随着人们生活水平的提高，人们对自身的生活环境的关注程度越来越高。良好的生活环境成为评判该城市是否宜居的重要指标。尤其是PM2.5指标的出台，全国人民对环境的关注达到了空前的高度。因此，城市环境的优劣成为当今人民对该城市整体印象的重要影响指标。从所选的样本统计数据中，笔者发现，五家报纸对湖北省城环境保护的报道数量较少。《湖北日报》有35篇，《人民日报》有7篇，《南方日报》《解放日报》《四川日报》中环境保护类报道均仅有1篇。在报道倾向上，除了《湖北日报》，《人民日报》等四家报纸对武汉市的环境保护均持批判态度，报道中展现了武汉市环境差、环境保护措施缺失的不良形象。比如《解放日报》有《武汉极端雾霾天引起恐慌》，《人民日报》有《武汉后湖水草盘踞5000亩水面》，等等。《湖北日报》中环境保护类正面报道的数量为17篇，负面报道14篇，正面报道数量略多于负面报道。在具体报道中，《湖北日报》在肯定省会城市在环境保护上作出积极作用的同时，也暴露出其短板，比如，《武汉中心城区湖泊水质下降》暴露出武汉市湖泊水污染严重，《武汉空气连续3天重度污染》展现了武汉市空气质量差、环境保护措施不足，等等。可见，五家媒体呈现出两种不同的武汉市环境保护形象，《湖北日报》呈现出省城的环保形象有所缺陷，但整体良好，《人民日报》等四家媒体呈现出的湖北省城环保措施缺失、环境差的不良形象。

四、对湖北省会城市形象报道的改进建议

在上一节，本文通过具体的数据、文本等详细阐述了湖北省会城市七个方面的具体形象。通过分析发现，五家媒体在呈现湖北省会城市形象时，不论是主题关注程度和报道倾向上均存在较大差异，这样一来，

塑造出的湖北省会城市形象也有所不同。其中,《湖北日报》塑造的省会整体形象良好,《人民日报》次之,《南方日报》《解放日报》《四川日报》中的湖北省会城市整体形象不尽如人意。同一个报道主体,不同的媒体却呈现出不同的形象。尽管这五家媒体都是全国发行,但是由于不同地区的受众选择媒体主要采取就近原则,不同地区的受众在媒体报道中获取的武汉城市形象就取决于当地媒体,进而使不同地区的受众对武汉市城市形象的认知就出现偏差。这样,《湖北日报》中塑造的省会的良好形象仅能使武汉市本地市民沉浸在自我满足的情景中,而对四川省、上海市、广东省市民影响力微乎其微。因此,尽管《湖北日报》呈现出省会的良好形象,但由于其影响力有限,外界受众获知的湖北省会城市形象仍有不足。因此,以下笔者分析不同媒体塑造的湖北省会城市形象出现偏差的原因,并针对分析的结果提出一些改进措施,进而提升湖北省会城市形象。

(一)不同地区媒体中呈现出的湖北省会城市形象原因探析

笔者认为不同省份呈现出的湖北省会城市形象出现偏差主要是由三个方面的原因:

第一,受地域保护和异地监督原则影响。我国新闻报道一直以来的总方针是"以正面报道为主,负面报道为辅"。而这种方针在本省党报和中央级党报报道中体现得更为突出。在这种报道方针的指引下,本省媒体和中央级党报在报道新闻时尽量实行"报喜不报忧",使得报纸上的新闻大多数是正面报道,给受众呈现一幅良好的社会画面。这样,《湖北日报》《人民日报》两家媒体呈现出的武汉市的形象必然是良好的。然而,由于我国报纸经营实行的是党政领导、市场化经营的模式,为了报纸的生存和发展,报纸的报道必须满足受众的口味。在当今生活节奏加快,生活压力加剧的时代,正面报道报道已不再受到读者的青睐,负面报道更能满足受众的需求。这样,为了既实现本地区报道以正面报道为主,同时也有一定数量的负面报道满足受众,异地监督报道就成为众多外省媒体的必然选择。这就造就了湖北省会在省内外媒体中呈现出不同的形象。

第二，与不同省份自身发展需要相关。从第三节的统计数据中我们可以看出，《南方日报》《解放日报》《四川日报》三家省外媒体对湖北省会城市不同主题关注度和报道倾向存在较大差异。在报道主题上，《南方日报》对湖北省会城市的社会治理和交通最为关注，《四川日报》对该省会的社会治理最为关注，而《解放日报》更关注于武汉市的政府活动。在报道倾向上，三家媒体塑造的湖北省会城市社会治安、政府管理方面的形象较差。而之所以会出现这种情况，主要是与这些省份自身发展需要相关。其中，四川省与湖北省都是我国"中部崛起"计划的省份，由于所处地理位置和资源相似，二者之间存在着必然的竞争关系。为了获取更多的招商引资的资源，四川省媒体对武汉市投资的社会环境更为关注，即报道中出现的社会治理方面的报道数量较多，且呈现出武汉市治安混乱的不良形象。《四川日报》的这种报道策略对于凸显自身投资优势，进而为本省争取到更多的投资资源非常有利。而广东省与湖北省会之间的竞争关系相对较弱，二者之间更多的是一种互利关系。作为发达的沿海城市，广东省在我国当前的经济发展形势中担当重任。而当地经济的发展需要人才的支撑，湖北作为人才输出大省，为广东省提供了大量的人才。而人才在工作地点的选取中，便利的交通是一个重要的考量因素。同时，便利的交通能有效地促进城市的旅游、商业等方面的发展。这样，《南方日报》对武汉市的交通更为关注，且塑造出武汉市便捷的交通形象。因此，可以说，不同省份为了自身的发展需要，当地媒体在报道中呈现出不同的湖北省会城市形象。

第三，与不同媒体对湖北省会城市定位不同相关。随着改革开放的深入，我国城市化进程逐步加快。尤其是进入 21 世纪，我国城市间的竞争更加激烈，每个城市都使出浑身解数来获取自己的一席之地。固步自封已不是当今城市的生存之道。因此，每个城市都要放宽视野，不能再将自己置身于狭小的范围内进行比较，不然，自己迟早会在城市竞争这个赛场上消失。而媒体中的武汉市就是在小范围内定位的城市。从具体的报道中可以看到,《湖北日报》《人民日报》一直将武汉市定位为中部城市,将之称为中部的"领头羊",很少将它与东南部一些发达城市进行比较。久而久之,武汉市在受众心中的印象是中部地区的强市,而在全国中心城市中地位较低。另外,这种长时间的区域性定位也会使武汉自身盲目自信,进而失去奋力前进的动力。而《南方日报》《四川日报》《解放日报》却将武汉置于与本地同区域的位置,乃至全国的范围内比较,这样就使得武汉市的一些优势丧失,呈现出相反的形象。

(二)湖北省会城市在媒体报道中提升自身形象的策略

1. 本地媒体在报道倾向上不妨多一些批评的声音

在当下,是否能够容忍批评的、不同的声音已经成为判断一个社会是否成熟的标志。

政府作为城市的管理者、公共利益的托管者,同样应该学会重新找到自身的定位。过去的"大政府"模式,往往将政府塑造成全能型的模样,政府掌管一切、控制一切,然而,事实上,正如一个人不可能是全能的一样,政府同样也不可能是万能的。而这个政府职能转型的过程,既是对以人为本概念本身的回归,又是对政府职权能力的回归。在公民社会里,政府能够对批评的意见从善如流,而公民本身在政治参与的过程中,会理解政府的不易,会对政府的失误予以充分的谅解,或许这才是真正的和谐。因此,政府不应该害怕和拒绝批评,批评并非对政府能力的否定,而是对政府态度的肯定。从《湖北日报》中省会城市相关报道内容来看,正面报道内容过多,这种传播思维带着浓厚的宣传色彩,从长期来看,对媒体的公信力和城市形象的塑造都会产生负面影响。因此,《湖北日报》在今后的报道中应该多一些具有建设性的批评报道,这样既可以为市民和政府的有效沟通提供平台,进而让政府制定出符合民意的法规政策,也体现了媒体的责任意识,提升媒体自身的公信力,树立了媒体自身的良好形象。

2. 本地媒体应着力于省会城市市民素质提高的引导

城市形象包括"硬形象""软形象"两方面，其中，"软形象"主要是指城市中市民的素质、行为、理念、精神状态等的抽象整合。市民是城市生态系统的主要组成要素，是城市形象建设的主体。而市民素质不仅决定着一座城市的现代化发展水平，也决定着城市形象的创新。因此，只有充分发动市民参与城市形象的建设，使城市形象的建设得到广大市民的认同和拥护，城市形象的建立才能有坚实的社会基础。而市民素质的提高以及市民对城市形象建设的参与有其主动性和自发性，但更多地需要媒体的宣传和舆论引导。从前文统计数据中我们可以看出，《湖北日报》对省城市民的报道主要集中于典型人物的报道，而对普通市民的生活缺乏关照。典型人物的报道确实能彰显一个城市的精神品质，但城市形象的建设更多的是需要普通市民共同努力。因此，《湖北日报》在今后报道中应多一些关于省城普通市民的报道，呼吁和引导市民在城市形象建设中做到"人人动手，从我做起"，让市民从思想上意识到城市形象的建设不只是政府的事情，而是关乎所有市民的日常生活和共同利益。只有这样，市民才会从行动上践行，从身边的小事做起，共同参与城市形象建设。当然，在具体报道中，《湖北日报》既可以从正面宣传城市建设与市民生活的关系，以及城市形象建设的方针、政策、意义等；同时也可以从一些负面报道中加强对市民行为的引导，比如对"武汉地铁泼面"事件的报道，让市民认识到个人行为应该符合社会文明标准，个人利益要服从社会利益，进而不断提高市民的整体素质。

3. 省会城市政府要加大与省外媒体的沟通，提升自身的公关水平

"新闻是对最近发生事实的报道"①，然而，在选择事实的过程中，媒

---

① 陆定一. 我们对于新闻学的基本观点[N]. 解放日报，1943-09-01.

体却有自主权。因此，同一地区的不同媒体会出现不同的新闻，同时不同的媒体对同一事件也会出现不同的报道角度和报道倾向。从前文统计数据中我们可以看出，《南方日报》《解放日报》《四川日报》在选取湖北省会的新闻事件时，以展现其负面形象的事实为主，而能展现其正面形象的报道却时常被其无形地省略掉。这种选取新闻事实的方式虽然不违背新闻真实性原则，但却不能真实地反映武汉市真实情景。因为任何城市在建设过程中都不可能是完美的，武汉市也不例外。武汉市在建设中难免存在一些问题，但这些问题只占较少部分，其数量不可能多于正面、积极事实的数量。因此，《南方日报》等省外媒体对湖北省会城市负面报道数量多于正面报道的报道倾向，有悖于新闻报道的整体真实原则。而之所以会出现这种报道情形，除了与《南方日报》等媒体自身的报道策略有关，即兼顾自身异地监督的需求，满足受众阅读需求，进而促进自身经济发展外，更重要的是，武汉市政府在与省外媒体沟通上的缺失。《南方日报》等媒体虽然在湖北省会有驻地记者，但数量较少，这样难以获取足够的新闻来满足其受众对湖北省会信息的需求。因此，武汉市政府可以定期组织武汉市媒体和记者与外地记者的业务交流活动，在提升各自的业务水平的同时，也能扩充外地记者获取信息的来源。这样，外地记者就可以更加全面客观地了解湖北省会的情况，进而使得其报道更加全面真实。

4. 搭建省内外媒体新闻源共享的平台

在当今信息化社会中，信息源成为众多媒体哄抢的焦点。可以说，谁掌握了足够多的信息源，谁就能在激烈的媒体竞争中胜出。尤其是针对外地媒体而言，尽管其会在不同城市设置办事处，但由于地域限制和记者资源的限制，其获取信息资源的能力有限，其获取的信息主要来自新华社或中新社，这从前文统计数据中可以得到印证。而新华社或中新社主要为全国媒体提供新闻源，其选取的新闻一般具有典型性和代表性，能引起全国受众关注。而这样的报道，以负面报道居多。由于一定区域内发生具有全国轰动性的事件数量有限，主要通过其获取信息资源的媒体就只能在有限的事件内选择，导致所选的新闻有限，进而报道其报道中负面新闻的数量较多。因此，为了使外地媒体能更便捷地获取本地新闻，并且更加公正地报道本地的信息，本地媒体应为外地媒体搭建新闻信息源共享的平台。这样，外地媒体在拥有足够信息源的前提下，就不会囿于没有足够的信息源而失之偏颇地报道本地新闻。

湖北卫视新闻节目《长江新闻号》
创新发展研究①

一、省级卫视发展分析

(一)我国电视业发展背景梳理

1983年我国制定了"四级办广播、四级办电视、四级混合覆盖"的方针,到目前为止我国的电视业现行的管理体制仍然是以行政区域划分的层级鲜明的体制。即中央电视台—省级卫视—地市电视台—县级电视台混合覆盖、条块结合的组织架构。中国的电视行业在此之后飞速发展,电视节目在制作上发展迅速,电视节目慢慢从单一"节目"的形式向"栏目"过渡,这时中国的电视节目慢慢进入科学严谨的"栏目化"阶段。

随着中国市场化浪潮的席卷,中国由计划经济向市场经济转轨,与此同时,中国电视业也慢慢从事业管制向产业化经营转变,在管理制度上、人员聘用上、栏目体制上都进行了改革。

"四级办电视"的体制大大调动了中国电视发展的积极性和热度,并为日后电视业的发展奠定了良好的基础。实行分块管理的模式让电视能够更好地和当地的政治、经济、文化建设融合在一起,让党中央的声音传到千

① 本文为2014届硕士毕业生王晓旭学位论文的部分内容。原题为"省级卫视新闻节目创新发展研究——以《长江新闻号》为例",有改动。

家万户，为观众提供了一个了解天下大事、知晓国家政策的平台，充分发挥了电视的喉舌作用；同时，这样的管理方式也让电视能够真正进入百姓生活，也让受众在最大限度上贴近电视节目。同时各级省地市在财政上也给予了电视台大力的扶持，不但使电视的政治属性充分地体现出来，也缓解了中央财政对地方电视台建设投入大量资金的压力。目前我国有无线电视台近300座，有线电视台1300家，教育电视台1000家，中国电视台的总数有4000多家。在"四级办电视"的大背景之下，国内电视台呈现出"井喷"式的增长。如此庞大的电视网覆盖中国各个层面，电视台在政治、经济、文化、教育方面的作用越来越大。

但与此同时，"四级办电视"的方针也导致了一系列问题，如电视机构臃肿、重复建设等问题等。这种分层按行政区域结构划分进行产业布局的形式并不符合电视行业的自然发展规律，也违背了电视的技术属性和传播规律。松散的结构导致电视台之间基本没有任何的隶属关系，也没有商业关系，因此电视行业的集约化程度非常低，资源的聚拢度不够。有限的资源不能得到合理的配置和利用，有限的市场也没有进行相应的开发。同时也由于在节目资源上的争夺，电视台在重组整合的过程中也出现了很多的矛盾。20世纪90年代初期，网络和卫星技术的运用让管理混乱的电视市场一下子涌出来几千家电视台，有线和无线、事业和企业、综合与专业的电视台鱼龙混杂，给电视市场带来许多负面影响，如广告乱收费用、盗版现象猖獗、节目同质化非常严重、电视荧屏出现了很多不健康的节目，等等。这给电视业的发展造成了非常消极的影响。

省级卫视想要发展，实行新的体制改革势在必行。一方面可以加速带动电视业集团化、产业化、市场化的发展脚步，另一方面能够让电视业按照自然的发展规律成长。电视业新一轮的改革重点在于集结分散实体，解决电视行业重复建设、资源浪费的问题，减少电视资源的内耗，通过组建电视集团来打造电视业的春天。中国电视业近20年的发展中有个不成文的规律"逢三变革"，这三个时间节点都对中国电视产业发展起到了里程碑式的作用。1983年国家制定"四级办电视"方针，1993年"制片人制"确立，

2003 年电视台重申新闻节目的重要性，这三次变革对电视业发展都起到了推动作用。目前国家正在进行新一轮改革。

(二) 省级卫视发展现状

从 20 世纪 90 年代初期开始，卫星传输技术和数字网络技术发展迅速，省级卫视争相上星，通过这种方式来占据国内市场更大的份额，以此在国内甚至是国际上获取更大的影响力。1989 年西藏卫视首先上星成功，截至目前，中国境内总共有 32 家省级卫视完成了上星目标，这 32 家省级卫视在国内铺开一张巨大的电视网。省级卫视的上星加速了电视产业发展，也助推了国内电视业环境的健康良性循环。这 32 家上星卫视频道分别是：北京卫视、安徽卫视、重庆卫视、福建卫视、甘肃卫视、广东卫视、广西卫视、贵州卫视、海南卫视、河北卫视、河南卫视、黑龙江卫视、湖北卫视、湖南卫视、吉林卫视、江苏卫视、江西卫视、辽宁卫视、内蒙古卫视、宁夏卫视、青海卫视、山东卫视、山西卫视、陕西卫视、东方卫视、四川卫视、天津卫视、西藏卫视、新疆卫视、云南卫视、浙江卫视、深圳卫视。省级卫视在上星之后，不仅在省内的影响力倍增，还能突破行政区域的限制，在全国范围打开市场。当电视台在区域市场内取得了不俗的成绩，甚至能够在更广阔的国内市场参与竞争时，其对外宣传的幅度会增大，也带动了区域内政治、经济、文化的发展，提升人们对于媒体的认知水平。

在省级卫视的发展现状中有三点值得我们关注：一是常规栏目的走势为金字塔形，高收视率的节目太少；二是位居中游的省级卫视的涨势比较明显，但和央视还有很大差距；三是省级卫视的节目以电视剧和综艺节目为主，同质化的倾向严重。

1. 节目总体呈现金字塔式构造

2013 年一整年的时间里，国内上星频道播出的常规栏目共计 22 万余期，呈现出一种明显的金字塔形状。收视率关注度较高的电视节目数量较少，占据顶尖的位置，向下延伸收视率渐低，节目的数量增多。收视率在0～0.09%的节目高达66.23%，占到了所有节目的一大半，这部分节目基本是处在无人观看的境地。而通过表格我们可以得知，收视率超过2%的仅仅有1.46%，但是通过研究这一部分收视率很高的节目，可以挖掘出节目制作上更多的亮点，也能分析得到受众的需求，把握节目的制作走向（见表1）。

表1　2013年上星频道栏目收视率分布情况

收视率区间	栏目期数	比例（%）	合计（%）
超过2%	499	0.22	1.46
1.5%～1.99%	791	0.35	
1%～1.49%	2019	0.89	
0.5%～0.99%	7940	3.50	32.32
0.1%～0.49%	65418	18.82	
0～0.09%	150336	66.23	66.23

数据来源：csm 媒介研究

2. 收视率涨势明显和央视差距大

在省级卫视的梯队中根据收视率进行排列的话，湖南卫视继续一路走红，其市场份额占有率也达到了3.25%，其余依次是江苏卫视、浙江卫视、安徽卫视和北京卫视。在上星频道的排行榜上，TOP20的电视台分别可用表2展示。

从表2中我们可以看到，以娱乐综艺节目和大型情感类节目为主导的省级卫视电视收视率普遍较高，省级卫视的划分呈现出三个梯队。收视率在2%以上的为一级梯队，有6个，收视率在1%～2%的是二级梯队，有8个；其余是三级梯队。高收视率的节目基本集中在强势频道，但是如果将这些省级卫视的强势节目放在全国市场中来关照的话，相较于央视无可比拟的垄断资源来说，还是有很大的差距的(见图 1) 。

表 2　2013 年省级卫视收视排行表

排名	单位>> 频道	Csm45 2013 年 收视率(%)	市场份额(%)
1	湖南卫视	0.399	3.25
2	江苏卫视	0.307	2.50
3	浙江卫视	0.277	2.26
4	安徽卫视	0.211	1.71
5	北京卫视	0.207	1.68
6	天津卫视	0.204	1.66
7	上海东方卫视	0.191	1.56
8	江西电视台卫星频道(一套)	0.176	1.43
9	山东卫视	0.175	1.42
10	深圳卫视(新闻综合频道)	0.167	1.36
11	湖北卫视	0.167	1.36

数据来源:新浪微博-卫视小露电

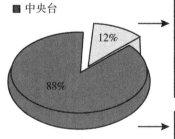

□ 省级卫视
■ 中央台

频道	播出期数	栏目个数
湖南卫视	146	9
江苏卫视	123	4
浙江卫视	67	7
上海东方卫视	48	7
深圳卫视	8	4
湖北卫视	2	1
黑龙江卫视	1	1

频道	播出期数	栏目个数
CCTV-1综合	1226	14
CCTV-4中文国际	994	4
CCTV-13新闻	364	8
CCTV-3综艺	326	16
CCTV-10科教	2	1

数据来源:csm媒介研究

图 1

从 2013 年高收视节目不同频道分组的特征来看，中央电视台还是在这场硬战中毋庸置疑地遥遥领先，占据了整个市场的 88% 的份额，而从栏目个数上来看的话，位居榜首的是中央电视台综艺频道，有 16 个节目入围，其次是中央电视台综合频道，有 14 个节目的收视率领先，再次是湖南卫视，以 9 个高收视率节目成为省级卫视中的领军者。从表 2 中我们可以看出，省级卫视在节目的收视率上还是落后于中央电视台各个频道。

3. 电视剧、综艺节目泛滥同质化严重

省级卫视在这两年的发展中将重心放在了综艺节目和电视剧上，并且推出了卫视自制剧的新颖节目形式进行创新。毋庸讳言，省级卫视竞争的主角仍然是电视剧，它的质量和数量直接决定了收视份额的涨跌。通过分析数据可以得出，荧屏上聚集的基本是以上两种节目形态，而新闻节目所占据的份额非常少。中央电视台的新闻节目在全国市场上的占有率和收视率则是惊人地高。凭借其资源优势和政策上的照顾，中央电视台在新闻节目上占据绝对优势（见图 2）。

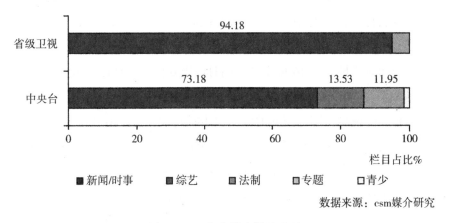

数据来源：csm 媒介研究

图 2　2013 年高收率栏目类别

从图 2 中我们可以看出，省级卫视的高收视率节目现状和中央电视台有着很大的不同，中央电视台在新闻时事类节目上有着出色的表现，有

73.18%的节目是时政类的节目，而省级卫视则是综艺节目的重要根据地，高达94.18%的节目类型是综艺节目。虽然在目前的电视市场上，新闻、综艺和电视剧被认为是三大高收视率节目类型，但是在省级卫视的阵营里，风头正劲的还是电视剧和综艺节目。在全国范围内，中央电视台的新闻节目占据了大部分市场，地市级的电视台主攻本地民生新闻，省级卫视多数是承担了转播新闻联播的任务而并没有在新闻节目上进行创新改革，因此在这一块上陷入窘境。

二、湖北卫视《长江新闻号》解析

(一)《长江新闻号》发展历史及其背景

2012年1月1日《长江新闻号》在湖北卫视开播，首次亮相它就以"坐拥长江、解读世界"的专业视角引起了业内关注。丰富的国际资讯、透彻全面的专家解析、事件背后关系的梳理让这档节目架构合理、层次清晰，成为中部省份城市国际新闻深度评论栏目的领军者，也是湖北卫视改革创新之后重点打造的品牌节目，对于国际新闻评论节目的发展起到助推作用。《长江新闻号》每晚23:00准时播出，经过半年时间的打磨，节目从开播初期的同时段排名第16位攀升至同时段第6位，并且在2012年的11月11日，取得了全国同时段节目收视排名第一的成绩。

在我国电视界，国际新闻的发展起步时间较晚，1976年的《新闻联播》中国际新闻才第一次用口播播出，以一个段落的简短形式出现在荧屏上。1980年的《新闻联播》中第一次出现了带有图像的国际新闻。中国的电视市场上真正出现国际新闻报道的栏目已经是20世纪90年代了，1994年《世界报道》第一次和观众见面，时间也很短暂，只有10分钟。进入21世纪之后，随着我国对外交往活动的增多，我国的国际新闻才慢慢打开了窗口走入发展的真正阶段。2011年的"9·11"事件引发了国际新闻节目播出的高潮，国内各大电视台对于事件进行全方位的解读和深度的挖掘，制作出一系列相关节目，收视率随之水涨船高。2003 年中央电视台新闻频道开播，加快了国内的专业新闻电视市场的发展和创新的脚步，一档全新的国际新闻节目——《环球视线》呈现在百姓眼前。这档节目在中央电视台新闻频道改版之后又重新回归观众的视线，成为唯一一档直播的国际新闻评论类的节目。该节目挑选当天最具影响力的国际事件进行解读和评论，并通过大量详细资讯和各方的不同观点来揭示出事件的本质，挖掘事件背后的隐藏含义。

我国的国际新闻真正迈开发展脚步是在 2011 年年底至 2012 年年初，2011 年广播电视总局下发了"限娱令"，省级卫视纷纷找寻新的节目出路、发现市场空白，新闻节目成为一个焦点。一直以来，新闻担负的是"党的喉舌"的作用，因此各个省级卫视"新闻立台"的想法由来已久。2012 年的 4 月份，中国和菲律宾在中国南海爆发了"黄岩岛事件"，两国之间的关系危机四伏。而在同月，"钓鱼岛事件"又被曝出，中日关系也产生矛盾。这两件国际大事在同一时段的出现让国际新闻节目的选题范围更加广泛，同时极大地促进了这个时期国际新闻节目的成长和发展，激烈的竞争迅速带动了此类节目的创新。《长江新闻号》就是在这样的背景下发展起来的。

在目前的新闻评论节目的市场中，有竞争力的省级卫视是深圳卫视、东方卫视。深圳卫视在 2009 年大胆进行改革，在晚上 7:00—9:00 的黄金时段加大对于新闻的播报，将《直播港澳台》的播出时间进一步加长，从 30 分钟延长至 70 分钟，并在晚间的 8 点黄金档播出，充分显示出深圳卫视要以"新闻立台"的态度。而随之各个省级频道也开始开拓国际新闻评论节目的市场，一时间国际新闻节目的热度迅速攀升（见表 3）。

从表 3 中可以看出，目前省级卫视中多达 70% 的节目播出时间在晚间，《长江新闻号》的播出带动了晚间后黄金带的国际新闻评论节目的市场的发展。2012 年晚上 10:00—11:00 播出的省级卫视频道的新闻节目仅有四档——湖北卫视的《长江新闻号》，福建东南卫视的《东南晚报》、新闻频道的《晚间新闻》，以及甘肃卫视的《甘肃新闻》，而再观看 2013 年同时段的新闻节目，数量已经多达 22 档。① 仅仅一年的时间同时段同类型的节目就增长攀升了 5 倍多。

表 3　各卫视播放安排

卫视	节目	时间	时长
深圳卫视	《直播港澳台》	周一至周日 20:06	70 分钟
	《关键洞察力》	每周三 21:20	60 分钟
	《决胜制高点》	每周一 21:30	60 分钟
	《军情直播间》	每周二 21:47	45 分钟
北京卫视	《军情解码》	周一至周日 13:06	45 分钟
云南卫视	《新视野》	周一至周五 23:08	35 分钟
湖北卫视	《长江新闻号》	周一至周日 23:00	60 分钟
广东卫视	《全球零距离》	周日 22:05	45 分钟
河北卫视	《国际静观察》	每周六、日 11:55	30 分钟
江西卫视	《深度观察》	每周二至周六 21:15	25 分钟

喻国明教授认为，"成功的电视栏目要经历推出、上升、成熟和衰退四个时期"②。将节目作为一个产品来看的话，《长江新闻号》也可以分为四个时期：导入期、成长期、成熟期和衰退期。从目前的状态来看的话，《长江新闻号》是处在快速发展的成长期。产品的生命周期理论认为，导入期是产品刚刚推向市场的阶段，在这个时间段内受众需要时间来对节目进行一个接纳和认可；成长期是受众对于产品已经有了一定的认可度，节目进入快速的发展成长期；成熟期是指一个节目进入趋于平稳的阶段；而衰退期则是一个节目在市场中逐渐演变成萎缩的状态，需要进行大的改革了。

---

① 李觅.湖北卫视新闻中心《长江新闻号》制片人.武汉：访谈资料，2014.

② 喻国明.拐点中的传媒抉择[M].北京：经济日报出版社，2007：142.

2012 年 1 月 1 日湖北卫视《长江新闻号》开播时观众并不多，因为节目所选择的时间靠后，晚间 11 点是处于不太被看好的时间段，但是经过半年的努力和酝酿，节目在较短的时间内就得到了市场和受众的认可，并且在半年后就坐上了全国同时段节目收视率前三的宝座。可以说在这段时间内《长江新闻号》的生命活力是很强的，也有很大的可变动性。从开播到同年中旬，大概半年的时间是栏目的导入市场期；在进入同年的第三个季度之后，节目的收视率开始稳中有增，从这个时间节点到现在，一直是节目的成长期。这也意味着，《长江新闻号》还有很大的发展上升空间。

(二)《长江新闻号》内容生产过程分析

如今省级卫视发展过程中遇到了很多同质化和庸俗化的现象已经成为不争的事实，在这场电视混战中，各种网络媒体和新型媒体的侵袭对于省级卫视又造成很大的困扰，因此电视节目的创新改革面临更大挑战。内容仍然必须是节目的第一生产力，没有了内容的填充就没有节目持续发展的源泉。除了参考境外的优秀节目内容之外，一个良好的创新管理机制能给节目的发展带来持续的发展动力。《长江新闻号》是湖北卫视在 2012 年元月推出的新闻带中的重点节目之一，经过两年精心的打造，在全国的电视市场中取得了不俗的成绩。数据显示，《长江新闻号》在 2013 年中对于湖北卫视整体节目收视率的带动作用不容小觑，2013 年 1 月对湖北卫视的收视贡献排名第一，CSM 数据显示 2 月份《长江新闻号》在同时段的省级卫视节目中排名第四。在 2013 年全年中，《长江新闻号》在全国相同类型的节目中提升最大。步入 2014 年，《长江新闻号》的发展也正式迈入第三个年头，节目不论是在创新性上还是在广泛性上都有了长足的发展。特别是节目区域化的痕迹明显减弱，国际化视野也越来越开阔。新闻节目热点告别铺开式制作的民生类新闻转而聚焦于若干国际新闻，以及覆盖面很广的全国性新闻。这样的结构既符合公众的利益，也有助于新闻业的健康和长远的发展。

作为湖北卫视目前新闻节目中的重点打造产品，《长江新闻号》的发展和生产模式值得省级卫视在创新改革的过程中进行借鉴。2012 年之前湖北卫视只有一个重点新闻节目——《湖北新闻联播》,其内容是以"中央新闻本地新闻"的老旧模式为主,《长江新闻号》的创新填补了湖北的国际新闻市场的空白,也给国际新闻节目的多样化发展带来新的理念。2011 年国家广电总局发布了"限娱令",这一政策的出台给省级卫视发展带来了一些限制,但与此同时也带来了机遇。湖北卫视在这个转折点中集中精力确定以"新闻立台"的目标,全力打造出一档日播的国际时事深度评论节目,"长江评论"是节目的独家竞争力,通过"国际视野、国内视角"的独特立场来观照国际大事、聚焦国际热点。作为一档成长迅速、收视率攀升渐高的国际时事类节目,《长江新闻号》的很多创新点值得研究。

1. 一个事件的多维度开挖

在国际新闻节目的市场上,常见的节目内容形式是重复和强化式的资讯重叠,连续性滚动报道国际新闻事件。但是作为中部省份的湖北省来说,电视台在资源的获取上很难得到最全最快的信息,因此节目的制作方面有很多的"短板"和劣势。它不能和中央电视台一样去拍摄独家的视频画面,也不像新华社一样能得到最快的一手信息,更难以做出独家的原创新闻,湖北卫视在做国际新闻上有着很多的"先天不足"。既要避免这些资源上和技术上的缺失,又要在同类的节目中做出特色,这对于一个中部省级卫视来说有着相当大的难度。因此差异化的道路最适合省级卫视的发展,与众不同才能凸显节目新意,独家内容才有亮点。迈克尔·波特认为,差异化战略的逻辑要求企业选择那些有别于竞争对手并使自己的经营独具特色的那些特质。①《长江新闻号》这档重磅推出的时事评论类节目就抢占先机,做出了"长江评论"这个特别的板块,立足中国放眼全球,全方位揭示了国际焦点时事背后很多不为人知的内幕,让一些千丝万缕、错综复杂的

---

① [美]迈克尔·波特. 竞争优势[M].陈小悦,译. 北京:华夏出版社,2005:13-14.

关系展现在观众眼前，用中国"中部的声音"，发出世界般的响亮。

《长江新闻号》的最大特色就是节目中的"长江评论"，这也是节目最强的核心竞争力。不做资讯的堆叠，而是通过一个国际事件的由头，来挖掘事件背后的真相，这就是独特的"1+N"节目生产模式。一个新闻事件，通过不同的观察角度来剖析，就可以透过现象看本质，获取更多的独家新闻资源，抢占独家话语阵地，这是节目很难被效仿和赶超的最强竞争力。对新闻事件的深度的独家解读，也为纷繁复杂的国际时事提供了一定的思路和理性客观的分析。比如在 2012 年 6 月 21 日中国决定成立三沙市的时候，湖北卫视《长江新闻号》立刻做出反应，针对此事件进行全面的解读，并围绕三沙市的地理位置、城市任务、三沙市驻军级别等因素进行研究，充分捋顺了事件背后的关系，让我们透过事件了解到国家作此举措的真正含义。

2012 年 4 月，朝鲜宣布要发射"光明三号"卫星。这则新闻在首发当天，就被中央电视台、凤凰卫视等媒体轰炸性地播报出去了，其媒体的境外记者能够在第一时间发回来"现场"信息。而湖北卫视目前还不具备这样优势的条件，但是对于这样一个重磅消息又必须关注，还最好能在所有的国际新闻中出彩。节目组成员在和专家进行沟通的过程中发现了可以深入探讨的独特视角，在 1998 年开始，日本政府就一直试图干涉朝鲜发射卫星。在 2009 年朝鲜发射卫星时，日本政府又以受到威胁为理由，阻拦朝鲜发射卫星的脚步。而这一次显然又是有备而来，种种行径的背后揭示了日本不可告人的目的——全面升级其宙斯盾反导系统。这也是专家通过对于背景信息的全面分析得出的结论，那么节目的主线就可以顺着这个线索进行挖掘——韩国武断强硬地将发射卫星说成发射导弹的目的又是什么？美国的用意何在？金正恩在这次朝鲜发射卫星的过程中又有何种顾虑？发射卫星后对于朝鲜会有什么样的影响？通过挖掘事件背后的真正含义，《长江新闻号》做出了一期特别精彩又有深度的节目。

深度开挖新闻信息的节目制作思路贯穿了其节目发展的全程。2014 年 3 月 8 日，马来西亚 MH370 飞机在飞回北京的返程中失联，下落不明。

《长江新闻号》独家连线驻马来西亚和越南记者，第一时间带来了一手搜救信息。并且时刻跟进事件的进展，分别在 2014 年 3 月 8 日，2014 年 3 月 9 日，2014 年 3 月 20 日做了三期的特别报道节目，这三期报道从不同的角度来凸显出一个主题——"马航失联"。在 3 月 8 日第一期节目中，根据"MH370 失联"的消息还引申出我国的外交政策，时任外交部部长王毅坚决声明：中国外交将更加主动进取，"外交为民"成为中国外交宗旨。而在节目中与之相呼应的是，在得知马航 MH370 失联后，王毅部长在十二届全国人大二次会议结束后表示歉意马上离开了记者会，前去处理马航事件的相关工作。这是《长江新闻号》在制作节目上小细节上的完善处理。一方面让结构能够上下承接好，另一方面也呼应了主题并延展开了节目的内容。通过 MH370 航班失联的事件引出独家观点，通过"长江评论"进行在线解读，丰富了节目的内容层次。节目中的线索是飞机失联，重点是解读中国的外交政策，分析了包括中美关系、中日关系在内的我国对外关系态度，并引出了两条重要的外交新闻，包括"美第一夫人今日访华，中美关系启动软调节""中国拟为'731'部队旧址申遗，日本罪行将公之于世"，通过这两条资讯的拓展，让节目内容更加饱满、主题更加明确。

2. 独家定制专家板块

《长江新闻号》在所有的国际新闻深度评论节目中有一个突出的特色，通过给评论专家量身定做小板块来增强节目的厚度和深度。目前已经成功播出的有为中南财经政法大学国际问题专家陈菲定制的"'菲'常面孔"的板块，为军事评论员邵永灵定制的"防务'灵'距离"，为战略观察员杜文龙独家打造的"战略'龙'观察"。① 这三个小板块的设置是根据每位专家最擅长的领域结合节目需求推出的，让专家能够更加详尽地从不同角度为受众分析问题。这些专家有研究武器装备的，有研究军事战略、国际关系的，还有研究中国安全的。这些专家对于一个新闻热点问题都会

① 李觅 . 湖北卫视新闻中心《长江新闻号》制片人 . 武汉：访谈资料，2014.

有不同的见解,而这些评论融入节目就可以给观众带来多层次多角度的视听盛宴(见表3)。

表3 《长江新闻号》定制专家评论板块

板块名称	评论员	研究方向	板块内容
"菲"常面孔	陈菲	国际关系	米歇尔访华:开创中美外交新模式
防务"灵"距离	邵永灵	军事战略、国际关系	搅动半岛局势的朝鲜"芦洞"导弹
战略"龙"观察	杜文龙	合同战术、武器装备	讲解T50战斗机、歼15战斗机等

《长江新闻号》的定位是"全球视野、中国视角",而节目尺寸的拿捏就在于"以我为主",这个"我"的范围在哪里是很值得推敲的。一方面通过启用专家评论员的方式来拓宽节目的思路,但是另一方面又要努力为受众做出好的引导,在针对国际问题的舆论导向上不能偏离主干道。以中国外交部、新华社和人民日报社的口径作为节目的出发点,涉及节目评论观点时就启动节目专家库,让相关评论员通过自己的理解来阐述对于这个问题的认识。这是私家定制评论员专栏的意义所在,也是节目中的精华集锦。该节目站在客观、理性、全面、有深度的立场上,用"中部声音"传播主流价值观。

3. 重大政治节点制作专题

主题性和系列性的重点打造能够提升一档国际新闻栏目的整体品质。《长江新闻号》抓取国内重大政治事件节点,打造专题栏目来制造亮点,这也是在同类的国际深度评论类节目中独树一帜的。"大国意识,家国情怀"是《长江新闻号》在制作节目时的出发点和落脚点,一系列的主题报道也是遵循着这个原则制作。一是通过中华民族这个整体来观照重大事件,不做其他媒体的依附者和追随者,在众多的视角和观点中能够做出自己独特的判断;二是把自身定位摸清,站在客观和理性的角度来审视中国,不盲目自大、不妄自菲薄,充分显示我国的大国风范,争取国际上的大国地位增强国人的民族自豪感。

2012 年的国内最重要的事件就是中共十八大的开幕。《长江新闻号》就此事独家策划重磅推出了"十八大特别报道"系列节目。以"十年崛起，造福世界"为主题，立体化全方位阐述这十年中中国所作出的贡献，并通过"中国智慧"以及"中国骄傲"这两个主题深化了系列报道的内容。而且在这个系列栏目中，《长江新闻号》还从独家的角度和视野对于十八大报告进行了深入浅出的解读，以客观理性的思路，浅显易懂的方式进行分析，让受众充分认识和感受到了十八大的意义。这个系列总共发布了 6 篇文章，并且每篇文章都可以单独罗列出来成为一个主角。

"中国贡献"开篇点题，充分显示出中国人的家国情怀。深度新闻评论节目的感情色彩一般比较淡，但是这个系列的报道饱含着对祖国的深情。节目一开始论述了中国的迅速崛起对于世界的影响——成为世界经济复苏的"火车头"。这样的描述听起来太宏观，但是节目通过一些小细节上的把握，由点到面有理有据地阐述来让人信服。这些报道的真正意义在于揭示一个观点——"道路自信、理论自信、制度自信"，而很巧妙的是这个观点也是和"十八大"报告中的观点不谋而合。开篇点题，结尾收官，通过节目里翔实的具体例子来补充和说明做出论述，这也是一档深度新闻节目成功的原因，即很好地把握了结构上的完整度。《长江新闻号》也正是凭借这一组有血有肉的报道站上了同时段节目收视率第一的位置并且创造了收视纪录的峰值。

同样的辉煌在 2013 年上旬召开的全国"两会"中又显现出来，这次《长江新闻号》制作了针对"两会"的特别节目——《向世界证明中国解答》。这次的主题报道从不同的角度充分展现了中国政府在 10 年的时间中取得的傲人成绩。主题中的"中国解答"着眼于当今世界中各国面临的世界性难题，向世人展示中国进行了何种有益的探索，取得了怎样骄人的成果。而"中国向世界证明"更加有力地用鲜活的事例完整地阐述了我们的观点：中国的发展必须是世界的机遇。《长江新闻号》这次的报道总共分成 8 集，每集通过两到三个短片和"长江评论"来进行解说，时间从十几分钟到 30 分钟不等。话题的感染力很强，数据充分、事例翔实，给人耳目一新的感觉同时也具有强大的震撼力，报道为党和国家进行重大的政治活动营造了积极向上的良好舆论环境。通过"用全球视野解读中国"的制作理念，节目将中国的成绩和亮点凸显出来——精心策划的专题主线让观众看得直呼过瘾，这也是《长江新闻号》的特别专题节目能够取得收视率和社会效果双赢的关键原因。

《长江新闻号》的选题来源比较广泛，视野开阔大气，编辑思想能够集中体现在节目当中。在日常生活中，节目组主要关注各种"涉中选题"，包括中美关系、中日关系、中菲关系等，也会在国际新闻中选取重点事件进行分析，比如美国大选、叙利亚局势、朝鲜发射卫星、习近平访问中亚等①；当然节目组也会适当关注一下国内热点将节目话题范围铺开，如中国强军梦、二孩政策等关系国民生活的重要事件。

4. 节目依靠细节取胜

精致的电视节目依赖于对细节上的极致追求，不需要长篇累牍的报道，也不需要详尽的信息资源，只要节目能够在细节上把控好，那么整体效果就基本就成功一半了。《长江新闻号》深谙此理，不管是在节目的构架上、节目的选题上还是节目的内容、形式上，处处可见编辑的用意。评论节目，尤其是国际新闻的深度评论类型的是公认最难做的新闻节目。深奥复杂的内容需要通过简单的形式表现出来，既要体现其亲民性，又要做到语言的活泼幽默，还要尽量显示出独家的视角，这对于编辑会是一种极大的考验。如果节目只用宏观上的语言对于新闻进行阐述和说明，势必会让新闻的整体效果变得呆板而又生硬。李良荣对于新闻节目的通病做过这样的阐述，"用过于概括、过于宏观的文字来描写事物，这或许成为许多新闻报道的通病"②。太书面化或太专业化很难让观众参透其中含义，而不就

---

① 刘骞. 湖北卫视新闻中心《长江新闻号》编辑. 武汉：访谈资料，2013.

② 李良荣. 李良荣自选集[M]. 上海：复旦大学出版社，2004：13-14.

细节进行描绘会让节目变得没有任何吸引力和创造力，也会在短时间内丧失掉大量的受众群。《长江新闻号》在节目的制作上很注重刻画细节，紧密的衔接让节目一环接一环，内容丰富且结构合理。

比如在 2013 年 10 月 3 日的国庆特别节目中，有一个消息片段是习近平在印尼国会演讲的相关内容。《长江新闻号》由点及面，通过凸显习近平开场和结束的时候用印尼语讲话作为引子带出节目主题。新华社的高级编辑吴学兰做出特别评论——"如何解读习近平演讲的细节"，通过中美关系和中国的外交态度来认识习近平演讲用印尼结束语的内在含义，并同日本的安倍晋三出席印尼国会进行对比，将日本出席此次会议的状况描述得清清楚楚。而且《长江新闻号》还透露出这样一个信息，虽然日本政府通过外交深奥复杂的途径试图与习近平和朴槿惠进行会谈，但是均遭到拒绝。几个新闻罗列在一起，不需要太多的语言，只通过这些片段内容的组合，就能让受众充分领会新闻的深层次意义。一档好的国际新闻深度评论节目要点面结合，通过情景再现以及细节刻画激发观众主动参与节目的热情，并展现出客观而又多变的国际环境让大家有理性而明确的认识。

在《长江新闻号》特邀评论员的阵营中，杜文龙大校的语言风格就十分风趣幽默，很注意细节上的刻画，通过比喻、拟人等手法来对一个事物进行解剖分析。比如在一期讲解飞机的节目中，他用了这样的表达，"有人这么形容，把苏 27 砸扁了就是 T50"，一句话马上就把这两架飞机的相似之处表述了出来，形象而又客观。在讲解俄罗斯的武器时，杜文龙大校又用了这样的表达，"俄罗斯的武器很有性格，不光是粗犷强悍的外形……"这样拟人化的形象描述马上就让我们对于俄罗斯的武器有了一个内心的刻画和想象。在 2013 年 2 月 17 日的节目中，著名军事问题专家、海军少将张召忠在评论美国对于中国暗地中的包围政策时这样说，"美国在中国周围挖坑，村村点火、处处冒烟"，以此来形容美国不愿意中国的经济有所提升的状况。《长江新闻号》的评论专家们每一个人都有其最精通的领域，把领域内擅长的知识用生动形象的语言讲述出来，这也是节目组有意强调的一个方面。国际新闻涉及军事、外交等方面就会比较晦涩难懂，一档节目的成败取决于细节上的推敲。而湖北卫视集中力量打造的这档新闻节目，确实在细节的刻画上有着很精彩的表现。

在 2014 年 4 月 25 日的节目中，《长江新闻号》通过一个很好的切入点——"奥巴马冷对日本'美食外交'"来展开日美关系和日韩关系的讨论。这个小细节在节目一开始就充分拉近了受众和节目的距离。用浅显易懂的语言阐述美国、日本领导人的外交政策，以及通过什么样的方式应对外交冷淡期。节目中大量引用了日本的顶级美食、美国的特色餐饮作为例子，用具有强烈感官刺激的画面来充实节目内容，并且将日本首相安倍晋三与美国总统奥巴马进餐的视频和图片在节目中一一呈现出来，很容易就引起普通受众对于这期节目的兴趣。节目中还有一个环节："揭秘——美国政要'舌尖上的外交'"，通过分析各国政要们精心打造的私人式进餐来反映主题揭示问题——拉近政要私人关系是外交中领导人们惯用的手法之一。通过这个线索又引出了节目中的新闻重头，即"奥巴马访日发表联合声明，难掩美日分歧"，通过对这个事件的精心解读来观看目前的国际局势，捋清这三个国家目前的关系。在这期节目的后半段，更是别出心裁地通过"海豚"这个切入点对美国参与当年夏天的黑海军事演习进行的创新进行说明。采用"动物奇兵"海豚和海狮进行海下军事勘查，军用海豚将测试一种用于迷惑敌方声呐装置的新型水生对抗设备，军用海狮将演练侦破水雷和侦察水下潜水员项目，在这两点上详细说明有助于受众更清晰、便捷地认识目前美方的动物作战队。动画上的巧妙配合、丰富详尽的视频画面以及主持人画龙点睛的叙述，这些小细节给节目带来了更强的观看性，也让深奥难懂的新闻变得生动、风趣。

5. 打造专家评论员团队

观点是新闻的核心价值，也是最主要的竞争力。在目前省级卫视的激烈竞争中，一档观点鲜明、层次清晰、专家论述全面独到具有辨识力的国际新闻节目才能够在同类节目中脱颖而出。打造一个评论阵地，这也是《长江新闻号》一直以来的目标和策略。不做资讯的集中站，而是做消息的深度挖掘，专家资源不够、新闻资源不够、技术资源也不够，这是摆在湖北卫视面前的最现实的问题。抢抓新闻的"第二落地"的这种办法，形成了《长江新闻号》独特的节目风格，透过"强观点、精密闻"的节目定位，我们看到的是专家团队的多样性，针对一个国际问题的解读可以透过不同的层面进行研究，这就给新闻事件提供了多方位的角度，让受众对于事件有了更加客观和深刻的理解。①

目前在省级卫视的阵营中，做国际新闻节目的都在争抢各个研究层面最权威的专家，也都在努力搭建自己的评论平台，力求能够在国际新闻节目中创新出彩。而就国内目前的情况来讲，没有其他任何一个团队能够做到专家资源的独享。很多专家是在不同的媒体平台上发表相同的看法，观点的重复率很高。但是《长江新闻号》能够做到的独家优势就是深度开挖新闻事件的内在含义，掌握专家理论范围内最新最优质的成果。目前节目组可以说拥有了国内最强的一支顶尖专家团队，通过和科研所、研究院、大学等科研机构合作来打造一流的专家智库，并且《长江新闻号》还和新华社结为战略伙伴关系，通过合作的方式来获取广泛的信息资源。而我们在节目中经常看到的专家、学者也是《长江新闻号》的特约嘉宾评论员，包括罗援少将、李绍先教授、政治经济学家沈骥如、海疆研究员王晓鹏、花甲学者胡思远……目前《长江新闻号》的专家智囊团人数已经有上百人，并且中国官方允许在媒体上发言的四位将军，曾经全部走进过《长江新闻号》演播室！②

6. "微创新"在节目中的运用

"微创新"这个词语在 2010 年被 360 的董事长周鸿祎提出，本来是运用于草根企业创业上，提倡从小方面上进行创新。其优势在于风险小易操作，并且能够快速做出反应进行变革，不断在试错中发展。而湖北卫视

---

① 刘骞. 湖北卫视新闻中心《长江新闻号》编辑. 武汉：访谈资料，2013.

② 傅先萍. 全新评论态抢占观点阵地——对话湖北广播电视台新闻中心主任、《长江新闻号》总制片人梁云 [J]. 南方电视学刊，2013（3）：41-43.

《长江新闻号》也是在发展的过程中首次使用"微创新"的理念来指导节目的每一次节目小变动。①。通过分析数据来总结受众的喜好，再根据受众需求来完善节目内容。不管是节目形式、节目包装，跟风模仿不是长久之计，"微创新"才能让节目在激烈的竞争中胜出。局部的改革、单点的突破，帮助节目轻松起到"四两拨千斤"的效果。

包装是《长江新闻号》的重大看点之一，节目外在形态在两年的发展中也一直常变常新。《长江新闻号》的微创新体现在方方面面，仅从节目呈现出的效果来观看，就能察觉到明显变化。2013年的2月24日，《长江新闻号》进行了一次比较大的改版。节目组搬进了新的电视大楼，打造出一个效果惊艳的虚拟演播室。在这次改版中，节目的设置添加了更多创意元素，大量运用了虚拟前景植入、摇臂镜头运动、主持人走位等方式让观看效果更加动感时尚。节目片头也做了很多变化，《长江新闻号》在全国卫视中第一次推出了将节目导视和长江符号相结合的长达70秒的新型片头，在节目的开场和连线形式上也发生了变化。而最引人瞩目的应该是辅助性动画的灵活运用，这个技术将晦涩难懂的国际新闻和复杂的国际关系做出了更加直观的描述，使其看起来更有趣味性，也更容易让观众接受和理解。比如在2014年4月18日的节目中，《长江新闻号》开篇就通过一个百姓关注的热点问题引出节目——"在百度搜索湖北，网友们的印象是什么"，经过分析，排列在搜索第二位的就是《长江新闻号》，节目背景展示换上了黄鹤楼的三维动画，并且还别出心裁地将百度的搜索引擎这个小图标放置在主持人旁边，让节目档次瞬间提升，凭借出彩的感官印象就在第一时间牢牢抓住受众。

节目还充分在数据图表、分析示意、引用地图、插入媒体动态字幕等形式上进行"微创新"，弥补了《长江新闻号》在公共视频资源上的不足和重复率高的缺陷。节目组成员狠下了一番功夫，在包装理念节目形式上都一直向国际水准看齐。《长江新闻号》将整体的风格定位和武汉的地理位置相结合，突出了"长江"这个地标，并加入了"长江游轮"的元素，采用国际上

---

① 李觅．湖北卫视视新闻中心《长江新闻号》制片人．武汉：访谈资料，2014.

先进的包装技术来提升节目的质感。在演播大厅，"启用了国内最先进的虚拟演播室，并首次引入虚拟前置。这些'差异化'的做法，让《长江新闻号》在激流中站稳了脚跟"①。

媒介融合是目前网络盛行环境下的媒体发展趋势。《长江新闻号》在节目发展的过程中也有意识地选择了新兴媒体做辅助性推广。节目在百度视频上线，并和湖北公共、私家车广播（FM107.8）联手进行播放，通过电视、网络、广播这三个媒体并机播出，既拓宽了节目的观看渠道、拓宽了新的平台，又对国际新闻节目的发展起到了很好的带动作用。网络工具在现代信息社会的普及，也给《长江新闻号》带来了很多的机遇，并且让"服务"这一特质在互动的提速中显现出来。节目开通了新浪的官方微博，在微博中提示预告最新节目信息和粉丝进行互动，目前广播这个媒体成为和电视并驾齐驱的信息传播工具。微博的各种功能还应该多方位全面化地开发出来，真正成为电视媒体之外的有力的网络宣传工具。

新闻的话语创新也是节目中的亮点之一，摒除了报纸化刻板而又生硬的表达方式，《长江新闻号》采用了通俗易懂深入浅出的语言风格进行讲解。电视化的表达应该更加随意和亲民，但是一直以来由于受到了平面媒体的影响，节目中的语言充斥着大量书面用语，不能给人灵活和通透的感觉。这种陈旧僵化的叙述拉大了节目和观众的距离，难以提升节目的收视率。而生活化语言简单明了，入耳即懂，将这样的语言表达方式和新闻内容结合在一起，也是《长江新闻号》的一个突出明显的优势。这种语言的张力可以比较巧妙地传达出新闻所要表达的意思，并且强化了新闻带给受众的直观感觉。通过比喻、拟人等文学手法的运用，让观众在节目中变得放松，并得到艺术上的享受。

(三)《长江新闻号》的运行机制

中国省级卫视身上担负着双重任务，一是作为党政机关和政府的喉舌

---

① 傅先萍. 全新评论态抢占观点阵地——对话湖北广播电视台新闻中心主任、《长江新闻号》总制片人梁云[J]. 南方电视学刊，2013(3)：41-43.

要遵循上级的宣传原则不得越位；另一方面又要在激烈的市场竞争中赢得一席之地。因此在这样复杂的状况之下，省级卫视在内部的管理、运行机制上都面临着严峻的考验。首先省级卫视作为一个事业单位，其构架、模式、人事制度等和政府机关极其相似。但是在省级卫视慢慢步入市场化的进程中后，电视台内部也随之进行了改革和变动，集团制和公司制成为省级卫视最主要的管理方式。湖北卫视也采用了此类的运行机制和管理办法，只是改革和创新并不能一蹴而就，需要时间验证。因此在这个缓慢的改革过程中，一些旧有的体制还是暂时被保留了下来，新的体制也在慢慢地融合到电视台的发展过程中。

相对于其他事业单位，电视台内部构造会更加简单一些。湖北卫视属于湖北广播电视总台，是省内唯一一个上星的电视台。其内部机构设置分别有办公室、总编室、新闻中心、社教部、文艺部、网络部、技术办、制作和播出部、广告部、记者站管理部、纪检部、工会、团委等18个机构。《长江新闻号》属于湖北卫视新闻中心，栏目采取制片人负责的制度。目前《长江新闻号》节目组有总制片人1名，执行制片人1名，主编7人，编辑29人，外联1人，技术5人，包装4人。而负责节目总体的有总监制2人，监制1人，编审1人。中央电视台副台长孙玉胜在《十年》中解读"制片人制"——不管电视台内部是什么机构和层次，电视栏目构成播出基本元素的功能是不可替代的。有竞争力的频道必须确保其大部分的栏目有吸引力，而一个电视栏目的优劣在很大程度上取决于这个栏目的组织者和支配中心——制片人。所以说，电视是一个制片人媒体。①《长江新闻号》节目组采用的是许多电视台在使用的"准制片人制"，这种制度的优势在于制片人负责的是节目整体的策划、节目的生产过程，不需要自己去拉广告跑业务，只需要将上级分配的任务按额度完成即可，而后期节目的发行和出售也不属于制片人的任务范围。

目前各大电视台新闻管理机制基本采用"制片人制"，它是一种以广播

① 孙玉胜. 十年[M]. 上海：上海三联书店，2008：382-383，509.

电视制作人为中心的节目制作方式，制作人对于节目的生产、包装、优化等方面有着绝对的指挥权。"制片人制"有着这样的特点：由台领导下达任务并规定生产的指标，对于制片人取得的利益按照相应的比例进行划分，除了制片人的任免问题和重点节目需要审核之外，其他一切归制片人掌控。① 这种制片方式灵活度较高，能给节目更大的自由发挥空间，但是也带来一些问题，如缺少完善的管理制度、栏目人员参差不齐、权利如何监管等。

节目的收视率在提升的同时让《长江新闻号》这个品牌也慢慢深入人心，主持人也被观众接受和认可。观众对这一档节目的评价可以从微博、贴吧中找到，尤其是每期节目经过节目中著名军事评论员的转发之后，跟帖留言的观众数目会激增。

《长江新闻号》节目中的一些时尚和活泼元素能够很轻松地被观众认可和接受，不管是主持人的品牌形象、节目的板块组成或者是节目的品牌形象都塑造出了自己的风格。深度国际新闻节目通过《长江新闻号》的播出给观众带来了很多不同的体验和感受。

---

① 尤天. 省级电视台频道制及其相关配套改革研究[J]. 电视研究，2009(11)：33-34.

政务微博"@武汉发布"传播策略研究^①

　　"@武汉发布"作为华中地区的区域中心城市武汉市的城市综合信息发布微博，在近几年发展速度极快。2019年《人民日报》发布的《2018年全国政务微博指数报告》中，"@武汉发布"位列全国党政新闻微博第二名，是全国最优秀的政务微博之一。

　　"@武汉发布"最大的特点就是传播能力极强，在全国党政新闻微博排行榜中，"@武汉发布"88.32的传播力指数为榜上最高，研究区域中心城市政务微博的传播策略，"@武汉发布"无疑是最为合适的样本。

　　本文通过对"@武汉发布"微博信息持续半年的收集与整理、运用大数据工具对"@武汉发布"粉丝及相关数据的分析及同"@武汉发布"相关运营人员的深度访谈来分析其的传播策略。通过对"@武汉发布"实践经验的总结同前文区域中心城市政务微博的特点与问题相结合，为探讨区域中心城市政务微博的传播策略提供依据。

　　这里对"@武汉发布"研究相关样本统计进行一下说明。新浪微博在影响力规则中对各项数据指标进行了阐释，其中在互动领域和传播领域的多项指标都是由微博账号在最近30天发布的微博于一日（0点至24点）的阅读数量、阅读人数和互动数组成，所以可以得出结论，即对微博的数据研究，30天为最短周期。为了减少偶然因素的影响，本文选取六个最短周期的样本长度，将"@武汉发布"从2018年10月1日至2019年3月31日半

---

　　① 本文为2019届硕士毕业生李永上学位论义的部分内容。原题为"区域中心城市政务微博传播策略研究——以'@武汉发布'为例"，有改动。

年时间共计182天内的所有微博作为样本，对信息发布时间、信息发布形式、信息类别及转发评论数量等方面进行统计分析。

一、"@武汉发布"的概况

由城市宣传部门牵头，组织全市各部门资源打造"@某某城市发布"的城市综合信息发布微博的形式最早出现于上海和成都，以上海市政府新闻办的"@上海发布"最有影响力。2011年11月28日，认证为上海市政府新闻办的"@上海发布"上线，其以城市综合信息的权威发布、深度广泛的民生话题和积极有效的微博互动受到了社会各界的高度关注，开通不到十天微博粉丝数量便突破百万。这种模式目前已经在全国大部分城市普及，"@某某城市发布"基本上已经成为各城市政务微博传播矩阵中最为核心的政务微博之一。

"@武汉发布"在武汉市出现较晚。在2012年3月30日武汉市发布《关于加强我市政务微博和网络新闻发布管理工作的实施意见》全面开始推进政务微博的建设，武汉市形成了由13个城区和市直部门共76家单位的政务微博体系。随后，2012年11月28日，武汉政务发布厅"@长江发布"正式上线，全市各部门政务微博陆续入驻。由于"@长江发布"微博发布厅只是一个武汉市各部门政务微博的聚合平台，平台上只有武汉市各政府部门的政务微博链接和部分微博信息的转发，自身并没有内容生产的能力，导致这些政务微博缺乏互动和信息交流，没有产生整合各方资源扩大影响力的作用，"@长江发布"成为一次并不成功的尝试，目前已经停止运营。鉴于"长江发布"的政务发布厅模式效果不理想，同时"@上海发布""@成都发布"又取得了巨大的成功，武汉市借鉴参考了"@上海发布"的模式，由武汉市政府新闻办、武汉市互联网信息管理办公室组织牵头，整合武汉市各单位资源，打造出统一的官方政务信息发布平台"@武汉发布"，并于2013年7月5日正式上线。

"@武汉发布"上线以来发展速度非常明显，通过持续追踪《人民日报年度政务指数微博影响力报告》可以发现，"@武汉发布"在报告中的得分与排名每年都在持续上升，于 2016 年正式超过"平安武汉"成为湖北省最有影响力的政务微博，在全国党政新闻发布微博中排名 18，到了 2018 年，"@武汉发布"已经成为全国党政新闻发布微博中的第二名，成为全国最优秀的党政新闻发布微博之一。"@武汉发布"微博信息认证为"武汉市互联网信息办公室"，在简介中将其功能介绍为：发布市委市政府的中心工作和重要决策部署、全市重大主题活动、市委市政府新闻发布类信息、文化生活服务类信息、天气和自然灾害等突发性公共事件预警应对信息、回应督办落实网民诉求。"@武汉发布"截至 2019 年 2 月 28 日，共有粉丝2288349 人，发布信息 90807 条。

二、"@武汉发布"同政务新媒体的分工与协同

区域中心城市的多种政务新媒体平台建设都走在全国前列，区域中心城市政务微博也面临着来自多种政务新媒体平台的更大的冲击，内容同质化、用户分流等是区域中心城市政务微博普遍需要解决的问题。

虽然武汉市目前大部分的政务新媒体在定位上涵盖传播、服务和互动三个维度的功能，但不同政务新媒体在实际运营中在上三个维度上的功能表现出不同的侧重点，结合不同媒体平台的特点和有意识的调整，武汉市各政务新媒体和政务微博之间实际上已经形成了各自功能侧重不同又相互互补的局面。其中，"@武汉发布"主要承担着区域中心城市政务微博对城市本身和周边地区高效传播的任务。

本文选取在政务新媒体中和"@武汉发布"政务微博较为相似的"武汉发布"政务微信、"云端武汉·市民"移动客户端和"武汉城市留言板"平台，结合功能设置、内容设置和具体内容分析三个方面进行考察。

（一）"@武汉发布"的投诉功能基本转移

"武汉城市留言板"由武汉市网上群众工作部主办，市民可直接留言进

行问题投诉、信息咨询和发表意见，网站实时公示正在办理和办理完毕的问题，并反馈处理结果。同时武汉市117个单位负责人轮流每天在网站值班，同网民就相关问题展开互动。"武汉城市留言板"从制度到功能上的建设都较为完善，从网站上反馈的信息来看市民问题的回复率、反应速度及反馈结果都还比较理想。

"@武汉发布"不仅在首页上附上了"武汉城市留言板"的链接，还定期发布"武汉城市留言板"上的问题解决与反馈情况并在文中附上"武汉城市留言板"链接，对于网民在"@武汉发布"上的投诉也会帮助转发至"武汉城市留言板"。此外"武汉发布"政务微信也在公众号底部菜单栏设立"武汉城市留言板"的链接，可见武汉市已将大部分政务新媒体中关于民生诉求和监督投诉功能转移至"武汉城市留言板"上，并在其他平台设置了跳转链接。

(二)"@武汉发布"的服务功能简化

随着政务 App 的出现，市民在网上办理相关业务时又有了一个更为高效便捷的选择。武汉市的"云端武汉·市民"政务 App 功能强大，涵盖武汉市能够通过网络办理的所有政务服务业务，是故"@武汉发布"的政务微博并没有同"@上海发布"一样设置"微博政务服务大厅"，其在简介中也没有网上政务办理的功能，而是只担负起了服务信息发布、政策解读等基于信息传播的各类服务功能。

"云端武汉·市民"是由武汉市互联网信息办公室主办的"互联网+政务、民生、金融"在线综合服务平台，为市民提供了市民空间、政府办事、便民生活、普惠金融四大类共130项线上服务，市民只需提供相关证件信息即可在网上完成办理，部分 App 上无法办理，需要本人亲自前往相关机构、办理周期长的业务还可通过公安局、出入境、市工商局等业务办理部门的受理编号，在 App 中在线查询办理进度。"云端武汉"基本上涵盖武汉市目前所有可以通过互联网办理的业务，其政务在线办理能力无论从使用体验还是实际效率上都远远超过了政务微博。

(三)"武汉发布"微博、微信在信息传播中的重点不同

弱关系理论也称弱联系理论,由美国社会学家马克·格兰诺维特提出。他认为,每个人同自己日常接触较多的亲人、朋友、同事等之间的接触会构成强关系(Strong Ties),这是一种关系非常稳定但是传播范围有限的社会认知;但同时,跳出熟人的交际范围之外,每一个人在社会中还会构建起"弱联系"(Weak Ties),这是另外一类更为广泛亦更为肤浅的社会认知。"弱关系"虽然不如"强关系"稳定,却有着传播速度快和传播成本低的传播效能。

微博和微信虽均为互联网移动社交媒体平台,但它们的信息传播模式和特点都有较大区别。微信用户间的关系网络大部分是基于现实中的人际关系构建,是一种"熟人社交"的模式,属于强关系,在传播的精确性、交互深度和用户的黏度上高于微博。而微博用户的交互模式则是基于弱关系,在信息的传播上呈现裂变式特点,传播速度和传播范围都高于微信。

由于微信的针对性更强,用户深度更大,"武汉发布"的政务微信推文基本上是当日武汉市比较重要的新闻信息,图文信息丰富,论述完整,主要针对武汉市民及武汉市各级领导干部。而"@武汉发布"的政务微博在信息传播扩散上更占优势,且发文频率不受限制,以动态的、实时的新闻短消息为主,更新频率高,涉及武汉市各行各业及国内国际的众多信息,且作为区域中心城市政务微博,"@武汉发布"对武汉市以外受众的传播能力不是政务微信所可以比拟的,"@武汉发布"不仅服务于武汉市民及武汉市各级领导干部,同样还担负起武汉城市形象、政府形象对外传播的作用。

如2019年3月中旬武汉市进入樱花季,"武汉发布"政务微信从23日开始,连续推出多篇头条和若干篇次条,介绍了武汉成为"樱花第一城"、武汉樱花惊艳中外记者、全国网友花式表白武汉樱花等内容。选题比较大,呈现内容完备,主要是面向武汉市内的受众,为他们深度提供相关信息。而"@武汉发布"的政务微博早在3月初就开始关注武汉樱花,已发布50余条相关系消息,内容从樱花花期预报、赏樱攻略、赏樱路线到各种樱

花照片、视频与相关活动信息等，以简单明了的短消息为主，多角度、多层次地展现武汉樱花季的方方面面，不仅面向武汉市内的受众，还面向全国对武汉樱花进行宣传。

三、"@武汉发布"的传播手段多样

相对于"强关系"的微信平台而言，依托于"弱关系"的微博用户对信息转发的阈值低，其传播速度和传播范围也更快更广。"@武汉发布"通过构建多元化的粉丝结构、开拓多种传播渠道、科学选择信息发布时机等多种传播手段深度开发了微博传播能力，快速地将自己的排名提升至全国党政新闻发布微博第二名，成为当前我国最优秀的政务微博之一。

(一) 构建多元化的粉丝结构

作为城市综合信息发布微博，"@武汉发布"的信息内容涉及政治、经济、文化等众多领域，不仅信息发布频率较高，信息种类也相当丰富。同时，作为区域中心城市的政务微博，"@武汉发布"不仅在区域内有很强的影响力，还能够整合区域中的优势资源进行对外传播。因此，"@武汉发布"培养出了一个数量超过 228 万，跨越多个年龄段、多个地域和多种行业的庞大粉丝群体。

1. 粉丝来源广泛，信息推送效果好

微博信息传播的第一层级是微博信息向关注自己的粉丝进行推送。截至 2018 年 12 月 31 日，"@武汉发布"的粉丝数量已经超过了 228.8 万，这一群体是"@武汉发布"信息传播的主要受众，信息针对性强，信息到达率也较为稳定。笔者将结合通过大数据工具生成的"@武汉发布"KOL 画像来对其粉丝群体进行分析。

(1)粉丝年龄分布广。通过大数据分析工具 BIueMC 对"@武汉发布"粉丝进行抽样统计，得到 2501 个有年龄认证的数据样本，统计结果显示

"@武汉发布"的"80 后"粉丝群体占比为 39.38%，"90 后"粉丝群体占比为 43.82%，这两个年龄段的粉丝占"@武汉发布"粉丝群体的绝大多数。"80 后""90 后"和"00 后"是微博上最活跃、最有话语权的年龄群体，"@武汉发布"的粉丝有 95.2%来自这个年龄段，显示出"@武汉发布"对较为活跃的核心年龄段用户群体粉丝的占有度较高，微博信息的传播、互动与转发潜力更强(见图 1)。

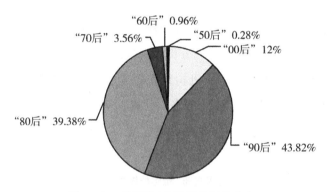

图 1 "@武汉发布"粉丝的年龄分布

(2)粉丝地域分布广。通过对粉丝群体的地域分布进行统计，在"@武汉发布"粉丝中抽样调查得到的 13278 个有位置认证的样本中，湖北省内粉丝 7419 人，占样本总数的 55.87%，其中武汉市用户 6820 人，占样本总数的 51.36%；省外粉丝 5859 人，占样本总数的 44.13%，省外用户中广东、北京和上海的粉丝数量最多，分别为 516 人、317 人和 215 人。"@武汉发布"虽然为武汉市的综合信息发布平台，但通过对粉丝地域分布的统计发现"@武汉发布"的粉丝群体中已有近一半的比例为其他地区的粉丝，说明"@武汉发布"作为区域中心城市政务微博，其在信息的跨区域传播上做得还不错，自身的受众群体已不再局限于本地用户了，其发布的信息在全国范围内也拥有较强的传播能力(见图 2)。

(3)粉丝行业分布广。通过大数据分析工具 BlueMC 对"@武汉发布"粉丝认证标签进行分析，以抽样调查的方式获取关键词。"@武汉发布"粉

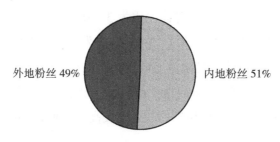

图2 "@武汉发布"粉丝的地域分布

丝群体中获取了3795份有身份认证的样本，提取出291其中部分关键词的范围相互重合，经笔者再次整理分析，得到结果如下：

"@武汉发布"的粉丝中，机构组织账号中官媒(各种媒介形态)、其他传媒、政府职能部门、社会服务(机构、活动)和企业官微数量较多(见表1)。

表1 "@武汉发布"粉丝群体中的机构类账号

账号标签	官媒	其他传媒机构	职能部门	社会服务	企业	样本总数
数量	133	146	59	44	20	1908
占比	6.97%	7.65%	3.09%	2.31%	1.04%	100%

"@武汉发布"的粉丝中，个人认证以财经政法、科技文教、媒体人士(记者、主持人、编辑等)、旅游美食和娱乐搞笑(综艺、明星、搞笑等)这几个标签的样本数量最多(见表2)。

表2 "@武汉发布"粉丝群体中的个人账号

账号标签	财经政法	科技文教	媒体工作者	旅游美食	娱乐搞笑	样本总数
数量	78	71	68	28	20	1908
占比	4.08%	3.72%	3.56%	1.47%	1.10%	100%

综上可见，"@武汉发布"的粉丝群体从年龄分布上，横跨从"50后"至"00后"的数个年龄段，其中以"80后""90后"和"00后"为主，该年龄段粉丝活跃度高，对微博的浏览频率和对微博信息的转发概率更高；从粉丝的地域分布上讲，"@武汉发布"不仅有超过半数的本地用户，还有将近一半的全国其他地区用户，其信息的传播能力已从本地扩散至全国范围；从粉丝的行业分布来讲，粉丝跨越多个行业，在信息传播上没有明显的盲区。"@武汉发布"的粉丝在年龄分布、地区分布和行业分布上结构多元，显示出"@武汉发布"通过直接向粉丝的信息推送就能达到跨年龄段、跨区域、跨行业的传播效果。在此基础上，粉丝对信息的二次转发就能够表现出更强的裂变能力与扩散能力。

2. "大V"粉丝多，二级传播潜力大

"@武汉发布"KOL画像报告显示，通过对武汉发布粉丝群体微博身份进行抽样调查获取的13278个样本中，普通用户有10312人，占样本总数的77.66%；微博达人有1628人，占样本总数的12.26%；个人认证（蓝V）555人，占样本总数的4.17%%；机构认证484个，占样本总数的3.65%。

在"@武汉发布"的粉丝结构中，非普通用户已经占据了22.34%的比重，这一群体的用户往往拥有更大的粉丝数量，其转发微博对信息的传播速度和传播范围的提升非常明显。对"@武汉发布"的网络"大V"粉丝进行统计发现，有198个账号的粉丝数量超过了10万，其中77个账号粉丝数超过100万，17个账号粉丝数超过500万，6个账号粉丝数达千万，通过信息转发，这些账号庞大的粉丝群体成为"@武汉发布"潜在的受众（见图3）。

据微博对"@武汉发布"粉丝的自动分类，发现上述198个粉丝数量超过10万的账号来源于14个领域，分布范围较广，其信息转发能够送达的领域较广，扩散范围大（见图4）。

"@武汉发布"在运营过程中比较重视为粉丝群体的维护，对各种咨询、建议和投诉回复率较高，有相关的解答和指引，针对没有实质性内容

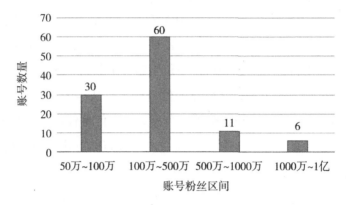

图 3 "@武汉发布"粉丝中"大 V"账号粉丝区间分布

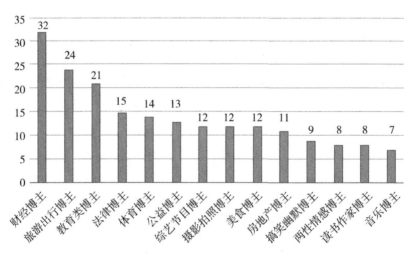

图 4 "@武汉发布"粉丝中网络"大 V"的行业分布

的留言,也经常回复"谢谢关注""欢迎转发"等。针对"大 U"群体,还会有意识地进行沟通互动,武汉本地公众号"大 V""长江日报最武汉"总经理黄峰在接受笔者访谈时透露,武汉市同本地微博、微信的"大 V"建立有通联机制和座谈机制,在重大信息和特定主题发布时会建立合作,本地"大 V"会加入宣传活动,带动他们自身的粉丝群体,扩大宣传范围。

(二)多种渠道共同传播,扩散能力强

由于互联网上的信息爆炸和信息超载,用户每天会面对大量的信息垃圾,合理地设置微博标签不仅能够使用户对信息类别和重点一目了然,还能作为关键词帮助有需求的受众在海量的信息垃圾中迅速获取目标信息。除此之外,微博的"热门话题"板块会根据标签对微博内容进行分类与整合,在微博信息中使用标签不仅能够通过"热门话题"提升信息的传播范围与传播影响,还能够吸引对该话题感兴趣的粉丝对自己进行关注。

通过对"@武汉发布"6个月间发布的所有微博信息进行整理发现,"@武汉发布"对自己的信息进行了详细的分类,每条信息都能够有一条对应的标签。在这6个月间,"@武汉发布"主要使用过"#武汉新闻""#武汉要闻"等新闻类标签12个,"#幸福武汉""#民生武汉"等民生服务类标签8个,"#创新武汉""#科教武汉"等科教宣传标签5个,"#武汉军运会""#全国两会"等特殊事件、活动标签4个,"#早安武汉""#晚安武汉"等其他标签7个。除了开设标签对发布的信息进行归类外,"@武汉发布"对转发的信息也进行了归类,在"#轻松一刻""#环球博览""#世间万象""#新闻速递"等多个标签中话题贡献度处于前五名,极大地提高了相关信息在非自身粉丝群体中的传播能力,也为自己开拓了吸收粉丝的新途径。

(三)信息发布时间符合受众习惯

通过对"@武汉发布"持续3个月的追踪,笔者发现其在每日不同时间段的推送数量呈现出一定的规律性。笔者通过将"@武汉发布"从2018年10月1日至2019年3月31日的所有推文按发布时间进行统计得出了其在不同时间段的平均发稿数量(见图5)。

通过图5可见,"@武汉发布"在工作日和非工作日的推文发布时间表现出两种不同的发布规律。

"@武汉发布"每日的第一条推文是固定在上午7点整标签为"#早安武汉"的天气预报,为市民穿衣、防晒和携带雨具等提供参考。7点和8点是

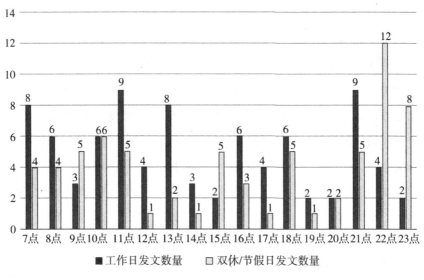

图5 "@武汉发布"推文发布时间统计

"@武汉发布"信息发布的第一波高峰，针对市民在进行早餐、等车和乘车等活动时的碎片化阅读时间进行第一波信息推送。11点至14点间是第二个信息发布高峰，这个时间段是大部分用户在学习和工作中间的午休时间，用户在微博上的活跃度大大增加。第三波推送高峰是16点至18点，这一时间段大部分用户结束了一天的学习和工作，处于乘车回家和等待晚餐的状态，互联网媒体的活跃度大大增强。最后一个信息发布高峰时段出现于21点，此时大部分用户处于放松和休闲的状态，对政务微博发送的内容有时间、有兴趣进行关注，是一天内信息发布的最后一个最佳窗口。工作日需要早起，用户普遍休息时间较早，除了重大突发事件以外，23点至次日6点用户的在线数量、活跃度都较低，所以"@武汉发布"每天会在23点整发布标签为"#晚安武汉"的推文，结束一天的推送。

"@武汉发布"在非工作日的推文数量会比工作日有所下降，但推送时间会更为集中。首先是白天时间的推送频率波动趋势同工作日的波动趋势基本一致，但波动幅度小。尤其是非工作日7点至8点的信息发布没有同工作日一样出现传播高峰，而是保持缓慢上升的趋势，在 10 点到达最高点，应该是由于非工作日作息时间改变，没有集中的碎片化时间所致。"@武汉发布"在非工作日的信息发布的高潮集中在 21 点至 23 点这一时间段，微博用户在双休和节假日期间不用担心工作和学习，休息时间更晚，在微博上的活动也更为集中和活跃，是公众使用微博的高峰时段，这一时间段也成为"@武汉发布"在非工作日信息发布的重点时段。

四、"@武汉发布"内容丰富，定位清晰

（一）信息种类多，内容构成丰富

前文的研究中提到过"@武汉发布"通过运用标签和热门话题将自身传播的内容进行分类，下面将结合"@武汉发布"中的各种标签对其传播内容进行分析。对"@武汉发布"2018 年 10 月 1 日至 2019 年 3 月 31 日间的信息统计结果显示，这一时间段内"@武汉发布"常用的标签就有将近 40 种，大致可划为服务类消息、新闻类消息和其他类型消息。

1. 新闻类消息为传播重点

作为武汉市的党政信息发布微博，"@武汉发布"最重要的消息类型就是新闻，主要有武汉市新闻传播和国内国际新闻两大板块，样本中新闻类信息有 13577 条，占样本总数的 82.9%，其中武汉市内新闻 5865 条，占新闻总类消息总数的 43.2%，占样本总数的 35.9%。对于武汉市内的新闻信息传播，"@武汉发布"根据信息类别设立了多个标签。其中"#武汉要闻"主要发布的是武汉市的重大党政新闻信息，而普通的政务信息则是通过"#市政新闻"发布，武汉市内的非政务新闻主要由"#市内新闻"发布。将新闻信息继续细分，"#复兴大武汉"主要发布武汉市城市发展与建设的成就，"#创新武汉"主要发布武汉市内科技创新相关的新闻，"#科教武汉"主要发布武汉市内科技文化和教育领域的相关新闻，"#武汉聚焦"主要发布武汉

市内受关注的热点事件和热点话题的相关新闻与讨论，服务类型的"#幸福武汉""#畅通武汉"和"#畅游武汉"实际上也在不同程度地发挥新闻发布的功能。

对于国内国际新闻，"@武汉发布"大多以转发和编辑加工后转发的形式发布，比较常用的标签有国际新闻的"#国际新闻""#环球博览""#世间万象"，国内新闻有"#国内新闻""#每日要闻""#新闻速递"，还有按新闻领域划分的"#财经纵横""#体坛纵横""#科技新闻"等。

对于具体的话题与事件，"@武汉发布"也经常以事件本身为标签，如"#武汉军运会""#武汉马拉松"和"#全国两会"等。

2. 服务性消息种类丰富

"@武汉发布"的服务类信息有部分和新闻类信息重合，样本中服务类信息共 4012 条，占样本总数的 24.5%。

"@武汉发布"的"#早安武汉""#武汉天气"和"#晚安武汉"三个标签是每天都会固定发布的，"#早安武汉"于每天早上 7 点整准时发送当日武汉的天气预报，为市民穿衣、防晒和携带雨具等提供参考，"#武汉天气"则在每天 20 点至 21 点间发布次日天气情况。"#晚安武汉"是"@武汉发布"每天的最后一条消息，分享一句人生经验、感悟或者是推荐一本书等。由于是每天的固定内容，所以这三个标签属于"@武汉发布"中的高频类消息。

非定期发布的还有"#微提醒""#畅通武汉""#幸福武汉""#畅游武汉""#生活服务"。"#微提醒"主要发布武汉市内同市民衣食住行相关的各项临时性调整信息，如机场某某航站楼临时关闭等；"#畅通武汉"主要是在道路维修施工、恶劣天气阻断道路时发布道路通行状况、提供规避线路方案等；"#幸福武汉"主要是发布与民生有关的政策信息、惠民政策讲解等；"#畅游武汉"则是发布武汉吃喝玩乐的各种信息与攻略；"#生活服务"主要是结合节气或近期发生的健康新闻发布一些生活小窍门、健康知识等信息。

3. 其他类型消息调剂内容

"@武汉发布"在每天 7 点至 8 点、11 点至 12 点和晚间发布"#早间分享""#午间分享"和"#轻松一刻"分享一些幽默搞笑内容或者是"萌宠"视频，调节用户心情。

冰冷生硬的政府机构形象会影响信息传播的效果，政务微博拟人化运营是当前的一大趋势，适当地分享一些轻松幽默的信息能够丰富政务微博的传播内容、提高用户黏度、吸引新粉丝，并能在政府形象塑造方面产生积极的影响。"@武汉发布"在发布的内容主题上有意识地进行了相关的布置，轻松幽默的视频及趣味知识等方面的内容每日会更新 3~6 条，主要集中于休息时段，比例较为合适，既不会模糊自身党政新闻和城市综合信息发布平台的定位，又能起到调剂内容的作用。但在拟人化运营时，目前还只能做到口语化的表达和表情符号的运用，没有做到以第一人称的视角进行人格化、情绪化的表述。

(二)信息比例合理，定位清晰

"@武汉发布"在简介中对自己的功能定位为：发布市委市政府的中心工作和重要决策部署、全市重大主题活动、市委市政府新闻发布类信息、文化生活服务类信息、天气和自然灾害等突发性公共事件预警应对信息、回应督办落实网民诉求。

通过 BlueMC 大数据工具计算"@武汉发布"在各领域兴趣标签的加权分数，其结果显示"@武汉发布"的信息内容分类由高到低主要集中于政务信息、社会热点信息、时政新闻、自然科学、慈善公益、生活百科知识、法律法治信息、科研及高校信息和文化教育方面的内容，各兴趣标签间加权分值差距非常巨大，显示出"@武汉发布"在信息发布的内容上有明确的针对性。政务信息、社会热点和时政新闻在"@武汉发布"各类信息中的比重最大，明显高于其他兴趣标签，科普类、公益类和生活服务类信息所占比重位于第二，这同"@武汉发布"在简介中对自己的以市政信息、城市新闻、重大活动发布为主,以公共服务信息发布为辅的定位非常一致(见图6)。

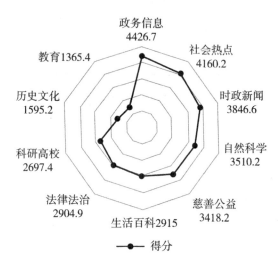

图6 "@武汉发布"各类型信息发布数量比重

(三)信息形式多样

新闻信息在传播过程中,不仅其传播内容本身的语言风格、内容价值、趣味性、可读性等指标非常重要,其内容传播形式也很重要。随着互联网的发展,内容信息传播方式越来越多样化,受众对信息传播的要求也越来越多。特别是在个人移动终端上的信息传播,纯文本的形式会显得越来越单调,政务微博需要通过多样化的内容传播形式来保持对受众的吸引力,以增强传播效果。

将"@武汉发布"的16378条微博通过内容发布形式进行分类,得出的结论是纯文本信息的发布数量为零,"@武汉发布"的所有内容已经完全实现了多媒体化。其中图文信息有10124条,占比为61.8%,音、视频信息6178条,占比为37.7%,微博H5、在线小程序等其他类型信息76条,占0.005%(见图7)。

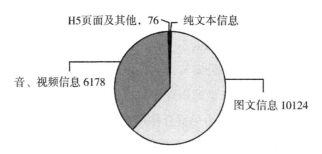

图 7 "@武汉发布"的内容发布形式

纯文本信息形式单一，难以吸引受众注意力，"@武汉发布"已经完全实现了多媒体化发布的发布形式，这一点是非常值得肯定的；特别在对仅有文本的信息的传播过程中，微博管理员也会选取相关的或幽默或养眼的图片加以补充，既丰富了信息的展现形式，又提升了信息的传播能力。

五、"@武汉发布"的传播力和信息原创力有待提升

联合政务微博矩阵聚合传声能够提高传播信息的响度和传播深度，是政务微博传播的一大特点，也是重要的传播手段之一。通过对"@武汉发布"连续半年的追踪发现，"@武汉发布"同"@平安武汉""@武汉城管""@武汉地铁"互动次数相对较多，同矩阵中的其他职能部门和基层政府微博账号的互动很少。

通过对"@武汉发布"政务微博传播矩阵中 13 个区政府部门的政务微博账号进行研究发现，除"知音汉阳"粉丝数达到 11 万以外，没有一个账号能够超过 10 万，不少区政府的微博关注粉丝不足 1 万，部分地区的政务粉丝数量和区域经济文化影响力、人口规模等不相匹配。还有很多区的微博更新频率低，传播影响力非常微弱。

除此之外，武汉市 13 个区的政务微博命名不统一，区政府政务微博命名有"发布"系列的"硚口发布""东西湖发布"，有"魅力"系列的"魅力江

岸""魅力江夏",有直接以政府命名的"武汉东湖高新区""武汉市新洲区政府"还有武汉市江汉区的"两江交汇"等,命名不成体系,没有辨识度,影响公众认知。同时管理机构也不一样,认证部门有区政府、区政府办公室、区委宣传部和区新闻办公室等,武汉市对政务微博的建设发展缺乏统一的规划与管理,这些政务微博矩阵中的微博并没有能够相互串联形成体系,对"@武汉发布"传播能力的提升作用有限。

还需要指出的是,"@武汉发布"的微博信息中,影音图像的原创度较低,大部分来源于互联网搜索和转发,自身的多媒体生成能力不足,这导致很多时候信息的生产和发布的需要受到限制。

六、优化区域中心城市政务微博传播的建议

2019年4月15日,国务院总理李克强签署国务院令,公布了修订后的《中华人民共和国政府信息公开条例》,提出要进一步加大政府信息公开力度,既在公开数量上有所提升,也在公开质量上有所优化的要求。[①] 修订后的条例指出,各级政府要积极回应人民群众对于政府信息公开的需求,体现近年来政府信息公开工作的新进展、新成果,解决实践中遇到的突出问题。

虽然还存在不少问题,但区域中心城市政务微博无疑是区域中心城市传播政务信息最为有效的媒介之一。优化区域中心城市政务微博的传播策略,提升其信息发布的数量与质量,不仅是落实该条例要求的重要手段,同时也将是促进区域中心城市政务微博进一步发展的关键。

(一)明确自身定位,同政务新媒体协同发展

---

① 中国政府网. 李克强签署国务院令公布修订后的中华人民共和国政府信息公开条例[EB/OL].[2019-04-15]. http://www.gov.cn/guowuyuan/2019-04/15/content_5383032.htm.

1. 明确"弱关系"属性，重视跨区域传播能力

随着政务新媒体的发展，政务微信、政务 App 等形式的政务新媒体参与对政务微博受众的争夺，政务微博的部分受众向各种形态的政务新媒体分流，政务微博的功能与定位也在多个方面和多种政务新媒体平台重合。

微博作为浅度社交平台，依托的是"弱关系"在信息传播和扩散上更具优势。"弱关系"促成了不同群体之间的信息流动，基于"弱关系"分享的微博用户对信息转发的阈值低，其传播的速度更快、范围快更广。

而区域中心城市政务微博不同于普通城市的政务微博，其不仅拥有微博基于"弱关系"属性在信息的扩散范围和扩散速度带来的天然优势，还拥有比普通政务微博更为广泛的受众群体和信息传播范围。区域中心城市政务微博的信息传播能力能够借助区域中心城市强大的影响力和其对区域的强大辐射能力进行放大与强化，在区域中心城市外的整个区域当中进行高效且广泛的传播，而这种扩散性的传播能力是倚靠"强关系"进行精确的、深度的传播的政务微信和依靠点对点模式提供服务的政务 App 所不能够替代的。

区域中心城市政务微博应当以微博基于"弱关系"的传播属性和区域中心城市的独特优势重新明确自身定位并制定传播策略，重视其在对外传播、宣传上的作用，进一步发挥出政务微博在信息传播核扩散上的优势，更好地进行区域中心城市的政务传播。

2. 同政务新媒体分工协同

就政务新媒体的发展历程来看，政务微博出现较早，在一段时间内担负起了政务新媒体，也取得了一定的成果，像政务微信、政务 App 等移动端政务新媒体的发展壮大；但随着各种政务新媒体特别同时受众群体又出现进一步的细分，功能定位大而全的"全才"不再受欢迎，不同政务新媒体结合自身媒介的传播特点进行进一步的分工是必然的。

微信作为深度社交平台，依托的是"强关系"，用户的黏度会更高，在

信息的精准传播与互动上效果更好；微博平台依托的是"弱关系"，在信息传播和扩散上更具优势；政务 App 则因为它具备深度定制功能与内容使得它在网上政务办理的优势非常明显。三者之间功能的侧重点完美错开又能够互补，从理论上讲完全可以让三者在功能上进一步向专业化、细分化发展，更有针对性地提升传播能力与服务能力。

通过"@武汉发布"的实际运营情况来看，区域中心城市政务微博和政务微信、政务 App 之间相互分工、合作互补是切实可行的。区域中心城市政务新媒体建设水平普遍比较高，不同城市可以结合自身政务新媒体发展的实际情况与特点进行整体上的规划和布局，细化单一政务新媒体的功能与定位，组建分工明确的高度专业化政务新媒体矩阵。区域中心城市政务微博可以将投诉反馈、政务办理、精准传播和深度交互等方面的功能转移至更有优势的其他政务新媒体平台，使自己能够更为专注地进行区域中心城市政务信息的传播与扩散，细化自己的目标受众群体。

(二)提高信息传播质量，提升传播价值

区域中心城市对周边地区的强大辐射能力只是一个无形的概念，只有通过区域中心城市传播的信息作为载体时才能够真正发挥出价值。区域中心城市政务微博虽然是政府的媒体平台，但其信息的传播并不依靠行政力量传播手段，而是依靠信息的质量吸引受众。因此提高信息传播质量，提升区域中心城市政务微博传播价值，才能提高区域中心城市政务微博的传播能力。

1. 合理平衡发布内容，突出职能

首先，区域中心城市政务微博不是私人账号，也不是娱乐账号，有着强烈的功能性与目的性，而区域中心城市综合信息发布微博的粉丝的关注原因大多是为了获取各项区域中心城市相关的信息，所以对区域中心城市政务微博发布的内容也有着明确的范围。对于区域中心城市政务微博而言，最为主要的功能就是对区域中心城市政务信息的传播，相关政务信息

的发布数量也应当在总信息量中占据最大的比例，然后才是各种新闻类、服务类、百科类、生活类等其他类型的消息。

其次，具体城市在规划政务微博发布内容的时候，可以结合自身城市的发展情况和所处地区的区位特征制定传播内容，突出主题。例如"@成都发布"多出现旅游及熊猫相关的话题，"@西安发布"则会更多地向文化历史方面的内容倾斜。

最后，区域中心城市在制定政务微博发布内容的时候需要有一个大致的规划，发布信息的种类、数量都要制定大致的比例，在突出区域中心城市政务微博功能与作用的同时，也要注意调剂政务微博发布的内容，可以适当地挑选并分享一些有质量、有品位和轻松幽默的内容，以此来放松读者的心情，提升内容的趣味性。

2. 提炼主题，突出重点

我们现在生活在一个信息爆炸的环境里，受众的注意力被太多信息分散，所以要想争夺受众的注意力，传播的信息不仅要有价值，还需要针对受众的兴趣与需求进行二次加工，以符合受众需求的方式进行传播。

虽然不少受众对获取区域中心城市的相关信息方面有一定的需求，但在信息源丰富的互联网中，区域中心城市的政务微博并不是获取相关信息的唯一渠道。如果区域中心城市政务微博所传播的信息内容过于生硬死板，不仅会影响受众的阅读体验，使其所传播的信息对受众缺乏吸引力，更会直接影响到相关信息的点击量，其所传播的信息将会很快被淹没于互联网上海量的信息垃圾之中。

所以区域中心城市政务微博在对区域中心城市相关政务信息进行传播的时候，需要对信息的内容进行再次加工，通过分析受众的习惯、需求和特点，对信息中有价值的要点进行提炼，对受众可能感兴趣的部分进行扩充，并以受众会感兴趣的形式对信息进行呈现。通过对信息的二次加工突出信息重点，增强信息的可读性，从而提高信息的传播能力。

3. 提高内容生产能力，丰富信息表现形式

微博作为多媒体信息平台，能够传播多种形式的信息，文字、图片和视频对受众注意力的吸引依次上升。视频已经成为微博上传播能力最为强势的信息表现形式，不少优秀的视频点击量达到千万，对视频的点击与转发已经成为不少微博账号获取流量的重要途径。

目前区域中心城市的政务微博基本上做到了微博信息发布多媒体化，基本上不用纯文字信息，但区域中心城市政务微博自行生成图片、音频与视频的能力依然很差，图片与视频素材主要来源于网络搜索和转发。一方面，对多媒体文件缺乏制作能力将导致选题受到素材的制约；另一方面，内容生产上的局限性也将导致政务微博传播能力受到影响。

特别是对区域中心城市政务微博而言，大量区域中心城市政务的相关信息若能配以图解或视频，其传播效果能够得到显著提升。要想进一步推动政务微博的发展，提高其信息生产和传播的能力，政府还需要加大投资，引进相关技术人才和设备，加强政务微博专业化运营水平，这样才能最大限度地开发政务微博的传播能力。

(三) 提升信息的传播手段

1. 开辟多元化的信息传播路径

政务微博作为政务信息传播的新媒体平台，其传播规律同传统媒体平台有着较大差异，在政务微博实际运营的过程中很多传统媒体平台上的思维定式影响着政务微博的传播效果，最典型的就是将微博的传播路径单一化了。

首先，政务微博直接向粉丝发布的信息是最直接的也是最基础的信息传播方式，关注政务微信的粉丝也是其最核心的传播对象。加固自身粉丝群体的黏度，提升内容质量提高粉丝的转发是最根本的手段。对于自身粉丝用户群体的维护，不仅要重视通过提高政务微博内容质量、功能与互动培育普通粉丝群体的忠诚度与活跃度，同时也要重视互联网"大 V"群体的

影响力，主动联系并增加互动以吸引互联网"大V"的关注和转发，将其庞大的粉丝转化为政务微博信息的潜在受众。

其次，可以通过在信息发布过程中增添话题标签的方式，一方面在互联网信息冗杂的背景下突出所传播信息的重点，使其一目了然，有明确的目的性；另一方面可以借助话题标签推进微博信息在相关话题社区中的传播，吸引未关注粉丝群体的注意。话题标签相当于微博信息在互联网传播过程中的关键词，不仅可以在碎片化传播的过程中吸引有相关信息需求受众的注意力，同时也能够方便受众更加准确地搜索出自己需要的相关信息。

2. 稳定信息发布频率，增加信息发布数量

政务微博应当形成每天大致固定的发布频率，不少区域中心城市的行业微博和基层政府的政务微博发布频率极不稳定，信息发布数量时高时低，有时数日不见更新，有时又一下子连发十数条，使用户难以接受，不少人直接选择取消关注。政务微博每天保持稳定的更新频率有助于培养用户的阅读习惯，避免造成刷屏，长期在受众面前保持稳定的曝光率也能加深用户对政务微博账号的印象，提升他们对政务微博账号的好感。

微博信息的发布方式同微信公众号的文章推送不同，如若没有经过特殊设置，普通微博信息发送后只会出现在粉丝的关注列表中，粉丝本人并不会收到消息提示，微博信息在传播过程中存在一定的偶然性。区域中心城市政务微博在政务信息传播的过程中也会面临这种问题，适当地增加信息发布数量有助于提高信息在粉丝面前的出现概率。同时，借助话题标签，被刷至底部的信息依然能够在相关的热门话题中继续传播，而话题标签也能够作为索引帮助用户在众多信息中快速找到需要的内容。有研究显示，政务微博每日信息推送的数量同账号粉丝数量及活跃粉丝比率存在正相关性①，增加信息发布数量还能够提高粉丝点赞、留言及转发等互动行

---

① 李颖. 政务微博公众认可度因素分析［M］. 北京：中国社会科学出版社，2017：97-101.

为的潜在概率。

3. 分析受众习惯，科学选择信息发布时机

政务微博不仅需要稳定每日的信息发布频率，还需要结合受众习惯大致稳定每日不同时段的信息发送频率及主题，对每日常态化的信息发布内容进行合理规划。首先，要结合区域中心城市和地区的发展特点，整理并制定出每日常态化推送的大致内容。其次，要总结出受众的作息规律并对受众行为动机进行研究，找出用户每日的活跃时段，并对不同时段的用户心理及需求进行分析。最后，根据不同时段用户的活动特点和行为特点评估不同类型消息的传播效果，对不同时段的信息发布内容和信息发布频率进行合理安排，通过科学地选择信息发布时机来提高信息传播的效果。

媒介融合背景下《三峡日报》转型发展研究①

一、《三峡日报》发展概况

(一) 从《宜昌日报》到《三峡日报》

《三峡日报》的前身是《宜昌日报》。1949年8月9日，也就是宜昌解放后的第24天，政府在财政十分拮据的情况下，拨给《宜昌日报》10万斤稻谷作为创办资金，使得《宜昌日报》成为宜昌地区第一张公开、以合法面目出现的党报。《宜昌日报》在创刊之初为四开四版的日报，"为建设新宜昌而奋斗"是其发刊词。从此，《宜昌日报》在党、政府和人民之间搭起了一座信息沟通的桥梁。从创刊开始，宜昌日报社一直靠政府补贴维持办报，直到1983年，宜昌日报社首次实现了印刷厂账上14900元的盈利，并逐步开始实行"事业单位，企业管理，以收抵支"的新路。1989年，《宜昌日报》在全国率先提出建设"以党性原则为基础的多功能系列报"的设想，并在周三、周日推出"科技"与"教育"专版，这一重大举措使其成为真正意义上的日报。2006年1月1日，《宜昌日报》正式更名为《三峡日报》。

---

① 本文为2018届硕士毕业生卢安琪学位论文的部分内容，原题为"媒介融合背景下地方城市党报转型发展研究——以《三峡日报》为例"，有改动。

(二)转型推进报业集团传播力提升

随着互联网的发展和新媒体的不断冲击,从 2006 年开始,《三峡日报》就在新媒体平台的合作运营上不断突破。总的来说,《三峡日报》与新媒体平台的互动主要体现在与新媒体内容运营上的强强联合、与政务信息的高度捆绑,及其高度自觉的舆论引导能力。地方城市党报是随着媒介生态环境的变化而不断改变的,但这并不是任凭主观意志而进行的单个毫无联系的改变。《三峡日报》凭借自身的党报品牌和读者积累,与主流网站联合宣传,进行党报品牌传播,构建媒体形象。

2007 年,《三峡日报》率先在省内市州报中建立了新闻网站——三峡宜昌网,发布了"中国三峡传媒网全新改版上线""中国·宜昌门户网全新改版上线"。通过这些网站的建立,《三峡日报》从新闻资讯、政策解读、民生服务,到政民互动沟通渠道,真正实现了与宜昌政府门户网站的联动和资源共享。报网的联合,使网站依托《三峡日报》强势媒体资源优势,成为宜昌市政府门户网站的宣传窗口、为民服务的平台。反过来,《三峡日报》利用微博微信平台多次联合收集读者意见,优化自身发展方向。在新闻中鼓励读者们分享使用心得,搜集对新版网站有建设性意见的建议,并进行意见反馈,为中国夷陵网发展建言献策。

2008 年是《三峡日报》转型发展的开始之年,通过访谈发现,三峡日报社在 2008 年已到了"革新图存"的重要时刻,转型融合发展十分必要:第一,单从当时的经营状况来看,互联网的迅猛发展已经开始对报纸的发展形成冲击,《三峡日报》虽然已经是湖北省地市州实力较强的党报,但其读者群不断缩小、发行量呈总体下降趋势的现状,让《三峡日报》的发展处于较为严峻的被动局面;第二,传统媒体和新媒体在融合发展上"两张皮"现象严重。2008 年 10 月,省委宣传部、省新闻出版局批准《三峡日报》组建自收自支事业性质集团,实现从传统媒体向新媒体转型的关键性跨越。报业集团建立之后,旧有的体制机制已不适应三峡日报报业集团多媒体共同发展的现实需要,策划、采编、经营并未实现深度融合和资源最有效的整合。集团内不同媒体"各自为政""单打独斗"的现象，导致员工工作效率下降、工作积极性无法提升，《三峡日报》的内部矛盾和问题急需转型来改善。

《三峡日报》在转型发展过程中，不断搜集旗下各媒体意见和建议，并组织旗下各媒体对"中央厨房"常态化运行的组织架构进行研讨。最终提出了"巩固纸媒、做强网媒、突破性发展移动互联网、推进多元化产业经营"的转型目标，在遵循新闻传播规律的基础上，强调坚持用户至上、内容为王，精心组织精品生产，真正发挥集团"全媒一体、融合传播"的集群效应；同时，积极推进"中央厨房"常态化运行机制，在制度上出台了《三峡日报传媒集团"中央厨房"值班调度管理暂行办法》。"中央厨房"由总编辑统筹值班，集团编委办协调各媒体值班，集团副总编辑及旗下《三峡日报》、新媒体公司、集团采访中心，则在"中央厨房"严格实行"8 小时坐班制+8 小时外移动值班"，这就保证了"中央厨房"的常态化运作。利用新旧媒体各自的优势，实现"报纸、网络、移动终端"的强强联合。转型之后的《三峡日报》跳出了媒体本位，把媒体融合放到国民经济信息化、人民群众信息消费多样化和政府治理信息化等多维度去定位发展。

转型发展之后的《三峡日报》实现了经济效益和社会效益的相统一。从经济效益上来看，《三峡日报》已经拥有包括《三峡日报》在内的八个媒体，报刊发行总量已超过 25 万户，日总印刷能力达到 50 万对开张。截至 2016 年 12 月，集团资产达到 2.3 亿元，经营收入 1.5 亿元，实现利税 1500 万元，其报纸征订数达到每千人报纸拥有量高于全国同类城市 2~3 个百分点；从社会效益上来看，舆论引导力进一步提升，成为中西部地区重要的新闻资讯服务中心。尤其是"媒体十政务"的发展模式，成为媒体资源整合的重要经验在全国范围内推广。

二、《三峡日报》的转型策略探究

针对转型后《三峡日报》传播状况，笔者做了一次问卷调查，调查对象包括男性 165 人，女性 210 人；受访者年龄以 31~40 岁为主，占比 39%，其次是 17~30 岁，占比 31%，其中也有部分未成年客户，但比重较小，仅占比 3%；受访者中大学本科占 70%，大学专科及以下占 19%。

从问卷调查的结果来看，目前《三峡日报》在宜昌地区有较强受众基础和认可度，32% 的受众表示愿意自费订阅《三峡日报》（全国地市级党报平均自费订阅率 11%①）；而绝大多数不愿意自费订阅《三峡日报》的受众，认为党报应由政府统一出资购买占 56%，习惯单位统一出钱购买占 37%；选择"报纸缺乏公信力和权威性"和"报纸本身业务水准较低"的分别占 12% 和 21%（见图 1）。由此可见，转型后的《三峡日报》在内容建设专业度和权威性上得到受众普遍认可，但大部分受众对地方城市党报带有刻板印象和固化思维，这样的认知对整个地方城市党报的销售情况产生了影响。

总体而言，转型之后的《三峡日报》，不仅实现了社会效益与经济效益的双赢，同时在新闻奖中屡获殊荣：《三峡日报》获 2016 年度湖北新闻奖一等奖 2 件、二等奖 2 件；2016 年度湖北省市州报新闻奖一等奖 7 件。从《三峡日报》转型发展实践来看，其重点放在内容定位、机制再造、技术开发三个方面。

（一）打造本土化、特色化新闻产品

报纸是新闻纸，不管怎样转型，新闻必须占主导。之前的《三峡日报》，从版面上看，每周出版 6~8 版，天天彩版，整体排版紧凑，新闻与新闻之间或用少量留白，或用绿色线条和边框隔开。出版数量在全省乃至中西部地区的同类报纸中都是领先的，但新闻容量相对不足却是读者多次反映的突出问题；从内容上看，在很长时间内，《三峡日报》的报道是开什么会写什么报道，有什么活动写什么新闻，报道方式程式化，仍然保持着高高在上的身段。这一时期的《三峡日报》还未认识到新媒体环境带来的变

---

① 张苏敏. 困境与突围——新时期地市级党报的革新[M]. 哈尔滨：哈尔滨工程大学出版社，2015：75.

化，沿用传统的报道思维和报道模式。

《三峡日报》在转型过程中非常重视自身内容定位的创新：第一，颁布了各种规范内容建设的办法。报社先后出台了《三峡日报传媒集团新闻生产与发布统筹管理暂行办法》《三峡日报传媒集团新媒体发布审核机制管理办法》《三峡日报传媒集团全媒体优稿考评价暂行办法》等，涉及最基本的工作合格审核、优质原创稿件审核，以及新闻发布的审核。第二，在新媒体环境下，根据受众的阅读习惯和偏好，对《三峡日报》版面和语言进行了调整。《三峡日报》调整了部分板块的内容设计，增加了针对宜昌区域内的本土报道，包括区域内的大量文化专题的深度报道，如中国传统笔墨画艺术、鸦鹊岭镇楠管艺人对楠管艺术的坚持、经典国学宣传推广等。重头版面也陆续推出评论文章，经济述评文章以有方向指引的深度见长，民生新闻的报道力度加大；地市新闻较为集中的"文化教育"板块，"人民的名义""工匠情怀""乡村振兴"等热词都与新闻紧密相连，并加重了批评建设性新闻分量。同时，版面上新闻文字与图片之间、新闻与新闻之间留白明显增加，线条的颜色更加柔和，使得整个内容配置优化有了观感上的提升。第三，《三峡日报》出现大量关于地区县市、少数民族的特色报道。此次问卷调查中关于"您阅读《三峡日报》主要期望获得哪些方面信息"的设问，分别有76%和69%的受众希望"了解地市方针、政策"和"获取本地新闻"（见图1）。和省级党报不同，地方城市党报在内容建设上，除了头版、要闻中需要涉及全国、全省各大新闻事件，报纸本身在版面建构中也需要体现宜昌本地的特色。

同时，通过图2可以看出，受众最希望《三峡日报》能够在本地新闻（49%）、县市新闻（39%）、民生新闻（41%）、评论类文章（42%）四个方面有所加强，这也从侧面反映出《三峡日报》在本地新闻和民生新闻两方面具有受众期待和发展优势。

在媒介融合的背景下，《三峡日报》开始学会盘点自己所处城市的优秀资源。在新闻发生时，及时获得一手新闻素材、打造一流新闻。这样的转变将《三峡日报》品牌和当地人们对于优秀资源的文化记忆捆绑在了一起；

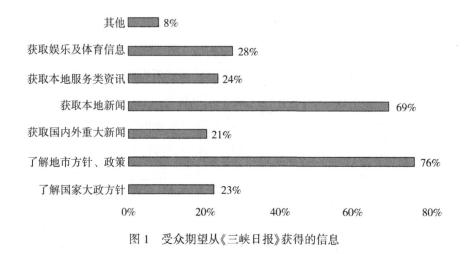

图 1　受众期望从《三峡日报》获得的信息

另外，"评论类文章"占比位居第二，这说明地方城市党报阅读群体对报道内容思想性的高要求。新媒体时代碎片化、快餐化消息文章的泛滥，反而刺激了部分受众群体对深度报道文章的渴求，地方城市党报具备打造深度报道、精品报道的实力，应该强化这方面的优势。

在新媒体与传统媒体内容互动上，主要体现在与新媒体的联合、与政务信息的高度捆绑：第一，与新媒体的联合。《三峡日报》凭借自身的党报品牌和读者积累，多次与三峡主流网站联合宣传，并主动利用微博微信平台多次联合收集读者意见，优化自身发展方向。2015 年《三峡日报》利用官方微博发起了"天天评报"的活动，鼓励读者们通过微博评选出每天最喜爱的新闻，这就是一个利用新媒体帮助传统媒体了解用户思维的方式。第二，与政务信息的捆绑。如《三峡日报》多版连续对"2016 上半年履职尽责绩效"进行展示，根据党中央精神，将精准扶贫工作、脱贫攻坚工作、"双提双抓"工程等大量数据公布；同时，报纸发布"市纪委网站改版上线"的新闻、"市纪委监察局微信公众号上线"的新闻等服务政府和受众。

图 3 数据显示，受众最期待三峡日报报业集团在手机报 App 和微信公众号上做出更多新建设。相较而言，受众对官方网站的期待反而较低。此

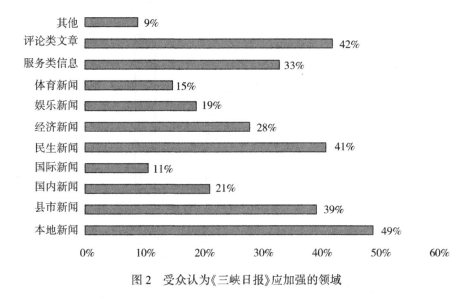

图2　受众认为《三峡日报》应加强的领域

数据体现出《三峡日报》读者群在日常使用新媒体的过程中，对党报旗下手机报和微信公众号的使用度和需求度相对较大，在此平台开发新功能和个性化服务是《三峡日报》转型发展可以继续突破的重点。

（二）整合新闻编辑部，创新管理机制

三峡日报报业集团转型之前的管理机制主要是延续旧有的管理制度，多个媒体各自为政，庞杂、混乱是集团管理中最严重的问题。三峡日报报业集团下辖有8个媒体，在日常工作业务中，不同媒体之间很容易出现沟通和协调上的问题。即便是同一报业集团内部，不同的子报、网站甚至部门都会为了自己的发展有各自的打算，记者、编辑一人揽多活的情况也属平常。"中央厨房"建设之后建而不用、建而少用，成为应景之作。

为了改变这种情况，首先，集团对内部的各个媒体进行分类。统一将宜昌网、政府门户网、家政服务中心等纳入新媒体部门管理，制定适合新媒体发展的规章制度，充分发挥新媒体特点，突出技术和原创性；从《三峡日报》的资深主编中公开挑选新媒体负责人，主要承担新媒体编审和部

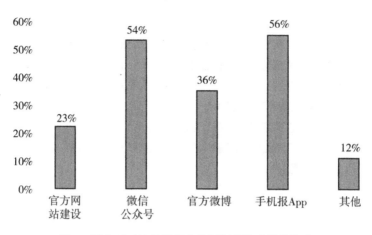

图3　受众对三峡日报报业集团新媒体建设的期待

门管理的工作。另外，为打破《三峡日报》新旧媒体间各自为政的局面，集团规定纸媒记者同时要为报纸和网站写稿，新媒体内部也细分了不同频道，与传统媒体政经、国际、旅游、文化、体育等类似，这样方便与传统媒体对应同频道的内容生产和上传。等到报网互动进入常态，编委会还建立了一个联席会议机制，负责决策协调、解决较大的问题，为实现报纸版面与网站频道有效对接和融合提供支撑。

其次，集团全力打造优质的地方"中央厨房"。为了保障"中央厨房"的高效率运行，三峡日报报业集团推出了"值班调度"管理制度，旗下传统报纸和新媒体公司都在"中央厨房"内运行，用"坐班制＋移动值班制"来保证"中央厨房"的运作。"中央厨房"保证了新闻日常供给的稳定性和素材来源的安全性，提升了报纸的传播力。

（三）优化全方位媒体传播技术

作为中部地市级的城市党报，《三峡日报》转型之初在技术上遇到了很多障碍和挑战。究其原因主要是技术基础相对落后、管理者起初对技术不够重视，最重要的是高新技术人才匮乏。为了改变这种状况，报社采取了相关措施：

第一，在管理上运用技术。三峡日报社为了加快报网融合发展，投资近千万元，完成了星云全媒体生产管理平台软件系统项目，建设媒体融合中枢系统"中央厨房"，推动集团媒体融合发展。引入金蝶 ERP 全面资产管理系统，所有工作人员都统一在这个系统中操作，人事管理也可以直接通过这个系统进行审核。

第二，在内容生产和发行上运用技术。《三峡日报》为员工配备了手机等移动设备，让他们在采编的过程中感受到技术的便捷，同时提高新闻报道的时效性。利用报纸发行网络开展多元化物流配送，使得配送体制市场化，经营产业化，服务社会化。《三峡日报》投递段道处宜昌闹市区，拥有成千上万的终端客户，蕴藏无限商机，业界称其为"黄金一公里"。发行部利用大数据，创建读者数据库及发行员送报的段道"黄金一公里"圈定的读者群。

第三，在服务上运用技术。《三峡日报》作为主流媒体，承担着惠民便民的责任。集团主动联系政府，开设服务板块，将新媒体运用到政府服务上。通过捆绑政务信息，建立智慧城市服务平台和百姓反馈窗口，用技术拉近政府与百姓之间的距离。

在媒体融合背景下，地方城市党报转型面临各种现实问题：内容建设缺乏互联网思维、技术壁垒导致传播渠道不畅、传统媒体内部组织架构无法满足转型需要、核心人才大量流失等问题。为了解决这些问题，《三峡日报》结合自身优势，在转型发展过程中实行"优质内容+核心人才+组织结构+新型流通渠道十多业态生产链十企业文化"的内部闭环进行融合发展，为探索地方城市党报转型发展作出了贡献。

《三峡日报》是湖北省乃至全国较有显示度的、实力较强的地市级报纸。《三峡日报》早在 2008 年就开始了由传统媒体向新旧媒体融合的转型探索之路，建立了包括传统媒体、互联网、移动互联网、户外传播以及出版社在内的全媒体传播格局。特别是在开展报网融合、两微一端建设、政务信息捆绑、媒体与受众互动率等方面的转型，《三峡日报》都排在全国地方城市党报的前列，目前集团下辖三峡日报新媒体责任有限公司等 9 个子公司。

从转型效果来看，《三峡日报》在转型发展后实现了经济效益和社会效益的双丰收。转型后《三峡日报》的征订数达到每千人报纸拥有量高于全国同类城市 2~3 个百分点；建立了新兴媒体产业园区，首推"媒体+政务"的发展模式。在国家新闻出版总局在转型示范单位的评选中，《三峡日报》成功入选全国数字出版转型示范单位，成为全国仅 3 家入选的地市级报社"案例样本"。作为湖北省唯一一家入选的报纸，《三峡日报》在转型的过程中，成为地市级报社媒体融合中枢系统"中央厨房"建设的典范。同时，《三峡日报》于 2018 年被湖北省网信办评为报网融合平台典型案例，获得 2017 年度创新平台奖。

《湖北日报》与新媒体的融合互动研究①

一、《湖北日报》概况

《湖北日报》创刊于 1949 年 7 月 1 日，是中共湖北省委机关报，其前身是 1948 年创办的《汉江日报》和《鄂豫报》。

2001 年 7 月，湖北日报报业集团正式成立，2007 年 4 月更名为湖北日报传媒集团，旗下拥有 10 家报纸、10 种刊物、3 个网站、1 家出版社及 8 家公司，在全省 17 个市州都设有分社。经过多年的发展与探索，该集团已打造出以《湖北日报》为旗舰，以《楚天都市报》《特别关注》、荆楚网等相关子报、子刊、子网站等为辅助体系的一批文化品牌，并且，该集团是全国首家报纸和期刊期发量超过百万的"双百万"集团。

二、《湖北日报》与新媒体融合互动的现状分析

面对新媒体的冲击，传统媒体难免会受到影响，在一定阶段内呈现出下滑的态势，此时，湖北日报传媒集团实施了"全媒体、多元化"战略，为党报数字化转型加速，促进互联网平台、新型社交平台、移动终端和户外传播等并行发展。

---

① 本文为 2015 届硕士毕业生程胤懿学位论文的部分内容。原题为"省级党报与新媒体的融合互动研究——以《湖北日报》为例"，有改动。

2014 年，湖北日报传媒集团报刊期发行量超 800 万份，其中《湖北日报》发行量超过 60 万份，市场发行量逾 20 万份。旗下的新媒体集团业务领域涵盖网站、手机报、移动客户端、杂志、户外电子屏、电子商务、大数据服务、无人机航拍、音视频直播录播、专业软件研发等方面，日均受众群体突破 3000 万。① 湖北日报传媒集团从技术、人才、平台和采编四大层面进行了优化整合。

第一，在技术方面，湖北日报传媒集团搭建了全新的采编平台，将原先只使用文字、图片的单一报刊出版采编系统进行改造，目前的全媒体采编系统既包括文字、图片，又包括音视频，而且可以进行报纸出版、网站、微博、微信、移动客户端、户外大屏幕即时发布，在一定程度上实现了全媒体信息采集、移动端远程编辑发布、数字化资料存储和组版发排等；组建了全媒体指挥中心，主要将应用于重要与紧急领域的应急指挥技术嫁接到传媒领域，具有同步视频采访、全媒体编辑、实时发布、舆情监控等功能②；还成立了楚天云图航拍中心，组建了无人机编队，为用户提供多角度的摄影作品，在直播报道、广告等方面提高了竞争力。其舆情监测系统则是利用新媒体的优势，对全省 17 个地市州进行 24 小时监测，发现舆情信息及时处理，平均日处理量 2 亿条，能在提供丰富的新闻信息资源的同时，为政府及时了解舆情提供帮助。

第二，在人才方面，积极培养全媒体人才。推动传统采编人员向全媒体采编人员转型，加大干部轮岗的力度，开展多种培训、讲座、交流活动，促进学界学者、业界专家等与采编人员的交流互动，提升采编人员的全媒体意识、提高运用新媒体手段的技能，同时还从外部引进先进人才，充实集团的内部活力。

第三，在平台方面，加强产品研发的同时，致力于建构以传统互联

---

① 邹贤启. 在与新媒体的共享融通中寻求多赢——湖北日报传媒集团实施媒体融合发展的实践与思考[J]. 中国记者，2014(6)：17-19.

② 邹贤启. 在与新媒体的共享融通中寻求多赢——湖北日报传媒集团实施媒体融合发展的实践与思考[J]. 中国记者，2014(6)：17-19.

网、移动互联网、物联网和大数据中心于一体的"三网一中心"，为其自身的发展提供支持与动力。具体方式为，在改造传统互联网的基础上，积极开发移动互联科技，研发移动客户端，开创新型的动漫新闻表现模式，而且在全省设立了 1000 多个户外电子阅报栏，可以第一时间将《湖北日报》的内容进行传递与展示，克服了纸质报纸发行慢的问题，也提升了覆盖率和影响力。

第四，在采编方面，建立动态改版的长效机制，以党报改版创新为核心，以共享、互动、受众本位的互联网思维，持续推进以《湖北日报》为旗舰的媒体改版创新，例如，2012 年的改版以栏目板块化为重点，以适应读者群的分众化趋势，2013 年的改版则更加注重言论的权威性，增设评论专版，直面热点问题，主动引领舆论发声；2014 年注重深度报道的建构，新增"今日视点"，彰显传统纸媒在调查性报道方面的优势。同时，湖北日报传媒集团还构建了采编一体化机制，提出"线索共享、采访同行、全媒体互动、多平台呈现"的要求，网络记者要参与《湖北日报》每天的采前会、编前会，及时互通网络舆情和爆料线索，并从纸媒选题中挑选线索以新媒体为平台进行呈现，在重大报道方面，纸媒记者和网媒记者同步采访，随后根据需求呈现出个性化的报道，而且湖北日报传媒集团提出了纸媒记者向网媒平台供稿的制度，促使形成了"网媒及时发快讯，网民互动看反应，根据热点挖深度，精品报道见纸媒"的传播链条。而且在人才共享方面，湖北日报传媒集团建立了报网人才交流与共享机制，打破了内部人才流动的壁垒。

《湖北日报》在初步探索互联网时大致经历了以下阶段：1999 年 6 月，《湖北日报》电子版上线，同年完成《湖北日报五十年(1949—1999)资料数据库光盘》系统；2000 年引进 CTP 系统和 CCD 胶片扫描仪，完成了新闻出版全流程数字化；2001 年成立湖北日报报业集团，并将《湖北日报》电子版与相关资源整合，成立新闻网站——荆楚在线；2004 年，获得省重点新闻网站主办权，将"荆楚在线"与原省重点新闻网"荆楚新闻网"合并成立全新的"荆楚网"。

一是数字报阶段。2007 年 8 月 10 日，湖北日报传媒集团的数字报全新上线，读者可以在网上阅读《湖北日报》《楚天都市报》《农村新报》《体育周报》等。这一阶段的数字报在形式上保留了纸质版的原貌，但又突破了纸质版只能表现文字和图片的局限性，插入音频或者视频，赋予报纸以生动的表现形式。而且，与早期的电子版报纸相比，增加了副刊内容和广告，在内容上更加丰富，也为增加了新的收益点，尤其是数字报吸引的群体大多为年轻读者，开辟数字报的广告版可以为加强广告的二度传播及其附加价值。这一阶段的一大亮点就是受众点开数字报后，可以看到在新闻标题和正文之间有一个喇叭的图标，点击这个图标就可以在线阅听新闻，这一技术实现了报纸有声化，为读者提供了一定程度上的方便，也体现了媒介融合的特点。同时，在线数字报还支持读者在线评论，提供在线订阅以及投稿，在短时间内读者的反馈信息就可以传递给报社，既增强了互动性，又促进了新闻传播主体与受众之间沟通的良性循环。为了方便受众阅读与分享报纸内容，数字报还提供下载功能，即支持离线阅读，让受众的读报行为不再受制于网络或地域问题。

二是综合性新闻网站阶段。随着新媒体技术的日益进步，受众也在逐渐习惯和享受其带来的信息便捷性，各类网站也取得了进一步的发展，新闻媒体也意识到网络传播的必要性和其价值所在，开始思考如何为受众提供更加完善的信息服务。尤其是在都市类报纸、专业性报纸等传统纸媒陆续开设网站之后，党报也加快了建设综合性网站的步伐，以期利用网络传播的快速性、连续性、滚动性、包含性等特性，更好地传递信息、建构新闻价值观，以及服务受众。

荆楚网于 2001 年 12 月 14 日上线，它是湖北省唯一的经国务院新闻办公室批准的全国重点新闻网站，也是全国第一家挂牌资本市场的省级全国重点新闻网站。该网站是湖北日报传媒集团旗下《湖北日报》《楚天都市报》《体育周报》《特别关注》《前卫》《新闻前哨》等报刊在网络上的唯一新闻资讯平台。

荆楚网陆续构建了本地新闻发布系统、大型远程信息发布系统、邮件系统、短信息发布监测系统、荆楚网 WAP 发布系统、省政府门户网站远程采编系统等各大网络平台系统，并且整合了湖北省各市县的网络资源，承建了 30 多个市县的新闻网页，已经成为湖北省最大的网络信息发布平台。

在新闻报道方面，荆楚网作出了一些创新性举措，例如对新闻事件进行滚动报道、分层报道、互动报道，并结合视频、音频等多媒体手段组织具有新媒体特征的报道形式。

在 2007 年 8 月的"数字化与新传媒工作会暨湖北日报传媒集团多媒体报纸开通仪式"专题中，荆楚网使用了多层次的实时直播，分别使用图片、视频以及文字，从不同的角度在网站上呈现当时正在发生的新闻事件，受众可以在相关专题的页面点击视频观看，同时可以结合各种背景资料，对正在发生的事件进行更深入的了解，而且对事件感兴趣的受众也可以将相关内容进行保存。这样的形式展现了新媒体的报道力量，在强调时效性的同时，也呈现出全面性和多维度性。

在版面编辑方面，荆楚网除了常态性的分类新闻外，还在网页右边设置了一系列与读者互动的特色小栏目，例如"舆情温度计""政风行风热线""网事回应""网闻联播""网盟推荐"，以及"楚天神码"等。"舆情温度计"主要是根据最近的热点话题设置投票，请读者根据自己的看法来选择立场，以比较直观的柱形图实时技术呈现大家的观点倾向。"政风行风热线"主要是给受众提供一个舆论监督的平台，既可以通过热线方式也可以通过在网站点击"我要爆料"按钮来进行举报自己或他人的遭遇。"网事回应"则主要是根据最近网友爆料的一些未经证实的热点事件，通过记者的走访调查进行验证，若属实则成新闻，若不实则及时辟谣。"网闻联播"和"网盟推荐"主要是根据其他网站媒体报道的新闻进行整理分类发布在当前板块，对海量信息起到了梳理和整合的作用。"楚天神码"是湖北日报传媒集团开发的一款手机软件，通过扫描楚天神码的二维码即可进入，可以即时获取购物优惠信息、某些产品的信息和新闻。可以说，在这些版面编排的细节方面，体现出新媒体技术的强大与便捷。

三是第五媒体平台的拓展阶段。在媒介的发展史中，报纸通常被称为第一媒体，广播被称为第二媒体，电视被称为第三媒体，互联网被称为第四媒体，而手机等移动媒介则被称为第五媒体。可以看到，媒介随着技术的进步在不断地改变着，没有相互取代，而是在朝着整合发展的模式前进，结合不同媒介平台的优势，建构着更快、更简洁、更方便的信息传播平台。

《湖北日报》作为省级党报，也在时代的浪潮中与新媒体技术进行着探索与整合，先将报纸搬上网，随后创办数字报、综合性网站等，但受众的需求就是媒体人孜孜不倦的追求，为了顺应受众的需要和信息消费习惯，《湖北日报》开始从第五媒体平台研发新型新闻传播方式，几年来从不同层面作出了尝试与成果。

①《湖北手机报》创办于2013年8月，这个已经有多年发展的手机报是2G时代的产品。目前主要是与电信运营商合作，做成套餐包的形式进行推广。在全国"一省一报"的背景推动下，作为省委建设移动互联网主流媒体重大战略举措的实施者，承载着构建"手机版党报"的使命，《湖北手机报》致力于推动移动媒体内容改造工程和网络化表达工程，目前全系产品逾500万发行量。

②"楚天神码"是湖北日报传媒集团自主研发的"神码全媒体新闻客户端"，2013年5月16日正式上线，它实现了报网融合到全媒体新闻客户端的一大跨越，也是湖北省第一个全媒体新闻客户端，其内容方面覆盖了湖北日报传媒集团旗下十报十刊。

"楚天神码"的创新性在于它以扫描二维码为基础，为用户提供所在地商品信息比对功能，同时又可以兼具新闻阅读与视频观看等功能，而且它的服务性功能也具有相当意义上的开创性。例如在线预约挂号，免除排队等候之苦、车管家服务可以提供预约汽车4S店的相关信息，为受众的选车、买车提供了方便。

目前"楚天神码"客户端已经取得了国家版权局颁发的计算机软件著作权并申报了相关专利。

③"动向新闻"是由湖北日报传媒集团自主开发，旨在打造湖北本地最权威、最及时、最特色、最便捷的移动新媒体，2015 年 1 月 20 日正式上线。该 App 以"党媒属性、省域门户、资讯管家、舆论引领"为定位，以"新闻全天候、最快最湖北"为理念，实践着党报党网在移动互联网上的延伸。"动向新闻"开辟了 40 多个频道和专栏，信息内容覆盖全省 40 多个县市，"通过内容共享、技术支撑、用户推广等多种措施，共同打造县市专属手机报，围绕中心，服务大局，传递县市主流声音"①。该 App 实行 24小时滚动更新，全媒体发布，并开设特色栏目"我要上头条"，通过用户报料并对报料内容点赞排行。"动向新闻"记者对相关内容进行走访和调查，一部分属实且具有新闻价值的内容就会成为客户端的头条。而且，"动向新闻"在技术上通过记录和分析用户对待信息的行为，形成综合数据库，从而对用户进行信息的精准推送。

2015 年 1 月 26 日湖北省召开"两会"，刚刚上线一周的"动向新闻"迎来了一场"硬仗"，这也是其在重大新闻方面第一次展现自身实力。"动向新闻"在两会会场外设置新闻直播间，代表们走出会场便可进入直播间接受"动向新闻"记者的采访，并且两会期间"动向新闻"实行 24 小时值班制，优化内容生产流程，24 小时滚动更新新闻信息。在采编方面，一线记者与后方编辑协调合作，充分利用 4G 技术实现发稿的快速化和新闻内容的深度化。1 月 27 日人民代表大会开幕，"动向新闻"开创性地结合图片、文字和视频等进行了现场直播，使得受众无论身处何方，打开客户端便可收看相关内容，打破了时间、空间上的藩篱。2 月 1 日人民代表大会上表决通过了关于"湖北全面禁烧秸秆"的决定，5 分钟后"动向新闻"客户端便发布了该消息，真正实现了新闻传播的快速、准确。

"动向新闻"还尝试与其他新媒体进行合作，例如与荆楚网合作，邀请用户参与话题"拍案叫绝"的讨论；与东湖社区论坛、荆楚网微博微信等合

① 史果，雷理国．用互联网思维增强新闻客户端用户体验——以 2015 湖北两会期间"动向新闻"的表现为例》[J]．新闻前哨，2015(3)：13，19.

作引发用户参与相关话题的交流；与大楚网合作推出"两会最强大脑PK，喊你来答题"活动，邀请用户参与活动，回答关于政府工作报告的问题便可赢得一定金额的话费。

三、《湖北日报》与新媒体融合互动尚待完善的地方

通过以上分析，可以看出，《湖北日报》在同新媒体融合互动方面做出了很多努力，展开了多种形式的尝试与探索，但是其传播效果与效益并不强烈，主要存在以下问题：

（一）从宏观上来看

《湖北日报》与新媒体的融合互动起步较晚，且起步以后走了一段同质化严重的道路，反映出在与新媒体融合互动的初期，其理念上并没有形成体系，思路上也不够坚定与开阔，而且在技术方面也不是处于领先地位，因此在刚开始尝试与探索新媒体融合互动之时显得被动有余而主动不足。

《湖北日报》是省级党报，在相当程度上担负着引导舆论、解读政策、传递正能量的社会责任，在面对新媒体的开放性与多元性时保持着一份谨慎，导致其不能充分放开地与新媒体平台相互应用。除了数字报以外，《湖北日报》的综合性网站、自主开发的终端软件，以及开设的微博微信等都落后于《人民日报》《广州日报》等党报媒体，且提供的信息相对而言缺乏特色，关注面较窄，大多集中在省内新闻与服务上。

《湖北日报》已经是传统大报，有着深厚的文化历史背景，对湖北乃至中国的发展都有着重要的意义；但是，时代不断地向前发展，媒介环境也在不断地更新，受众对媒体、对品牌的认知也在发生着变化，作为曾经的大报，传统意义上的形象已经落后了，若不强化和树立新的品牌形象，将会遭到受众和时代的遗忘。

(二) 从微观上来看

(1) 与新媒体的融合互动成果推广不够。虽然《湖北日报》从电子版报纸到数字报再到手机客户端,以及微博、微信上的官方账户都发布了很多新闻、信息、资讯等内容,也结合各新媒体平台打造了不一样的特色媒介产品,但是受众的关注度并不高,归根结底是由于其自身推广力度不够强,推广面不够广,没有深入受众生活以引发受众的注意力。

(2) 新媒体平台上内容略显单薄。《湖北日报》主要新闻来源依然是来自传统报纸的记者采访编写,然后经过分配发布在新媒体平台上,因此新媒体平台缺乏与自身平台特色有关的独创性内容。那么,虽然与新媒体融合互动产生了许多不同形式的渠道,但是在内容呈现、信息传播、品牌形象等方面不够丰满与立体。

(3) 与新媒体平台上受众互动不够。可以看出,《湖北日报》在打造新媒体传播形式与渠道方面做出了很多努力,也开展了很多与线上相结合的互动活动,但是在线上的新媒体平台方面却鲜少与受众积极互动,取得交流与沟通,因此受众的关注度和敏感度一直不高。

以上宏观与微观的问题都和《湖北日报》所处省份以及自身条件息息相关。

第一,与湖北省的整体经济发展有关。一个地区的经济发展在很大程度上影响着其他领域的活力,湖北省地处中国中部,虽与周边其他省市比较起来综合实力有一定的优势与竞争力,但是在全国范围内来看,明显落后于北京、上海及沿海发达地区,这也在相当程度上制约了新闻传播行业的发展。

第二,与湖北省人才流动情况有关。虽然湖北省是全国有名的教育大省,全省高校百余所,省会武汉是全世界大学生人数最多的城市,学生人数突破百万;但是,每年有大量的人才流向全国其他经济发达地区,选择在武汉就业的青年大学生相对而言较少,其中从事新闻传播行业的就更少了,大部分选择了北京、上海、广州等媒体行业发达的地区。这对湖北的新闻传播行业也有着不小的影响，毕竟在任何时代，人才是最大的财富。

第三，与从业人员的素质及视野有关。对于一份省级党报而言，人才是最宝贵的财富。当代省级报业需要的人才是上自思想理念，下至采写编辑，都能身体力行，而且一份报纸的从业人员的素质和视野在某种程度上潜移默化地影响着这份报纸的发展走向。

第四，与内部采编流程有关。进入新媒体时代，不能再用旧的传统报纸采编发布新闻信息的流程去应对新媒体信息流的冲击，需要优化采编流程，重视新媒体平台的运营和整合，将优势资源进行优化管理，合理分配传统报纸内容与新媒体平台内容，尽量做到特色化、区别化。

湖北地方新闻网站的转型发展研究①

一、地方新闻网站发展面临的问题

从 1997 年到 2017 年，地方重点新闻网站经过 20 年的发展，已在全国的传媒市场拥有了自己的地位。然而，在媒介融合环境下，地方新闻网站的发展面临考验。根据中国地市新闻网联盟公布的《2009 年网媒生存状况报告》，近一半地方新闻网站面临生存危机。根据《湖北省互联网省情报告》(2012 年)，多数地方新闻网站社会影响力下滑，盈利能力逐年减弱。

笔者通过湖北省互联网信息管理工作办公室向全省 92 家网站发放了问卷调查，调查内容为各地方新闻网站的人员结构、收支规模等运营情况(问卷具体内容因篇幅原因从略)。

此次调查共回收有效问卷 44 份，基本涵盖湖北各级地方新闻网站，样本具有一定代表性。此外，笔者还通过抽样统计、Alexa 网站数据收集等方式，对 92 家地方新闻网站的内容更新、访问流量情况进行了统计，相关数据分析如下：

(一)地方新闻网站"势单力薄"

1. 整体规模小

据湖北省互联网信息管理办公室数据，2006 年以前湖北省仅有 4 家新

---

① 本文为 2017 届硕士生童威学位论文的部分内容，原题为"媒介融合环境下地方新闻网站转型发展研究——以湖北省为例"。

闻网站备案，分别是荆楚网、长江网、武汉热线（现已永久关闭）和咸宁新闻网。2007—2008 年即北京奥运会前后，新闻网站备案总数迅速增加，达到 54 家。2010 年后新闻网站备案数量仍逐年增加，但增速放缓，总数至2016 年达到 102 家。

据统计，截至 2016 年 7 月，在湖北省进行 ICP 备案登记的网站有12.8 万个。党政机关、企事业单位网站 7015 个，其中登载新闻、资讯的网站和论坛 3037 个，在省网信办备案的新闻网站 102 家。在所有网站中，新闻网站占比仅为 0.08%。

总体来看，湖北省地方新闻网站在所有网站的整体规模中占比较少。

2. 地域分布散

对湖北省及其下属 17 个市州（直管市、林区）主要新闻网站进行统计显示，备案的 102 家网站中，中央媒体驻鄂新闻网站共计 5 家（包括新华社湖北频道、人民网湖北频道、光明网湖北频道、中新网湖北新闻网、中国日报网湖北频道），另有 5 家新闻网站于 2016 年年底前关停/失效。①据本文关于"地方新闻网站"的定义，湖北省地方新闻网站共计为 92 家，分布情况如图 1 所示：

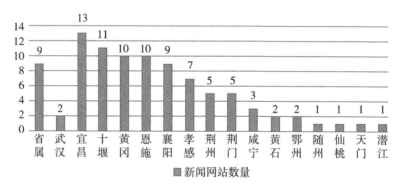

图 1　湖北省新闻网站分布图（N=92）

---

① 武汉热线、现在网于 2016 年关停；科技快报网、黄梅新闻网域名出售中，咸宁"中国通山网"域名被抢注失效。

统计表明，湖北省 92 家地方新闻网站的分布较广，并具有明显的行政地域特征。其中，省属新闻网站共 9 个，武汉新闻网站 2 个。距离武汉越近的地区，如"1+8 城市圈"所属黄石、鄂州、天门等地，新闻网站建立较少；反之，距离武汉市较远的市州，则依据行政划分多设有县市级新闻网站。宜昌市新闻网站数量最多共 13 个，其次为十堰、黄冈、恩施、襄阳、孝感、荆州、荆门等地区。

3. 盈利能力弱

（1）大多处于亏损状态。以湖北地方新闻网站龙头荆楚网为例，据荆楚网公布 2015 年度报告显示，2015 年荆楚网完成营业收入 10404.56 万元，营业成本 8667.74 万元，扣除当年政府补助 2868.8 万元及其他非结构性收益后，实际利润为-853.84 万元。同时，荆楚网 2016 年上半年净利润为-1349.55 万元。数据表明，近年来荆楚网盈利水平不断下降，并对政府补助产生较大依赖性。①

此外，统计参与问卷调查的 43 家新闻网站（不计入荆楚网）2016 年整体盈利情况，结果显示，43 家新闻网站 2016 年总收入合计达 4146 万元，总支出 3036 万元，总利润仅为 1110 万元。

统计表明，在利润构成中，整体盈利的网站仅 18 家，占比 41.9%，盈利最高为秦楚网 800 万元，平均盈利为 92.5 万元；3 家网站收支基本平衡；其余 22 家均为亏损状态，占比 51.1%，亏损最多为 70 万元，平均亏损 25.2 万元。

（2）主要依靠政府补助。调查显示，目前超过 2/3 的新闻网站办网经费主要以财政或主管机构拨款为主。其中，大部分县级新闻网站的办网经费来源则完全依赖财政或主管机构拨款，占县级新闻网站的 80% 以上。而在 2012 年湖北县级新闻网站的调查中，广告收入则是大部分（52.9%）县级新闻网站运营重要资金组成。

---

① 资料来源：《湖北荆楚网络科技股份有限公司 2015 年/2016 年度报告》。

此外，在参与调查的 43 家网站(不计入荆楚网)中，仅有少数新闻网站拥有广告收入。其中秦楚网广告收入最高为 760 万元，占其总收入比例 63.3%；鄂州新闻网最低为 5 万元，占其总收入比例为 10%。其他收入构成占比较少，主要涉及社会化服务、手机报、信息服务等形式。

数据表明，地方新闻网站的盈利主要来源于政府保护下的垄断资源，如版权交易、重大活动转播权、电子政府网站建设等，盈利模式单一，大多依靠纯新闻获得收入，广告收入较少。此外，虽拥有无限增值、技术服务、宽带内容、电子政务等核心业务，可是从服务内容到广告收益，都无法与其他门户网站相比。

(二)地方新闻网站的运营状况不佳

1. 从业人员数量、水平、结构存在不足

(1)人员配备不足。据统计，44 家地方新闻网站员工总数共计 898 人。其中，荆楚网的员工最多为 395 人，占总人数的 44.0%；伍家岗新闻网员工最少，仅为 2 人。

员工规模在 1~10 人的网站最多，共有 28 家，其中 23 家为县级新闻网站，占比 82.1%；20 人以上的网站较少仅有 6 家，分别为荆楚网(395人)、秦楚网(57 人)、三峡宜昌网(53 人)、汉江网(45 人)、荆州新闻网(30 人)、十堰网络电视(28 人)，以上 6 家除荆楚网外，均为地级市地方新闻网站。

(2)学历水平普遍不高。就学历来看，在 43 家新闻网站中(荆楚网未提供学历情况)，本科学历的员工最多达 393 人，占到总人数的 77.5%；其次为大专及大专以下学历人员，共 106 人，约占 20.9%；硕士人员仅 8人，占 1.6%；无博士员工。

由于 40 家新闻网站均为地级或县级地方新闻网站，对比"2012 年湖北县级新闻网站调研"结果来看，5 年来湖北县级新闻网站员工的学历水平基本无变化。

（3）维护人员占比较少。统计表明，在 44 家地方新闻网站员工中，内容采编人员占比最多，平均占比 66.47%，其余如管理人员、广告人员、技术人员等占比较少，仅为 33.53%。

荆楚网总人数为 395 人，采编（含视频）人员仅 55 人，占比最少，为 13.92%；而保康新闻网、郧阳网、当阳网等较多地方新闻网站采编人员占比 100%，广告招商、技术管理人员为零。

2. 新闻内容更新亟待改善

（1）日更数随行政层级降低而递减。结合各网站提供数据，笔者抽取 2017 年 2 月 25 日（周一）及 3 月 3 日（周五）一周为监测时间段，对 90 家地方新闻网站（有效样本量①＝90）新闻资讯类板块更新的内容数量进行日均统计，相关统计数据表明，省级（含武汉）地方新闻网站日均更新新闻资讯数量最多为荆楚网（90 条），平均为 45 条；地级市新闻网站日均新闻资讯最多为荆州新闻网（80 条），平均为 28 条；县级新闻网站日均更新新闻资讯最多为中国长阳网、伍家岗新闻网（45 条），平均为 17.6 条。可见，日均更新数量随行政层级降低而递减。

（2）栏目更新以本地为主。作为地方经济发展的支柱，市州、乡镇是地方新闻网站宣传工作重点之一。根据笔者所统计的 90 个地方新闻网站主要更新栏目可知，除"政务要闻""本地新闻"成为所有网站的固有更新栏目外，74.4% 的网站开通了市州、乡镇板块（见表 1）。

在内容细分上，省会城市武汉的各大新闻网站主打栏目较为明确，如荆楚网、长江网关注各市州，汉网关注武汉本地新闻；地级以下城市中，除广电新闻网站外，大多关注下级市州/乡县/部门新闻；此外，超过 2/3 的地级市新闻网站拥有国内/国际、文娱体育等栏目，而在县级新闻网站中比例仅占到 1/3。

---

① 有效样本量，是指数据可作统计的对象。今日钟祥网、湖北武穴网在调研期间处于维护状态，无法统计网站新闻更新数据，故不计入有效样本。

表 1　湖北地方新闻网站主要更新板块统计（N=90）

类别	有效样本量	政务/要闻	本地/社会	市州/乡镇	国内&国际	文娱/财经/体育/汽车等
省级（含武汉）	11	10	9	3	4	7
地市级	28	28	28	20	18	23
县级	51	51	51	44	13	15

（3）部分内容依靠转载。在统计中笔者观察到，新闻网站的内容更新来源主要由本地媒体供稿、通讯员供稿和外网转载三部分组成。在省级、地级新闻网站中，由于受到政府部门的内容监管，网站内容基本由媒体供稿、外网转载两部分构成。而县级新闻网站由于较少地方媒体供稿，则在"乡镇动态""部门动态"等特色栏目拥有较多通讯员稿件，且它们往往成为县级地方新闻网站的更新内容的主要来源。

笔者的一项监测结果表明，地市级新闻网站转载内容最多，平均约占更新内容总量的 35%；省级、县级新闻网站转载比例较少，分别为 15.1% 和 21.6%。除转载内容外，省级新闻网站以地方媒体来源稿件为主，县级新闻网站则以通讯员供稿为主。

相关研究表明，稿源缺乏、人手不足等窘境，成为部分地方新闻网站在国内/国际、文娱/体育等栏目出现集体断更现象的主要原因。①

(三)地方新闻网站市场竞争力有限

下文将以 Alexa 网站相关数据为参数，分析湖北省地方新闻网站的流量现状。② 由于笔者取值时间在 2017 年 2 月，考虑到中国春节对网站数据可能造成的影响，所取 Alexa 网站流量数据为三个月（2016 年 12 月 1 日—2017 年 2 月 28 日）中 92 个地方新闻网站的日均独立访问者数量 UV、日均

①　湖北省网络与信息化管理办公室. 湖北县级新闻网站调研报告[R]. 2012.
②　Alexa 是一家专门发布网站流量及世界排名的网站，其通过嵌入 IE 内核浏览器中的 Alexa 工具条，在用户访问每个 Web 页面时都会记录并回传信息。

页面浏览量 PV①，数据结果分析如下：

1. 网站访问量不大

数据表明，在湖北省 92 个地方新闻网站中，网站流量数据集中于 58 个有效样本量，剩余 34 个网站(均为县级新闻网站)的日均流量趋近于 0，Alexa 网站无法统计数据。在 58 个地方新闻网站中，日均流量 UV 最大的为荆州新闻网 23 万，而全省平均值为 1.5 万，即各地方新闻网站的日均流量仅为 1.5 万人。相较于数以万计的报刊发行量，以及动辄 10 万+的微信文章，地方新闻网站的流量相对较弱。

2. 用户黏度差距明显

PV/UV 代表个人平均浏览页面数量，可体现网民对网站内容的黏度强弱。将湖北省地方新闻网站 PV/UV 取均值("—"不计入)，结果为 1.6，即多数访问者在浏览到第二个页面便关闭了网站，表明地方新闻网站的用户黏度普遍较弱。

其中，页面浏览量最高的有长江网、三峡枝江网、秦楚网、中国宣恩网等。对比流量数据来看，这些网站的流量也相对较好，网站盈利程度也相对较高。在用户黏度对广告、影响力、融资能力有很大影响的互联网世界，地方新闻网站的运营能力差距显而易见。

二、地方新闻网站的分级发展探索

目前，媒介融合环境下地方新闻网站的转型发展呈现出两种形势：一方面，部分网站发挥资源特色与优势，取得了较好的成果；另一方面，也有部分网站"大跨步"整合媒体资产、建设移动终端、打造融合新闻产品，

---

① UV 可以反映实际使用者的 IP，可以更加准确地新闻网站单位时间内的实际访问流量。

转型效果尚待观察。

毋庸置疑，那些在网站本身转型以及新媒体发展上可圈可点的典型案例，将成为其他网站学习借鉴的模范。根据省、市、县三种不同行政层级属性，下文尝试就媒介融合环境下不同类型地方新闻网站的转型发展探索进行介绍。

（一）省级：全媒体云端覆盖

1. 构建区域媒体融合平台

（1）媒介技术影响内容呈现。技术决定论认为，技术变迁导致社会变迁，互联网的全球性依靠的是"技术进步"。在媒介融合背景下，"内容为王"仍是新闻行业的一大准则，不过这里的"内容"不仅仅指原创内容，还包括通过技术等手段整合后的新闻内容。正如腾讯大楚网作为商业网站虽然没有采访权，但仍然能以整合性新闻赢得受众市场，在用户流量上多于长江网。

事实表明，省级地方新闻网站虽然比商业类新闻网站、央媒驻地新闻网站拥有更多的地方内容资源，但在媒体技术应用上处于劣势，在内容呈现上显得呆板。

在媒介技术应用上，腾讯等商业新闻网站作为社交化媒体，能够利用社交平台的区域 PUSH（新闻推送）、页面弹窗以及企鹅号订阅等媒介技术手段，将其整合后的新闻内容直接推送给用户。而与此同时，省级地方新闻网站只能等待受众使用搜索引擎主动上门。

在媒介内容呈现上，以 2016 年 7 月 13 日武汉梁子湖退垸还湖的新闻报道为例，腾讯大楚网推出了无人机 VR 实录、手机直播、新闻专题网页等报道方式，前后 12 小时转载、发布来自新闻媒体及政务部门的官方消息，实现了从事件背景、经历过程到事件现场、新闻影响等多角度、全过程报道。而地方新闻网站虽也通过微博、新闻转载等渠道及时跟进，但在内容呈现方式上稍逊一筹。

此外，目前各大新闻网站纷纷开通新闻客户端、微信订阅号，把自身网站进行精编、重组后推送给用户，也从新媒体等层面对地方新闻网站提出了挑战。

（2）全媒体运营成为有效突破途径

一方面，全媒体通过整合报纸、广电、政务部门等线下内容渠道及微博、微信、新闻客户端等线上内容渠道，使内容来源更为丰富，易于打破目前省级新闻网站的同质化竞争桎梏。

另一方面，全媒体针对图文、动画、声音及视频等多种传播呈现形态进行重组，从量变到质变形成的新的媒介形态，能够突破媒介内容呈现的固化模式，满足受众多层次的媒介内容细分需求。

在媒介技术领域，"全媒体"一直是媒介融合的转型目标之一，但在我国现有的管理体制下，打造一个"全媒体"实属不易。首先，广播电视、报纸杂志、网站等分归不同政府部门管理，这种"竖井式"管理模式为"全媒体"运作造成阻碍。其次，各类媒体行业的入行门槛较高，行内准则较多，资金流动性要求较高，传媒体制外的企业很难在短时间内积聚媒体人员、设备、渠道等多方资源。

对于省级地方新闻网站来说，以上难题可通过政企媒合作得到解决。其一，省级地方新闻网站可以经由政府协调，打通广电、报纸、网站及新媒体等不同媒介管理间的阻碍；其二，目前省级地方新闻网站走产业化运作路线，大多具有自己的融资渠道；其三，省级地方新闻网站拥有各大媒体集团合作资源，在各市州也拥有媒体合作对象。

因此，省级地方新闻网站可以利用自身有效的资源，打造媒体合作下的"全媒体"服务圈，提升自身的媒体竞争力。

2. 湖北广电"长江云"的全媒体探索

"长江云"起初是由湖北广电打造的集新闻、服务于一体的新闻政务客户端。2016年2月，经湖北省委研究决定，将以长江云为基础，建设全省统一的"移动政务新媒体平台"。由此，长江云被提升为"新媒体+政务+服务"的全媒体。截至 2016 年 12 月，在成立一年多时间内，"长江云"已汇聚全省各地广播、电视、电子报、网站和两微一端产品 8112 个，积聚平台用户数 7800 万，目前日均活跃用户接近 20 万人(见图 2)。① 其在全媒体转型上的做法有以下四点：

图 2 湖北广电"长江云"分级传播示意图

首先，长江云，以媒体、党政部门的官网、自媒体为内容来源，通过 PGC(专业生产内容)、UGC(用户生产内容)导入"长江云中央厨房"，然后通过内容抓取、地域识别、信息推送等技术手段，推送至省、市、县三级传播通道，实现了集广播、电视、报纸、PC 网站、手机网站、微博、微信、客户端"八位一体"的内容矩阵，形成了"信息云"。

其次，长江云与各级媒体、政府合作开发运作"云上系列客户端"，目前已拥有"云上武昌""云上宜昌""云上建始"等 104 个地方新闻客户端。通过邀请 1941 家各级党政部门入驻平台，开通云端政务大厅、政务直播平台，群众可以通过手机查询政务信息、发表诉求意见，长江云还定期将数据分析、舆情报告等上报有关上级部门，形成了"政务云"。

再次，长江云开通智慧城市服务，已打通 58 类共 152 项医疗、民生、教育等服务，"让群众少跑腿，在云上多办事"，形成了"生活云"。

---

① 张海明. 举全台之力打造长江云移动政务新媒体平台[EB/OL]. [2016-12-08]. http：//www.dvbcn.com/2016/12/08-135612.html.

最后，成立长江云可信云安全联合研究院，通过与百度安全、亚信安全以及武汉大学信息管理学院、湖北广电技术中心等机构合作，为政府部门及相关机构提供信息监测、危机预警、事件追踪、舆情报告等功能，形成了"安全云"。

"长江云"平台对于省级新闻网站融合转型的意义在于，它通过纵向贯通省市县，横向打通传统媒体、新媒体及党政部门，有效实现了内容供给。通过打造"全媒体"内容矩阵，"长江云"可在重大事件中提供全方位报道。如在 2016 年湖北抗洪抢险报道中，在 20 天内完成了 8229 分钟的视频直播，创下我国广电直播时间的最长纪录；沙画视频《不忘初心·砥柱中流》获得网络点击超 2 亿次。此外，"长江云"还可为受众的日常生活需求特别是政务需求提供有效服务，成为"区域性生态级智能化媒体融合平台"。长江云在形塑"全媒体"内容矩阵的转型经验，则可为地方新闻网站提供借鉴。

(二)地市级：形塑市民网络生活圈

1. 有效发挥本土化优势

(1)城镇化激发本土内容需求。媒介融合的发展，伴随我国日益稳健的城镇化发展脚步，城镇化是现代社会发展的必由之路。目前，中国城镇化的重心已从特大城市、大城市转移到中小型城市，党的十八大报告指出新型城镇化的核心价值是以人为本。

在媒介发展进程中，城镇化的快速发展造成了一些突出问题。首先，城镇化使农村、乡县富余劳动力转移，数以亿计的农民工、乡县职工转移到城市，他们对城市的社会偏见与矛盾感到困顿，希望进一步了解所在城市的体制和文化。其次，政府工作报告指出要深化户籍制度改革，上千万居民迁移至中小城市定居，而他们在背井离乡之后，在融入城市生活过程中，对城市的本地生活信息及地方政府的民生服务拥有较大需求。

(2)地市级网站地缘优势凸显。互联网虽然没有地域限制，但是网络媒体却是有地域限制的，尤其是新闻内容资源在向受众资源、商业资源转化的过程中，地域性的价值则更加凸显。

地市级地方新闻网站在建立之初，都会标榜"地方性"，通过本土特色、原创作品来阐述自己的观点和判断，向本地社会公众发出自己的声音，树立自己的权威，从而赢得城市居民的信任。对于地级市地方新闻网站来说，虽然在内容资源和资金渠道上不具备超出商业新闻网站和省级地方新闻网站的优势，但在本地信息资源和媒介渠道上却具有稍强的竞争力。

一方面，地市级地方新闻网站所背靠的地方政府、媒体在本地记者以及通讯员队伍上具有相对优势，这是省级媒体及商业网站无法维系的可靠资源，他们在本土信息报道上更加富有经验。另一方面，地级城市地方新闻网站更了解本地居民的民风风俗、情感归属、阅读习惯等，更容易形成与本地环境密切相关的生活服务圈，在城市本地化信息服务上更加深入和具体。

因此，发挥本土化信息资源优势，成为市民们获取生活资讯必需的网络来源，打造市民生活的网络生活圈，是地市级地方新闻网站转型发展的一大突破路径。

2. 荆州新闻网打造网络生活圈的实践

荆州新闻网是由荆州市委宣传部、外宣办、新闻办联合主管，由荆州电视台主办的一家地市级地方新闻网站，其日均 IP 在 20 万以上，曾荣膺"全国百强网站""全国地方十强新闻网站"等称号（见图 3）。

目前，荆州新闻网的主要板块除"新闻中心"外，还拥有"e 线民生""网络电视""社区论坛""跟着小风走""乐学宝""便民服务""招聘求职"等多个板块，形成了以"新闻+民生+教育+旅游+服务"为主的"网络生活服务圈"。

（1）集结本地新闻资讯。"新闻中心"主打时事动态、社会民生、自媒体、热点推荐四个栏目，分别从国内时政、本地社会、新媒体和新鲜事几

图 3　荆州新闻网主页栏目分布

个热点发布新闻资讯。除此之外，该板块还拥有"荆楚各地""荆江清音"
"荆江评论"等市州资讯、评论栏目，内容涵括较广。各栏目内容并非局限
于本地报纸、政府部门等来源，而是包括各地媒体、通讯员稿件乃至官方
自媒体文章，如湖北日报官微、新浪娱乐来源文章等，内容则多与荆州及
周边地区相关。

此外，由于荆州新闻网由荆州电视台主办，其"网络电视"板块除直接
关联本地热点电视节目外，还集拍客视频、网络直播等多项内容于一体。
综上来看，荆州新闻网的新闻资讯包括各类媒体内容，内容融合走在全国
同类媒体前列。

（2）官民互动民生。"e 线民生"作为一档网络问政栏目，由荆州新闻
网联和荆州纠风办合作运营。这种媒体和政府合作的方式目前是地方新闻
网站在政务信息、时事热点发布中所呈现出的一大亮点，如十堰秦楚网、
天门新闻网等也有如"e 线 110""市民直通车爆料台"等类似栏目，它们实
现了媒体、政府与受众之间的便捷互动，便于相关部门更及时地掌握和反
馈最新舆论消息。以荆州新闻网为例，"e 线民生"论坛成为其除网站首页
外访问量最多的栏目，访问比例高达 40.86%。

（3）实现产业内容合作。"江汉风社区"是由荆州新闻网与荆州本地电
视品牌《江汉风》合作的网络社区平台，其集信息发布、公共论坛、网络商
城等功能于一体。"跟着小风走"作为旅游服务平台，集结了电视栏目、微
信互动、社区分享等服务性功能。"乐学宝"是一个教育微信平台，为 0~
18 岁的孩子及其家长提供线上讲坛和线下交流。

荆州新闻网还与多家企事业单位合作，开辟了人才招聘、同城交友等

多个栏目。在这些栏目中，荆州新闻网致力于将媒体资源与购物、教育、旅游等产业相结合，实现不同产业间的合作共赢，在媒体产业融合中起到了示范性作用。

（4）打造"无线荆州"。2017年1月，"无线荆州"客户端改版上线。作为荆州电视台旗下的手机应用客户端，其以"打造荆州人的生活圈"为口号，集合新闻资讯、生活服务于一体，为荆州市民提供各类资讯、图片及音视频内容资源。通过线上信息资讯发布、线下民生活动集结，荆州新闻网形塑成为一张关乎百姓生活的资讯大网，将自身真正打造成为荆州市民的"生活圈"。

荆州新闻网的生动实践对其他地市地方新闻网站的转型发展具有借鉴意义。

（三）县级：打造综合政务宣传平台

1. 可资利用的政府资源优势

（1）作为重要的"政风窗"。在媒体融合时代，新媒体平台不断推陈出新，受众拥有了更多的新闻内容来源，但网络信息的冗余却让他们烦扰不堪。在县级市，地方新闻网站的受众大多为本土居民，学历层次普遍不高。一方面他们往往对新鲜内容更感兴趣，但由于分辨能力不高，易于成为网络信息诈骗、谣言等不良信息的受害者；另一方面，他们普遍关注地方民生问题，对具有相关决策权的政府部门寄予厚望，而日益普及的网络则成为他们了解和关注政务信息、发表意见和诉求的有效途径。

由于县级地方新闻网站大多以政务宣传为主，相较其他新闻网站更为"根正苗红"，负面失实信息较少，因而成为广大网民眼中的"权威发布"，在舆论引导的精准性、公信性上更具优势。目前，县级地方新闻网站已成为当地政府相关部门进行网络监督、举办网络问政类栏目的首选对象，尤其是在重大突发事件、群体性事件及恶性谣言发生后，政府往往会向地方新闻网站提供官方消息，借助网络平台引导舆论。

此外，县级地方新闻网站是地方党委政府对外进行形象宣传的重要窗口，建好县级新闻网站对扩大县域知名度、拓展外界影响力，以及推广地方特色优势、特产资源、招商引资等，都具有十分重要的意义。

（2）拥有丰富的政务信息内容。首先，县级新闻网站具有政务信息发布的先天条件。县级地方新闻网站多由地方政府宣传部门/新闻中心主办，拥有地方政府许可的新闻采访、新闻发布资质。在政府部门承办的一些政务活动中，新闻网站采编人员还可以跟随传统媒体一起参与采访。此外，县级地方新闻网站可以从各级政务部门获得资讯稿件，由于县级市下属的各级乡镇没有自身媒体资源，其政务宣传、地方形象宣传需求只能依靠县级地方新闻网站来满足。

其次，县级地方新闻网站在表达、回应民情诉求上具有优势。当今社会网络飞速发展，相较于传统的纸质媒体、行政办事窗口，县级群众对网络的接近性反而更强。作为网络媒体，地方新闻网站通过在政府与部门、干部与群众之间搭建起沟通桥梁，成为重要的政务窗口以及网络行政渠道。在多方的沟通互动下，推进信息公开、网络问政服务，有利于促进问题的解决。

总体而言，县级地方新闻网站具有转型成为地方政府政务公开平台的潜质。有必要利用政府资源，扬长避短，打造成为综合性政务宣传平台。

2. 水都网的政务传播实践

水都网是由丹江口市委宣传部主管的地方新闻网站，因丹江口市境内亚洲第一大人工淡水湖、南水北调中线工程调水源头——丹江口水库而得名（见图4）。

水都网主页栏目由"新闻中心""水都要闻"两大新闻板块、"市情市政""专题专栏"两大专题板块、"水都论坛""网上问政"两大论坛板块组成，其网站建设从以下几个层面开展：

（1）集中宣传本地政务特色。水都网的新闻板块突出本地特征，紧紧围绕"水"这一主题做文章。板块设置了"水都要闻""汉江集团""南水北

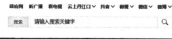

图4　水都网主页栏目分布

调""水都正能量"等新闻栏目，新闻中心内容均围绕"治水"展开，由此突出了地方政府的核心政务理念。

在活动板块中，"市情市貌"对丹江口市的发展现状和特色进行描述，帮助访问者了解城市面貌。还设置了"历史沿革""自然资源""旅游名胜"等有关丹江口特色的资讯栏目，就当地经济建设、发展成就及风土人情等展开宣传。

（2）注重新闻专题的政务内涵。水都网推出的专题不仅主题鲜明，且内容丰富形式多样，如"专题专栏"集中报道了"2017丹江口市各镇办区经济发展大比拼""水都健康之窗""丹江口万人长跑迎新春""聚焦2016年十件实事追踪"等政务活动开展情况。

此外，"五城联创""两学一做""精准扶贫"等重点活动也页面则单独列于水都网首页。这些专题发挥网络媒体传播优势，从不同角度全面、深入地展示了丹江口的党建工作、典型做法、地域文化及社会风貌等，详尽描述了县级政府的建设成就和发展亮点。

（3）开展政务信息互动。水都网充分利用网络平台，在完善政务公开、搭建互动平台等方面做出了努力。如在论坛板块中，市政部门入"青春水都丹江口"（共青团委）"丹江口市医保局""交警在线""丹江供水""爱市抵腐"（检察院）进行内容发布，与网友广泛互动。此外，部分乡镇部门也有通讯员入驻论坛。

此外，"网上问政"是由丹江口市委、市人大、市政协联合主办的政务公开网站，包括有"信息公开""网上办事""网上问政"等栏目，市民可通过这些栏目完成教育、医保、住房、交通等一系列政务服务需求，也可以通过网站对政务部门的工作效率、工作质量、工作作风等方面提出意见和建议，还能根据自身了解到的情况提出合理投诉或者举报。

总体而言，水都网的政务传播实践，对于提升当地政府公信力、加强政务公开、有效实行社会监督等方面将起到积极作用，值得借鉴。

武汉地区三家传统媒体微信公众号的新闻生产研究①

一、传统媒体微信公众号新闻生产存在的问题

在微信及公众号飞速发展的背后，微信公众号仍然存在着很多值得深思的问题。传统媒体建立在微信公众平台上的新闻生产仍然处于摸索阶段，即使是目前其新闻生产和传播状况较好的微信公众号，仍存在需要完善和改进的部分。

（一）内容深度不足

海量的数字化信息常常以碎片化和无序化的状态进入用户的生活，在日积月累中人们逐渐养成了碎片化的阅读和思考习惯。再加上智能手机载体特性，会导致人们更倾向于选择浅层的、快速的阅读。因此很多媒体类微信公众号为迎合用户的阅读需求，大规模推送碎片化、低俗化的内容。同时，从媒体自身来说，虽然全国绝大多数媒体开通了自己的官方微信公众号，但是很多传统媒体对于微信公众号的新闻生产并没有形成足够的新媒体意识。很多媒体类微信公众号的新闻生产内容是整合或转载网络新闻

---

① 本文为2017届硕士生程文灵学位论文的部分内容。原题为"移动互联网背景下传统媒体微信公众号的新闻生产研究——以武汉地区三家传统媒体微信公众号为例"。

热点以及母媒体新闻报道。优质的原创深度内容并不多见，并且不少媒体还缺乏充足的专业人才保证原创深度内容长期生产。

首先，在呈现新闻议题时，内容选择体现出娱乐化和低俗化的倾向，在经济社会类新闻中加入娱乐元素，消解了标题及内容的新闻性，甚至产生很多"标题党"新闻。例如《楚天都市报》曾发布《已婚少妇脚踩三条船，竟然还疯狂地做出了这种见不得人的事……》，"湖北经视"微信公众号曾发布《武汉公交上男子称性骚扰，竟然一脚把嫂子踹下车！神转折在后面》，《人民日报》也发布过《震惊！纽约至北京高铁仅需2小时，这不是科幻大片》。这些内容属于社会新闻，但标题和内容上都充满了娱乐性和戏剧性，通过夸张、刺激眼球的语言和图片引发用户好奇，吸引用户注意力。

其次，为满足用户猎奇等心理，不少传统媒体微信公众号的内容中还存在片面的导向性。此类问题常见于社会新闻和娱乐新闻中。如《成都商报》微信公众号曾发布文章《摊上不雅视频，杨幂进派出所！》，文中具体信息主要来自网民评论，事实与标题明显不符。① 这类问题使传统媒体在微信公众号中丧失了严谨专业的新闻素养，在一定程度上降低了媒体公信力。

再次，传统媒体微信公众号的内容中还频繁出现网络用语和表情符号。虽然在一定程度上可以体现媒体类微信公众号轻松、有趣的网络语言风格，贴近用户生活，但不利于媒体类微信公众号有效传播客观、严肃的新闻内容。

(二)内容同质化现象严重

传统媒体要想通过微信公众号与其他媒体竞争，就必须拥有区别于其他媒体的独特优势。"内容为王"一直都是新闻传播领域公认的真理，但高

---

① 唐鑫.西部地区报纸微信公众平台的比较研究[D].成都：电子科技大学，2015.

度同质化的新闻内容无疑阻碍了媒体类微信公众号发展壮大的目标。分析其原因主要有两种：

一是许多传统媒体微信公众号并没有组建专门的新媒体运营团队，而是由记者或编辑轮流运营，但往往没有额外酬劳。所以记者和编辑根本没有充足时间和精力来生产优质原创内容。他们为了节省时间和工作量，通常会将母媒体上的报道搬到微信公众号中或者整合网络热点资讯，从而导致内容流于碎片化和浅层化，由此导致出现内容同质化现象。如果媒体类微信公众号只是充当"内容的搬运工"，那么微信公众平台的独特优势就没有发挥任何积极作用。

二是尽管有一些传统媒体安排了专门工作人员对每天微信公众号推送信息进行审核，但每天重大新闻的数量是有限的，如果媒体微信公众号的运营者在同一新闻事件中不能发掘独特视角，仍然会导致与其他媒体类微信公众号新闻内容重复的结果，那么媒体微信公众号的报道价值则难以体现。① 媒体类微信公众号若继续大规模转载、复制网络新闻报道，很可能会失去用户的喜爱而失去市场竞争优势。

(三)话题建构失衡

通过分析《楚天都市报》等媒体微信公众号的内容议题发现，传统媒体微信公众号的议题建构具体存在以下问题：

第一，新闻议题比例失衡的问题。很多都市类传统媒体微信公众号新闻内容中，社会新闻类、生活服务类的议题占绝大部分，而时政新闻和财经新闻则占比较少，并且本地化的内容占比也较高。这就从内容议题上更多地体现了微信公众号生活服务、休闲娱乐的功能特征，使得其面貌呈现得不够全面。如此长期下去，微信公众号的新闻传播功能容易被边缘化，话题建构容易处于失衡状态。第二，媒体类微信公众号侧重于负面新闻报

---

① 邱越．新媒体环境下的微信新闻生产——以微信公众账号"我报道"为例[D]．南昌：南昌大学，2014.

道，有关正面新闻的议题报道偏少。例如《楚天都市报》微信公众号对负面事件的报道数量多于正面事件。负面新闻自带话题属性，运营者制作耸人听闻的标题吸引受众点击阅读，如果对网络信息的把关不够严格，还有可能误传谣言。

网络舆论中存在大量负面情绪，并且网络炒作、网络暴力等现象时有发生。因此媒体类微信公众号不能仅仅扩散网络舆论，还必须提高甄别和论证各类网络信息的能力，发挥传统媒体的职业敏感度和专业精神，对用户进行正确价值观的引导。特别是在涉及公共利益的问题上，如何引导年轻受众更好地思考，使其理性地参与公共事件，如何更准确地表达声音，这是新时代专业媒体需要担负的责任。

(四) 全媒体报道手段欠缺

目前很多媒体类微信公众号并没有充分灵活地使用多媒体报道手段。普遍存在的现象是推送的全媒体报道还不够出彩。推送内容仍以文字配图片为主，语音、视频、链接以及 flash 动画等没有得到同等的重视。例如"澎湃新闻"微信公众号推送的很多突发事件报道，都是"文字+现场图片"的形式，并未能以此突出自身平台与其他平台的差异。

事实上，语音和短视频是微信公众号的传播优势。并且用户对新闻现场的同期声和影像记录是非常好奇的，媒体类微信公众号在报道突发新闻事件时，前方记者如果无法拍摄到传播效果较好的画面信息，还可以通过现场语音来报道实时现场新闻，给用户提供真实情景下的新闻信息。除此之外，超链接和 HTML5 软件这两种多媒体手段还拥有亟待开发的利用价值。

(五) 用户互动效果欠佳

在微信公众号后台，运营者可以根据用户的不同标签进行分类，比如年龄、性别、地域、特点等，然后微信公众号则可以向不同类别的用户推送不同内容的信息产品。但目前绝大多数媒体类微信公众号还未实行整体用户进行分类定向推送，仍是对所有用户群体发送内容完全一样的新闻，还是没有脱离传统大众传播的路线。这样并不能使用户对微信公众号产生独特的印象并培养忠实的阅读习惯。需要提出的是，目前微信公众号后台功能不断完善，除提供用户信息外，还能展现阅读整体走向、内容阅读转发频次等信息。媒体类微信公众号可以充分利用后台资源，对订阅用户进行数据分析和特点挖掘。

在缺乏用户分析的同时，传统媒体微信公众号还未充分开发微信的互动功能。目前媒体类微信公众号主要为用户提供了文章评论、转发、点赞功能以及在微信后台留言、爆料功能。根据很多传统媒体微信公众号的文章阅读量来看，评论和点赞数并非一直偏高，说明目前的互动形式还存在一定局限，用户整体的活跃度还有待增强。其实，除了评论、点赞、转发互动外，通过线上投票、在线小游戏和福利活动等形式也可以加强媒体微信公众号与用户之间的联系。通过制造更多的话题来调动用户的积极性，同时还可以扩大微信用户之间的人际传播，从而为媒体类微信公众号提供更多曝光机会。

二、传统媒体微信公众号新闻生产的发展对策

微信及微信公众平台改变了传统媒体的新闻生产和传播方式。在新闻生产上，它更注重与用户的协作；在新闻推送上更加细分化、精细化；在新闻接受上，用户掌握更大的自主权；在新闻反馈上，用户的反馈更加便捷和私密。不少传统媒体借助微信公众号的独特优势进行了有效的新闻生产和传播。但分析发现，媒体类微信公众号在新闻生产上还存在一些亟待完善的地方。笔者认为，未来媒体类微信公众号的新闻生产，还需要从以下几个方面进行优化改造。

(一)组建专业高效的新媒体团队

陈力丹曾提出，"新闻从业人员对媒介角色的认知不仅会决定新闻报

道的风格与内涵，也会影响到新闻媒介的社会功能"①。一方面，微信公众号新闻生产需要完成搜集、写作、编辑、修图和推广等多项任务，意味着需要大众传媒投入更多的人力物力成本。另一方面，微信公众号的新闻生产对传统媒体新闻记者提出了更高更多的要求。因此，传统媒体机构需要建立一支专业的新媒体团队，根据微信公众号定位和用户特征培养专门的人才队伍，并训练团队成员在工作实践中不断提高专业能力和自身优势。

第一，积累丰富的专业知识，培训出较高的信息敏感度。媒体类微信公众号的新闻选题把关和内容挖掘有赖于团队成员长期的知识储备和专业背景，也有赖于所在新媒体团队对知识范围的重视程度和培养水平。团队负责人可要求微信编辑人员每天对全国各大主流报纸、官方网络平台、新媒体平台的内容进行即时跟踪搜集，建立核心的信息来源渠道以及专门的资料库和图片库，以便于应对重大时政新闻和社会突发事件的报道。同时还需要培养微信编辑人员的数据挖掘能力和话题延伸能力。这样可以使本微信公众号对特定的新闻事件的报道不流于表面，有自己的独特视角分析报道。

第二，提高灵活运用多媒体采集、制作和加工的专业技能。运用多媒体采集、制作和加工的专业技能。在移动互联网时代，微信公众号的传播内容可以容纳多种媒介表现形式。从目前微信公众号新闻生产现状来看，采用全媒体手段进行报道的内容非常受用户欢迎。因此，媒体类微信公众号运营团队成员应尽快学习并合理运用多媒体技术提高内容传播效果。②

第三，培养适用于新媒体团队的采编协作能力和创新能力。一般微信公众号的运营团队人数保持在十几人。由于微信公众号在确定选题、采访写作、编辑加工以及包装等过程中分工较灵活，因此对每位成员的综合业务能力要求较高，还需要团队成员有优秀的团队协作能力和业务创新能力，这样才能胜任全媒体的工作要求。

---

① 陈力丹，熊壮.2014 年中国的新闻传播学研究［EB/OL］.［2015-05-16］. http：//www. aiweibang. com/yuedu/26419338. html.

② 唐鑫. 西部地区报纸微信公众平台的比较研究［D］. 电子科技大学，2015.

(二) 着力开发高质量原创内容

在日益开放的文化语境和激烈竞争的微信平台中, 传统媒体微信公众号需要充分考虑到自身优势, 同时兼顾订阅用户的群体特征, 明确好自身定位。在此基础上, 加强原创内容生产。例如新华社的微信公众号"我报道"在 2014 年"马航"事件发生后, 当天头条就发布了《"我们都很揪心"——马航失联客机震惊中国》的原创报道。还比如《楚天都市报》、"湖北经视"和"荆楚网"三家媒体微信公众号中所有阅读量在 10 万以上的文章大部分是原创信息, 其标题有直接诉求点, 排版精美, 议题选择也以本地新闻和资讯为主。因此说明原创内容在微信公众号中仍占有明显竞争优势。

第一, 原创信息既要满足微信用户的信息需求, 还要体现话题的丰富性和话题深度。不过分突出低俗化、娱乐化的内容, 保持原创内容的质量。因此, 微信公众号编辑在挖掘新话题新角度时还要保持话题的贴近性, 既要拓宽用户的知识面, 培养新的兴趣点; 也不流于表面, 在传达信息的同时还有正确价值观的引导。

第二, 原创综合信息还要注重体现亲民、易懂的话语风格和多样化的信息表达形式。摒弃说教的语言风格, 运用生活化的语言保证内容的可读性, 同时在原创内容中适当运用多媒体表现手法, 例如图片、漫画、表情、音频和视频等。

第三, 传统媒体微信公众号要加强对原创内容的保护。由于微信公众号传播速度迅猛、内容繁杂, 目前国内微信公众号内容转发抄袭的现象很严重, 甚至引起了众多侵权案件。因此, 媒体类微信公众号自身要提高原创保护意识。例如《人民日报》在发布原创内容时, 会在文章开头重点标注"原创"字样。在内容来源上, 不少转载其他公众号文章的媒体类微信公众号会着重注明"文章发布已经过授权"的字样。同时, 微信公众号的运营团队应积极鼓励创作者坚持原创, 引导受众支持原创、抵制抄袭, 不断完善微信公众号的传播环境。

(三)追求多元平衡的议题建构

传统媒体微信公众号作为大众媒体在网络平台上的眼神,应该坚守新闻专业主义精神,主动承担社会责任,在微信公众号内容生产和传播中,把控好新闻报道和信息服务之间的议题平衡。

一方面,传统媒体微信公众号应持续性地关注并且多方位、多视角地报道社会热点新闻事件,发布新闻事实,澄清谣言,为用户提供可信度高的新闻信息。在生产中谨慎核实消息源,不猎奇不过分渲染,摆事实讲道理。在此基础上深挖事件成因,创作优质原创深度报道。在传播上不制作"标题党"新闻,不传播刺激性图片,不煽动网络负面舆论,针对网络上不理性的网民舆论和消极情绪,媒体类微信公众号要主动进行理性引导,以规劝和建议为主,在表达上可以展现一种"将心比心"和呼唤正能量的情绪。

另一方面,传统媒体微信公众号对时政、经济、文化、教育、健康、生活服务等方面的新闻传播要把握好平衡。目前很多媒体类微信公众号频繁发布生活服务类的资讯,虽有一定的用户关注度,但对树立媒体微信公众号自身品牌并无大用。相反,媒体类微信公众号应该充分发挥自身在内容创作上的优势,可以通过新闻策划制作微信公众号新闻专题和专栏。有主题地报道和解读各类新闻,而不是无目的地转载其他微信公众号的文章。另外,还可以从日常生活中寻找灵感,创作充满生活气息的文章内容,体现公众号的人文主义关怀,弘扬社会正能量,让媒体类微信公众号创造更深刻的存在意义。

(四)灵活运用全媒体报道手段

微信公众号数量越来越多,单一枯燥的文本信息已经很难吸引大量的微信用户主动阅读。面对日益激烈的市场竞争,媒体类微信公众号要注重对图片、语音、视频、动画等多媒体表现手法的灵活运用。将文字与图片、音频、视频、超链接等多媒体元素融合,生产出多元的内容呈现方式。

一方面，通过视觉设计，可以将冗长的文字和大量的数据变成图片和动画，不仅生动直接，而且有趣。语音和视频是微信公众号新闻生产和传播的优势，媒体类微信公众号可以在报道社会突发事件中挖掘语音和短视频优势，为用户及时发布新闻现场的最新信息。同时还可以创办生活化的语音栏目或短视频栏目，为用户提供一种伴随性、场景化的互动，在音频视频中还可以加入对微信号文章的介绍语，比如"在微信后台回复××关键词，即可查看××"这样的话，同时在文章里也展示音频和视频。这样可以双向激发用户多次阅读的兴趣，培养用户对本微信公众号的阅读习惯。

另一方面，通过超链接和 HTML5 软件还可以延伸传统媒体微信公众号内容的表达空间。超链接的功能是将微信公众号与其他网络平台相连接，这样既可以更好地满足用户的上网需求，还可以帮助众媒体将用户向自己的母媒体进行导流，实现不同平台之间的双向互动。通过 HTML5 软件制作的图文网页，可以为用户提供感染力极强的阅读体验。比如，腾讯推出的 HTML5 作品《活着 中国人的一天》，"通过呈现独特的图片故事，向受众生动地展现了某一时代的映像"①。作品传播后反响强烈，在朋友圈得到大量的转发。这些多媒体表现手段都值得传统媒体微信公众号学习和充分灵活使用。

(五) 在创新互动中增强用户黏度

用户黏度反映的是用户对产品的认同程度和依赖程度。媒体类微信公众号要加强用户对传统媒体微信公众号的黏度，前提是需要对自己的订阅用户非常了解。因此，媒体类微信公众号应该针对用户的特点和阅读习惯，明确用户画像。在了解用户喜欢什么、不喜欢什么之后再开展互动。

① 李丽娟. 移动互联时代都市报微信运营研究——以《合肥晚报》微信为例 [D]. 合肥：安徽大学，2015.

除了日常微信公众号推送内容中的评论、点赞、转发以及后台留言这几类互动功能外，媒体类微信公众号还可以设立独具特色的互动板块。例如《羊城晚报》微信公众号在导航栏中设置有关于"抢票""课程报名""投票"等多主题的互动子板块。另外，媒体类微信公众号还可以联合广告商家，在特定时期推送的内容中设置调查、投票和测试等形式进行主题互动，调动用户的参与性，甚至还可以发起线上线下联动的主题活动，让用户在参与中投入更多的情感，并且还能获得物质奖励。这样才容易让用户与媒体类微信公众号培养出感情，逐渐形成归属感。

无论何种形式的互动活动，最终的目的都是增强用户与传统媒体微信公众号的黏度，让订阅用户成为传统媒体微信公众号的忠实粉丝。而忠实粉丝，将会给传统媒体微信公众号带来更大的媒体价值和可观的社会经济效益。

后　记

区域传播研究有它特定的研究内容。在一定的区域内，现代传播媒介向区域性大众进行信息传播，呈现特定的区域特色。要研究区域传播的过程和特色，找到区域传播的规律，就要研究区域传播涉及的方方面面的问题，包括传播理念、传播体制机制、区域文化特色、媒介技术水平、传媒工作者素质、受众的媒介素养等。这些研究做起来烦琐费力，看起来似乎又不那么时髦，因而少有愿意涉足者。但这是传播研究领域的一些基础性工作，是传播本土化研究必不可少的。本书是继《湖北省新闻传播事业发展研究报告（2019）》之后，本人这些年带领团队成员对湖北区域传播研究进行一种尝试。严格来说，这都只是一些素材的积累以及在此基础上的初步的思考探索，但这种史料性质的积累，可以为后人的研究做好铺垫。

本书包括两个部分：第一部分是在湖北地区范围内对媒体和新闻教育机构进行的问卷调查和文献搜集的基础上形成的研究报告，这些篇章，除我本人外，博士研究生刘倩、郑永涛，硕士研究生陈杰、舒娟、黄瑛、程文灵、马琳、童威、何强、万缘、瞿丽洁、符慧琪、谭嘉璇、邹青颖等，本科生刘思涵参与了相关调查和初稿撰写，文章注明了相关参与者；第二部分是对湖北地区媒介传播状况进行的调查并提出的对策性研究，是近些年我指导硕士研究生对湖北地区媒体进行调查研究后形成的学位论文中的部分内容。此部分文章辑录在这里，事先都征求他们的意见，他们都表示积极支持。他们是硕士研究生望丽红、王晓旭、程胤懿、童威、程文灵、卢安琪、李永上。这里一并表示感谢。

湖北大学新闻传播学院一向致力于区域新闻传播研究，在打造学院研究品牌、凝聚学科研究特色方面做了许多工作。本书的编撰也是在学院凝聚学科研究特色的思路下进行的。聂远征院长和学院班子成员给予了鼓励和督促，在这里对他们的关心和支持表示感谢。

廖声武

2022 年 12 月